KB201249

신성종 목사
핵심스마트설교
7

우물가의 여인처럼

신성종 목사 지음

도서출판 한글

‖ **머리말** ‖

당신은 왜 사는가?

신성종 목사(크리스천 문학나무 편집인)

우리가 살다 보면 왜 사는지 종종 잊을 때가 있다. 그래서 가끔은 자신에게 나는 왜 사는가 하고 물어볼 필요가 있는 것이다. 사실 산다는 것은 생각처럼 간단하지 않다. 많은 일들이 연결되기 때문에 마침내는 삶의 목적과 목표를 혼동할 수가 있다. 그래서 많은 사람들이 불행해지고 인생에 실패를 한다. 나는 아침에 일어나면 오늘은 무엇을 해야 할 것인가 하고 그날의 계획을 세워 본다. 가장 좋은 방법은 묵상기도를 통해 자신의 모습을 살펴보면서 나를 향한 하나님의 뜻을 찾으면서 목표를 세우는 것이다.

여기서 중요한 것은 인생의 목적과 목표는 다르다는 점을 분별하는 일이다. 목적은 내 인생의 궁극적 이유를 말하는 것이고, 목표란 그 목적을 이루기 위한 구체적인 수단과 방법을 말하는 것이다. 목적은 추상적인 것이 일반적이지만 목표는 구체적인 것이 특징이다. 그러나 많은 사람들은 이 목적과 목표를 혼동한다. 그래서 돈 버는 일에 일생을 다 허비하고 사업을 한다고 허비를 한다. 그러다가 늙고 죽을 때가 되어서야 내가 살아온 목적이 잘못된 것을 발견하고 후회를 하지만 그때는 이미 늦는다. 필자는 대학에 들어간 후에는 등록금을 벌기 위해서 가정교사를 하기도 하고 미국에 가서는 방학 때 농장에 가서 노동을 하기도 했다. 정원에 가서 풀을 깎기도 하고, 식당에 가서 접시 닦는 일을 하기도 했다. 그러나 등록금을 번 후에는 다시 공부하는데 전념했다. 박사 학위를 받은 후에는 가르치고 책을 쓰기 위해서 공부를 지금도 계속하고 있지만 다행히도 목적과 목표를 혼동하지는 않았다. 그러나 방황이 전혀 없었다고 하면 그것은 거짓이다. 그래서 노년이 되어 자신을 살펴보면 남들처럼 벌어놓은 재물은 없지만 한 번도 굶은 적은 없었다. 빈손으로 왔다가 빈손으로 가는 인생이니 후회는 없다. 그러다 보니 그동안 4만여 권의 책을 읽었고 백사십 권이 넘는 책을 썼다.

나의 인생의 목적은 나의 설교와 강의와 글을 통해 하나님의 영광을 드러내려고 최선을 다한 것이다. 내가 살아온 것이 성공인지 실패인지는 후세가 평가하겠지만 확실한 것은 곁눈질하지 않고 열심히 외길로 살아왔다고 생각한다.

나는 목표를 시간적 순서에 따라 정한다. 어떻게 보면 좀 따분한 삶이기는 하지만 그러나 후회는 없다. 지금까지 살아온 대로 다시 살라고 하면 그렇게 열심히 살 것 같지는 않다. 하나님께 영광이란 목적을 위해 때로는 목회를 했고, 때로는 학교에서 강의를 했고, 선교를 하기도 하였다. 나의 잡념을 정리하기 위해 시를 쓰다가 시인으로 등단하기도 했다.

사랑하는 형제자매들이여, 당신들의 삶의 목적은 무엇이며 그것을 이루기 위해서 어떤 목표를 세우고 있는가? 과연 당신의 목표가 목적과 상충되지는 않는가? 우리들의 삶의 목적은 하나님이 기뻐하시는 것인가? 목표는 당신의 목적과 직접 연결이 되고 있는가? 혹시나 방황하고 있지는 않는가? 인간이 산다는 것은 간단하지 않기 때문에 방황할 때도 없지 않지만 그러나 그것이 하나님께서 기뻐하시는 것인가를 자신에게 자주 물어보아야 한다.

그때 필요한 것이 묵상기도이다. 많은 사람들은 예배 때만 묵상기도하는 것으로 알고 있지만 아침마다 일어나서 매일 매순간 점검해 보지 않으면 허송세월을 할 수 있음을 잊지 말자.

이번에 심혁창 장로님의 도움으로 그동안 내가 설교했던 내용들을 모아 수십 권의 책들을 출판하게 된 것을 주님께 감사한다. 별로 잘 쓴 글들은 아니지만 많은 후배 목사들에게 자신의 설교와 비교해 보고 또 요약해서 자신이 살을 붙이면 좋은 자신의 설교가 되리라 믿고 감히 나의 치부들을 내놓는다. 일반 성도들은 가족들과 함께 큰소리로 읽어보면 큰 은혜가 될 것이다.

작은 종 신성종 드림.

목 차

은사계발과 교회성장

(고전12:4-11)

은사를 헬라어로 '카리스마'라고 말합니다. 사람들은 이 단어를 많은 사람들을 끄는 매력으로 봅니다. 그러나 본래의 의미는 '거룩한 은혜의 선물'이란 뜻입니다. 벧전 4:10절에 나오는 은사의 뜻은 '은혜의 증명'이란 말입니다. 다시 말해서 하나님은 교회의 유익을 끼치기 위해서 각 개인에게 주시는 선물을 말합니다. 그러므로 이 은사 없이 교회가 성장하지 않습니다. 반드시 교역자로서의 은사가 있어야 합니다. 그러나 문제는 은사를 병이나 고치고, 예언이나 하는 것들로 착각해서는 안 됩니다.

1. 은사의 출처

은사의 출처는 두 말할 필요도 없이 성령이십니다. 성령은 은사를 주실 때 먼저 선물을 받을 자를 선택하십니다. 왜냐하면 그냥 선물을 주시는 것이 아니라 책임제로 주시기 때문입니다.

사람들은 자기가 원하는 것을 받기를 원합니다. 그리고 원하는 것을 받지 못했을 때 불평과 원망을 합니다. 이것은 죄입니다. 하나님이 주시는 대로 받아야 하고, 받은 후에는 그것을 바로 사용해야 합니다. 사용하지 않는 것은 죄이기 때문입니다. 또 한 가지 분명히 알아야 할 것은 성령의 열매와 성령의 선물 즉 은사는 다르다는 것입니다. 성령의 열매(갈:22-23)는 모든 신자들이 다 가질 수 있고 또 그래야 하지만 그러나 성령의 선물은 그렇지 않습니다. 그러나 모든 교역자들이 적어도 한 가지 특이한 은사를 받고 있는 것은 사실입니다.

2. 은사와 재능(달란트)

성경에 기록된 은사는 롬 12:6-8; 고전12:8-10; 엡 4:11절을 통해서 적어도 20가지가 있는 것을 볼 수 있습니다. 또 구약에는 신약에 없는 은사들이 나옵니다. 이 중 대부분은 재능과 흡사한 것들입니다. 은사는 영적인데 반하여 재능은 자연적인 것입니다. 그런데 하나님은 재능을 영적인 것으로 전환시켜, 영적인 선물로 사용하기도 합니다(출31:3-5). 그러나 한 가지 분명한 것은 은사나 재능은 다 하나님이 주신 것입니다. 다만 은사는 교회의 유익을 위하여 사용된다는 점입니다.

3. 은사의 목적(엡4:12)

각자에게 하나님은 임무를 주시고, 그것을 성취하도록 은사를 주시는 것입니다. 인간은 누구나 다 하나님의 심판대 앞에 섭니다. 고후 5:10절에 보면 신자들도 심판을 받는다고 하였습니다. 물론 신자들은 모든 죄를 이미 그리스도께서 십자가에 못 박히심으로 용서함을 받았으나 구원 후의 모든 일에 대해서는 심판을 받습니다. 이것은 상을 얻느냐? 아니면 얻지 못하느냐?입니다(고전3:11-15). 고전 12:7절에 보면 선물을 주시는 목적은(유익하게 하려함)이라고 하였습니다. 또 이 은사는 교회를 하나 되게 하려는 데 있습니다(엡4:3-7).

4. 은사의 식별

(1) 최소한 하나님이 한 가지 영적인 선물을 우리에게 주셨다는 것을 확신해야

(2) 영적인 선물을 분별하려면 신중하게 기도해야

(3) 성경이 은사에 대해 무엇이라고 가르치는가를 배워야

(4) 은사를 발견하려면 자신과 자신의 재능을 알아야

맺는말

하나님은 교회가 목표 없이 방황하는 것을 원치 않으십니다. 그가 원하는 것은 교회가 운영되고, 발전되는 것입니다. 그래서 우리는 고전 12:31절의 말씀대로 해야 합니다. "너희는 더욱 큰 은사를 사모하라. 내가 또한 제일 좋은 길을 너희에게 보이리라."

이제 우리가 해야 할 일은 첫째로 하나님이 우리에게 주신 선물이 무엇인지를 알아내는 것이고, 둘째로 그 선물을 최대로 사용하는 것입니다, 마지막 날 하나님께서 심판하실 때 우리가 은사를 바로 사용했는지 추궁을 받게 될 것입니다.

바라기는 우리 모두가 "잘 하였도다, 착하고 충성된 종아"(마25:21)라는 칭찬을 받아야 할 것입니다.

유라굴로라는 광풍

(행27:9-26)

존 번연은 인생을 육지를 여행하는 여행객에 비유하였습니다만 본문에서는 인생을 바다를 항해하는 항해자와 같다고 말씀하고 있습니다. 그래서 언제나 순풍만 있는 것은 아니고 때때로 광풍이 불어올 때가 있다고 하였습니다. 이때 파선하면 실패자가 되는 것이고 잘 견디어 내면 승리자가 됩니다. 그런데 문제는 지금 저와 여러분들에게는 여러 가지의 광풍이 불고 있다는 점입니다. 이것을 극복하여 승리하는 저와 여러분들이 다 되기를 주님의 이름으로 축원합니다. 그러면 극복의 비결은 무엇인지를 함께 살펴보면서 은혜받기를 원합니다.

1. 유라굴로라는 광풍의 정체

본래 유라굴로라는 말은 헬라어의 동풍을 뜻하는 '유로스'라는 말과 라틴어의 북동풍을 뜻하는 '아크빌로'라는 두 말이 합성된 것으로서 동북풍을 뜻하는 말입니다. 지중해에는 소아시아의 이다산에서부터 불어오는 폭풍의 일종인 북동풍이 강하게 불어왔습니다.

요나서에 보면 요나가 다시스 즉 스페인으로 가다가 지중해에서 풍랑을 만나 결국 큰 물고기의 뱃속에 들어간 이야기가 나올 정도로 지중해의 바람은 유명합니다. 또 호머의 오디세이에도 이 지중해 바람으로 인해 많은 고난을 당한 수많은 이야기가 나오기도 합니다. 그러나 문제는 우리 인생에는 이런 유라굴로와 같은 광풍이 여기저기에서 불어온다는 사실입니다. 그러면 우리에게 다가오는 풍랑에는 어떤 것이 있을까요?

(1) 개인적으로 당하는 광풍

개인적으로 불어오는 유라굴로라는 광풍이 있습니다. 예를 들면 우리가 이런 말을 합니다. '저 사람은 단단히 바람났군.' 즉 첫째로 성적인 바람, 이성의 바람이 있습니다. 둘째는 사치와 허영의 바람이 있습니다. 이 바람에 걸려들면 돈이 남아나지 않습니다. 셋째는 춤바람이란 게 있는데 한때 수많은 여대생이 이것 때문에 사회문제화 된 적이 있는 것으로 보아 큰 바람임에 틀림없는 것 같은데 경험이 전혀 없으니 무언지는 잘 모르나 작은 바람이 아닌 것은 분명합니다. 넷째는 정치바람이란 게 있습니다. 이것은 아편과 같아서 애시당초 먹지를 말아야지 한번 맛을 본 사람은 미쳐서 날뛰는 것을 주변에서 얼마든지 볼 수 있습니다.

(2) 가정에 불어오는 광풍

가정에 불어오는 유라굴로라라는 광풍이 있습니다. 첫째는 입시의 바람이 있습니다. 지금 대학입시를 앞둔 집은 어느 집을 막론하고 비상계엄령이 내려 있는 상태입니다. 얼마 전 신학교의 어떤 이사님께서 학교에도 오시고 저의 집으로 전화도 하셨습니다. 별안간 그런 저자세를 본 적이 없었습니다. 알고 보니 이번에 아들이 신학교에 시험을 보았는데 입학할 수 있도록 도와달라는 것이었습니다.

물론 자기의 성적이 좋아 당당히 붙었지만 남의 일 같지 않았습니다. 저의 집사람도 학교에 가면 고등학교 선생님에게 꼼짝을 못하고 쩔쩔매기 때문에 그렇습니다. 두 번째는 질병의 바람이 있습니다. 누가 병들어 누우면 개인 한 사람에게만 그 영향이 미치는 것이 아니라 가족 전부에게 바람이 붑니다. 셋째는 실직의 바람이 있습니다. 지금 많은 사람들이, 특히 고학력자들이 직장을 구하지 못하여 애를 쓰고 있습니다. 구해도 신앙생활을 할 수 있는 그런 직장은 흔하지 않습니다. 넷째는 이혼의 바람이 불고 있습니다. 결혼할 때는 둘이서 좋아 살지만 이혼하려고 할 때는 자식문제, 재산문제가 심각합니다. 일 년에 6만 쌍이 지금 이혼하고 있다고 합니다. 이때 그 가정은 심각한 바람이 불게 됩니다.

(3) 사회적으로 부는 광풍

사회적 유라굴로라는 광풍이 있습니다. 첫째로 지금 우리 사회는 술 바람이 거세게 불고 있습니다. 최근 발표에 의하면 맥주 소비량이 일 년에 일인당(여기에는 젖먹이와 신자들까지 포함된다.) 90리터로서 세계 제일 위라는 것입니다. 심지어 맥주를 음료수로 생각하고 있는 독일을 앞지르고 있습니다. 이것은 우리 사회가 깊은 병에 걸려 있다는 것을 반영하고 있는 것입니다. 둘째는 민주화의 바람과 이것을 저지하려고 하는 박종철의 고문살해사건, 수구의 바람이 서로 불어와 맞바람이 되어 지금 국민들은 날마다 불안해하고 있으며 어떻게든지 안정이 계속되기를 염원하고 있는 형편입니다. 셋째로 부도덕의 바람, 범죄의 바람이 맹렬하게 불고 있습니다. 강력범들이 늘어나고 특히 청소년들의 범죄가 늘어나고 있습니다. 넷째로 미국을 비롯한 여러 나라의 원가정상화 보호무역의 바람이 불어와 무역에 의존하고 있는 우리나라의 산업계를 강타하고 있습니다. 다섯째로 외채의 바람이 아직도 거세게 불어오고 있습니다. 브라질과 멕시코 다음 가는 이 외채는 다행히 조금씩이라도 갚아가고는 있으나 심각한 문제입니다. 이렇게 우리 사회에는 여러 가지의 바람이 불고 있습니다.

(4) 사탄의 광풍

그러나 더욱 무서운 것은 벧전 5:8절의 말씀대로 사탄이 우는 사자와 같이 모든 문제의 근원이 되기 때문에 우리는 이 사탄의 광풍을 경계하지 않으면 안 됩니다.

2. 광풍이 불어올 때 우리는 어떤 태도를 취할까?

먼저 세상 사람들의 태도부터 살펴보겠습니다.

(1) 믿음의 중심이 문제

11절에 "백부장이 선장과 선주의 말을 바울의 말보다 더 믿더라"라고 하였습니다. 문제는 바로 여기서 시작됩니다. 우리는 하나님 말씀보다는 소위 전문가의 말을 더 믿습니다. 사람의 말을 더 믿습니다. 자신의 경험을 더 믿고 물질을 더 믿습니다. 바로 여기서 문제는 시작됩니다.

(2) 광풍을 자초하는 사람들

12절에 보면 겨울철을 나기가 편한 그레데항구로 가자는 사람들이 더 많았다고 하였습니다. 인간은 주님의 품보다는 이 세상의 항구에 정박해 있기를 원합니다. 더 편하다고 생각하기 때문에 그렇습니다. 인간은 그것이 어떤 유익이 있느냐를 따지기보다는 어느 것이 더 편하냐고 묻습니다. 그래서 결국 광풍을 자초하는 것입니다.

(3) 세상철학의 어리석음

15절에 보니 "배가 밀려 바람에 맞추어 갈 수 없어 가는 대로 두고 쫓겨 가다가" 바람 부는 대로 물결치는 대로 내버려두고 간다는 말입니다. 목구멍이 포도청이라 그냥 세상이 굴러가는 대로 내버려두는 것입니다. 이것이 바로 세상철학입니다.

(4) 소망이 보이지 않을 때

20절에 "여러 날 동안 해와 별이 보이지 아니하고 큰 풍랑이 그대로 있으매 구원의 여망이 다 없어졌더라" 마침내 좌절하고 자포자기하였다는 말입니다. 항해하는 사람들에게 '해와 별'은 방향을 결정하는데 근본적으로 중요합니다. 그런데 해와 별이 보이지 않았다는 것은 극단적 상황에 이르렀다는 뜻입니다. 그러나 기억할 것은 인간의 최후의 순간에 이르렀을 때가 바로 하나님을 찾아야 하는 기회가 주어진 것이라는 점입니다.

다음은 바울의 태도를 살펴보겠습니다.

(1) 사명이 있는 한 죽지 않는다

그는 사명이 있는 한 절대로 죽지 않는다는 신앙을 가졌습니다. 24절에 "네가 가이사 앞에 서야 하겠고" 그는 자신이 가이사 앞에 서야 할 것을 알고 있었고 그러한 하나님께서 그와 함께하셔서 가이사에게 갈 때까지 보호해줄 것이란 확신을 가지고 있었습니다.

(2) 믿음대로 되리라

하나님의 섭리와 하나님의 말씀을 믿는 믿음을 가지고 있었습니다. 25절에 "나는 네게 말씀하신 그대로 되리라고 하나님을 믿노라"고 하였습니다.

(3) 말씀에 근거한 체험적 신앙

안심하는 태도를 가졌습니다. 당시 바울은 쇠사슬에 묶여 있는 죄수의 몸이었습니다. 그러나 다른 사람들은 다 불안해서 벌벌 떨고 있었으나 바울은 두 번이나 '안심하라'고 저들을 위로하여 주었습니다. 그러면 바울의 그 담대한 안심은 어디서 왔는가? 그것은 첫째로 하나님의 자비에 대한 신앙, 둘째는 그에게 인도하심을 약속한 하나님의 말씀에 근거하고 있었던 것입니다. 우리는 체험적 신앙을 가져야 합니다. 그러나 가장 중요한 것은 말씀에 근거한 신앙입니다. 요즈음 방언이니 신유의 은사이니 환시, 환청하면서 날뛰는 사람들을 많이 볼 수 있는데 다 소용없는 짓입니다. 시간이 지나고 나면 남는 것은 말씀 신앙뿐입니다. 지금 우리에게 여러 가지의 바람이 불고 있는데 인간적 방법으로는 해결할 수가 없습니다. 오직 하나님의 자비하심과 그의 말씀밖에는 의지할 것이 없습니다. 시편 14:6절에는 "폭풍 중에 피난처"가 되신다고 하였습니다. 행 16:19절에 보면 "환난 날의 피난처"가 되신다고 하였습니다. 왜 우리가 안심하는가? 그것은 우리의 하나님께서 우리의 피난처가 되시기 때문입니다.

끝으로 우리는 막 6:45-52절에 보면 갈릴리 바다에서 제자들이 폭풍을 만났을 때 주님께서 바다를 잔잔케 해주신 이적이 기록되어 있습니다. 거기에 보면 제자들이 구원함을 받을 방법이 두 가지가 기록되어 있습니다. 하나는 주님께 부르짖은 기도요 다른 하나는 주님을 배 안에 영접했을 때 배가 잔잔하게 되었다는 것입니다. 기도에는 세 가지 방법이 있습니다. 하나는 자기가 겨우 알아들을 수 있게 기도하는 방법, 두 번째는 소리 없이 기도하는 묵도가 있습니다. 셋째는 하나님께 부르짖는 기도가 있습니다. 이것은 위급할 때 드리는 기도방법입니다. 우리에게 광풍이 불어오는가? 하나님께 부르짖어라 또 하나는 주님을 우리의 배 안에 영접하는 일입니다. 주님은 자연을 창조하신 분이십니다. 그러므로 그를 우리의 배 안에 영접하면 바다가 순종합니다. 풍랑이 순종합니다.

(예화) 영국의 엘리자베스 여왕 때의 일이라고 합니다. 하도 신하들이 굽실거리니까 여왕이 물었다고 합니다. 세상이 다 내게 순종할까? 하자 '네, 그렇습니다'라고 신하들이 대답하였습니다. 그러자 여왕은 바닷가로 나가 '바람아 멈춰라' 하고 소리 질렀습니다. 바람은 계속해서 불어왔습니다. 이때 여왕은 자신이

사람이란 것과 오직 하나님만이 참 지배자인 것을 고백하였다고 합니다.

맺는말

사랑하는 성도여, 우리가 사는 세상은 바다와 같아서 광풍이 때때로 불어옵니다. 개인적 바람, 가정적 바람, 사회적 바람, 영적 바람 등 여러 가지의 광풍이 불어옵니다. 이것을 인간적 방법으로는 막을 수가 없습니다. 바울이 하였던 것처럼 하나님의 자비하심과 말씀에 대한 신앙을 가져야 풍랑을 막을 수 있습니다. 예수님의 제자들처럼 부르짖어야 합니다. 예수님을 배 안으로 영접해야 풍랑은 잔잔해집니다. 바라기는 우리 모두가 주님을 이 시간에 영접하여 풍랑이 변하여 순풍이 되어 하늘나라의 항구에 편안히 도착할 수 있기를 축원합니다.

우물가의 여인처럼

(요4:1-26)

1. 현대인들이 찾고 구하는 것은?

(1) 돈

돈은 자본주의사회에서 모든 가치의 기준입니다. 그러나 소유물이 바로 나 자신은 아닙니다. 이런 착각에서 탐욕과 욕망과 시기와 폭력이 난무하고 있습니다. 물론 돈은 수단입니다. 일을 하려고 할 때에 돈 없이는 아무것도 할 수 없습니다. 그러나 돈이 목적은 아닙니다. 따라서 돈은 버는 것도 중요하지만 어떻게 쓰느냐 하는 것이 더 중요합니다.

(2) 인기

가수나 탤런트나 프로선수들은 인기를 얻기 위해서 심지어 돈을 써서 인기를 조작도 합니다. 엽서를 써서 보내거나 심지어 루머를 만들기도 합니다. 누가 누구와 무슨 관계가 있다느니 요즈음 보통관계가 아니라느니 하는. 증권도 인기가 있어야 하기 때문에 인기를 조작합니다. 그런데 문제는 요즈음에는 교수나 목사님까지 인기교수, 인기목사가 생기는 판입니다.

(3) 권력

우리나라는 오랫동안 눌려 살아왔기 때문에 권력에 관한 소위 더티

플레이를 합니다. 한번 내놓았다가는 어느 세월에 돌아올지 모르기 때문입니다. 한번 손안에 들어왔다 하면 죽기 전에는 안 내놓는 것이 법칙처럼 되어 있습니다. 심지어 '억울하면 출세하라'는 유행어가 생길정도입니다. 6.25전쟁 때 많은 젊은이들이 전쟁에서 죽어갈 때 죽으면서도 백이 없어 죽는다고 '빽' 하면서 죽었다는 얘기도 들었습니다. 그래서 모두들 권력을 찾아 국회의사당 주변으로 모여듭니다.

그러나 우물가의 여인처럼 헛된 것을 구하고 있다는 것을 알아야 합니다. 돈이나 인기나 권력이 그 어떤 선한 목적을 위해 사용되면 그것은 가치 있는 것이지만 단순히 그것을 목적으로 할 때에는 얼마나 허무한지 모릅니다.

나는 박사학위를 받기 위해서 미국에서만 7년을 공부했습니다. 받으면 하늘이라도 날게 될 줄 알았는데 정작 받고 나니 마음에 다가오는 것은 이것을 위해 나의 청춘을 불살랐는가? 하는 허무감이 나를 괴롭혔습니다. 짧은 기간이지만 박사학위를 나의 목적으로 삼았기 때문에 허무함을 느끼게 된 것입니다. 국회의원이 되고 정권을 잡는 것도 그것이 목적이 되면 헛된 일에 불과합니다.

솔로몬이 "헛되고 헛되며 헛되고 헛되니 모든 것이 바람을 잡는 것처럼 헛되다"고 고백한 것은 진리입니다. 우물가의 사마리아 여인은 물동이를 이고 물을 기르나 얼마 후에는 또 목이 말라 또 물을 기르려고 오고 이렇게 해서 목마름의 갈증은 계속되었던 것입니다. 바로 나와 여러분의 삶이 이 여인과 같다는 말씀입니다. 왜 바쁜가요? 왜 피곤한가요? 주님을 위해서보다는 다 헛된 것들을 구하기 위해서가 아닌가요?

2. 우리에게 주님이 주시는 해답은 무엇인가?

모두가 주님의 샘에 와서 '마시라'는 것입니다. 4:14절에 "내가 주는 물을 먹는 자는 영원히 목마르지 아니하리니 내가 주는 물은 그 속에서 영생하도록 솟아나는 샘물이 되리라"고 하였습니다. 그러면 주님이 말한 생명수는 무엇일까요?

(1) 성령을 물이라고 하였다.

요 7:37-39절에 "누구든지 목마르거든 내게로 와서 마시라. 나를 믿는 자는 성경에 이름과 같이 그 배에서 생수의 강이 흘러 나리라 하시니 이는 그를 믿는 자의 받을 성령을 가리켜 말씀하신 것입니다." 여기서 성령을 물로 비유한 것은 다섯 가지 이유가 있기 때문입니다.

첫째는 물은 바다에서 나와서 바다로 가듯이 성령은 하나님에게서 나와서(요15:26) 하나님에게로 돌아가기 때문입니다.

둘째는 물이 더러운 것을 깨끗하게 하듯이 성령도 우리의 더러운 죄를 깨끗하게 씻어주기 때문입니다.

셋째는 물이 뜨거운 대지를 시원하게 해주듯이 성령은 우리의 심령을 시원하게 해주기 때문입니다.

넷째로 물이 땅을 비옥하게 하고 많은 열매를 맺게 하듯이 성령도 우리의 심령을 비옥하게 하고 많은 열매를 맺게 합니다.

다섯째로 물은 누구에게나 돈 없이 거저 얻을 수 있듯이 성령도 돈 없이 무료로 누구나 얻을 수 있습니다.

3. 다섯 가지 역할을 하는 성령을 받으려면 주님께로 나아가야

예수님 당시에는 문자 그대로 주님에게 가면 성령을 받을 수 있었습니다. 그러나 지금 주님은 영으로 우리와 함께 계시지 육으로 함께 계시는 것은 아닙니다. 그러므로 주님에게 나간다는 것도 육체적으로 나간다는 말은 아닙니다.

(1) 아닌 것부터 설명

첫째로 제도로서의 교회에 나온다고 그것이 바로 주님에게 나온 것은 아닙니다. 교회는 우물에 비유할 수 있습니다. 우물 안에 시원한 물이 있듯이 주님도 교회 안에 계시지만 우리가 교회에 나온다고 바로 시원한 물을 마시는 것은 아닙니다. 그러나 기억해야 할 것은 우물을 떠나서 물을 얻는 것은 거의 불가능하듯이 교회를 떠나서 주님을 만나는 것은 실질적으로 어렵습니다. 물론 이론적으로 불가능한 것은 아닙니다. 사마리아 여인도, 십자가에 달린 강도도 교회를 떠나서 주님을 만났습니다. 그러나 주님이 제도로서의 교회를 세우신 이후에는 이 교회를 통하여 만나시기를 기뻐하십니다. 그러나 많은 신자들이 교회에 와서 실망하는 것은 교회에 나오면 바로 주님을 만날 것을 기대했는데 그렇지 않다는 데 있습니다. 교회에만 와도 처음에는 마음에 기쁨이 있습니다. 이것은 마치 목마른 사람이 우물가에만 와도 물을 마시기 전에는 금방 갈증을 면한 듯한 느낌을 가지는 것과 같습니다.

그러나 그것은 오래 가지 않습니다. 금방 갈증이 엄습해 옵니다. 교회에 나오면서도 계속 갈증이 있는 것은 바로 주님을 만나지 않았기 때문입니다. 둘째로 경전으로서의 성경 자체가 자동적으로 물을 주는 것은 아닙니다. 성경은 인류가 몇 천 년을 두고 마셔도 다함이 없는 샘물입니다. 그러나 성경만 읽는다고 자동으로 시원하고 갈증을 해소하는 것은 아닙니다. 성경도 말하자면 우물이지 생수는 아닙니다. 매일 성경을 읽으면서도 마음에 참 만족을 느끼지 못하는 이유는 바로 여기에 있습니다. 셋째로 예배에 참석하는 것이 자동적으로 시원한 물을 주는 것은 아닙니다. 아무리 비가 와도 그릇을 덮어두면 물이 담기지 않듯이 예배에 참석하는 것만으로는 안 된다는 말입니다.

(2) 어떻게 해야 갈증을 해소하나?

주님을 인격적으로 만나야 합니다.

사마리아 여인이 참 만족을 얻은 것은 주님을 인격적으로 만난 뒤였습니다. 사마리아 사람들이 예수님을 믿게 된 것도 예수님을 인격적으로 만난 뒤였습니다. 그러면 어떻게 인격적으로 만날까요? 여기에는 오직 두 가지 방법밖에는 없습니다. 하나는 회개요 다른 하나는 믿는 것입니다. 회개란 단순히 마음의 변화가 아니라 방향의 변환을 의미합니다. 세상을 향하던 우리가 해바라기가 해를 바라보듯이 주 바라기로 변하는 것을 말합니다. 방향이 변한다는 것은 무엇을 말하는가? 첫째 인생의 목적이 변하는 것, 둘째는 삶의 방법이 변하는 것, 셋째는 좋아하는 것이 변하는 것, 넷째는 싫어하는 것이 변하는 것, 다섯째는 접촉하는 사람이 변하는 것, 여섯째는 일하는 것이 변하는 것을 의미합니다.

믿음을 가져야 주님과 인격적 만남이 가능합니다.

참된 믿음에는 적어도 세 가지의 요소가 있어야 합니다.

첫째는 지식으로 '무조건이 아니라 내가 의지하는 분이 어떤 분인지 알아야 합니다.'

둘째는 동의 '그의 말을 액면 그대로 받아들여야 합니다.'

셋째는 '내 모든 것을 맡기는 것이어야 합니다.'

사랑하는 형제자매들이여, 세례 받은 지 몇 년이 된 것이 중요한 것이 아니고 내가 주님을 인격적으로 만났느냐 못 만났느냐가 중요한 것입니다.

그러므로 교회에 나오면서 주님을 인격적으로 만나지 못하면 피곤만 더할 뿐입니다. 성경을 읽으면서도 주님을 인격적으로 만나지 못하면 억지로 형식적으로 읽는 것뿐입니다.

맺는말

우리는 그동안 우물가의 여인처럼 헛된 것들을 구하면서 여기서 참 만족을 얻으려고 하였습니다. 그러나 주님은 이런 사마리아 여인에게 "내가 주는 물은 영원히 목마르지 아니하리니 나의 주는 물은 그 속에서 영생하도록 솟아나는 생물이 되리라"고 하였습니다. 또 7장에서 말씀하셨습니다. "누구든지 목마르거든 내게로 와서 마시라. 나를 믿는 자는 성경에 이름과 같이 그 배에서 생수의 강이 흘러나리라"고 하셨습니다. 그러므로 우리는 돈이나 인기나 권력에서 어떤 만족을 누리려고 하지 말고 주님을 인격적으로 만나야 합니다. 회개하고 믿어야 합니다. 그러면 주님을 만나는 기쁨을 누리게 될 것입니다.

우리의 소망은?

(시39편)

방금 봉독한 시편 39편은 시편의 애가 중에서 가장 아름다운 시로 알려져 있습니다. 지금 시편 저자인 다윗은 중한 병에 걸려 있고 게다가 그를 괴롭히는 악인의 핍박 속에서 기도하고 있는 것입니다.

본문의 내용은 크게 네 부분으로 나누어집니다. 1-3절에는 이 시를 기록한 배경이 기록되어 있고, 4-6절에는 인생의 덧없음을 노래하고 있고, 7절에는 우리의 참된 소망은 오직 하나님에게 있음을 고백하고 있고, 8절 이하에는 구원을 간구하는 기도로 되어 있습니다. 그러면 이제 본문의 내용을 중심으로 새해 들어 우리의 소망을 어디에 두어야 할 것인지를 살펴보면서 함께 은혜를 나누려고 합니다.

1. 먼저 시편 기자가 당면한 배경을 살펴보겠습니다.

시편 기자는 먼저

지 악인 앞에서 불평하는 것을 중지하겠다고 하였습니다. 본문에는 "내 혀로 범죄치 아니하리니"라고 표현하고 있습니다. 저는 말에 실수가 많은 사람이어서 가끔 시험에 빠지곤 합니다. 성격이 본래 곧은 데다가 교수 노릇하며 바른말 하던 습관이 있어 속에 있는 것을 털어놓기 때문에 본의 아니게 남의 마음을 아프게 한 적이 많습니다. 그런데 이 혀로 범하는 죄는 마치 불이 번지듯이 금방 번지는 습성을 가지고 있습니다.

입 구멍은 별로 크지 않은 구멍이지만 이 속에 모든 죄가 다 들어가 있습니다. 그래서 야고보는 혀는 곧 불이라고 했고 혀는 길들일 사람이 없다고까지 했습니다. 그리고 말에 실수가 없는 사람은 온전한 사람이라고 했습니다. 다윗은 참으로 위대한 인물이었지만 그러나 그도 혀의 실수가 많았습니다. 하나님 앞에서 불평을 늘이고 또 사람들 앞에서 지껄인 것이 그만 구설수가 되기도 했습니다. 그래서 그는 "내 입에 재갈을 물리라"고 하였습니다. 침묵을 하겠다는 것입니다. 물론 모든 침묵이 다 그런 것은 아니지만 우리는 침묵하는 것을 배워야 합니다.

이 세상에는 7가지의 침묵이 있습니다.

첫째는 극기적 침묵이 있습니다. 자신의 수양을 위해서, 불필요한 말을 하지 않는 인도 사람들이 자주 사용하는 침묵입니다.

두 번째는 정치적 침묵이 있습니다. 정치가들이 가끔 no comment 하고 대답하는 것은 바로 정치적 이익을 위해서 침묵하는 것입니다.

세 번째는 어리석은 침묵이 있습니다. 아무것도 몰라서 침묵하는 경우를 말합니다.

네 번째는 뿌루퉁하니 골이 나서 침묵하는 경우입니다. 부부 싸움할 때 부인들이 잘 사용하는 무기입니다.

다섯 번째는 강제적 침묵이 있습니다. 안기부에 끌려갔다 온 사람들을 보니 음하고 입을 꽉 다물고 있는 것을 볼 수 있는데 이것은 바로 강제적 침묵입니다.

여섯 번째는 절망적 침묵이 있습니다. 이제는 모든 것이 끝났다 하고, 자포자기하는 상태를 말합니다.

일곱 번째는 우리들이 꼭 가져야 할 침묵이 있습니다. 그것은 분별력 있는 침묵입니다. 성경은 바로 이런 침묵을 원하고 있습니다. 새해에는 저와 여러분들이 분별력 있는 침묵을 하여 혀로 죄를 범하지 않는 한 해가 되기를 주님의 이름으로 축원합니다.

다윗은 또한 근심과 중병으로 인해 고통을 당하고 있었습니다. 다윗이 근심에 빠진 것은 잠잠하고 심지어 선한 말도 하지 않아야 했기 때문이었습니다. 하면 또 구설수가 되니까 입을 열지 않으니 더욱 마음에 근심이 된다고 했습니다. 10절에 보면 다윗은 그의 병이 하나님의 경책이라고 생각했습니다. 사실 하나님은 성도들이 그의 말씀에 순종하지 않을 때에 깨닫게 하시기 위해서 질병을 이용하는 경우가 있습니다. 그러나 그렇다고 다른 사람들이 아플 때 저것은 하나님의 징계야 하고 생각하는 것은 아주 잘못된 신앙적 태도입니다. 징계냐 아니냐는 기도하는 가운데 자신만이 알 수 있고 또 분별해야 합니다. 남에게 그런 생각을 갖는 것은 내가 심판자의 입장에 서는 것이기 때문에 교만입니다.

2. 인생의 덧없음에 대한 다윗의 기도

다윗의 기도를 살펴보려고 합니다. 여러분, 우리가 잘 아는 대로 다윗은 왕으로서 많은 영광을 누린 사람입니다만 그는 인생이 얼마나 허무하다는 것을 깨달은 사람입니다.

(1) 자기 종말과 연한을 알고 싶어 한 기도

먼저 다윗은 나의 종말과 연한의 어떠함을 알게 해달라고 기도했습니다. 이 얼마나 지혜로운 기도입니까? 시 90:12전에도 모세는 날 계수하는 지혜를 달라고 기도한 것을 볼 수 있습니다. 인간이 죄짓는 가장 큰 이유는 연약하기 때문이기도 하지만 또 하나 인생의 덧없음을 알지 못하기 때문입니다. 인생의 연수가 70이요 강건하면 80이라도 날아가는 것처럼 신속히 가는 것을 모르기 때문에 이 세상에 영원히 살 것처럼 착각하는 것입니다. 또 본문에 보면 인생의 길이를 손 넓이에 비유하고 있습니다. 하나님의 영원 속에서 볼 때에는 일생이란 없는 것과도 같다고 했습니다. 그러므로 새해에는 다윗이나 솔로몬처럼 인생을 아는 지혜를 하나님께 간구해서 참으로 하나님이 기뻐하시는 한 해가 되기를 주님의 이름으로 축원합니다.

(2) 인생은 짧고 만족도 잠시

다윗은 인생은 짧을 뿐 아니라 사람마다 든든히 선 때도 진실로 허사라고 고백하였습니다. 마치 솔로몬의 전도서의 한 구절을 읽는 듯한 인상을 받습니다. "헛되고 헛되며 헛되고 헛되니 모든 것이 헛되도다"(전 1:2). 사실 이 세상에는 세 가지의 허무가 있습니다.

첫째는 열매 없는 영광입니다. 마치 입만 무성한 무화과나무처럼 뭔가 많이 있는 것 같은데 실제는 아무것도 없는 경우를 말합니다. 부자인 것 같은데 항상 빚에 쪼들리는 사람, 새벽부터 저녁까지 부지런히 일하기는 하는데 해놓은 것 없는 사람을 말합니다.

둘째는 불필요한 염려입니다. 우리는 내일 일을 위하여 계획도 세우고 준비도 해야 합니다. 그러나 우리는 필요도 없는 염려를 할 때가 종종 있습니다. 예수님은 이것을 이방인들이 하는 것이라고 말씀했습니다. 그러면 불필요한 염려가 무엇입니까? 인간이기에 어쩔 수 없이 생겨지는 존재론적 염려와 유한한 인생이기에 일어나는 유한적 염려가 바로 그것입니다.

세 번째는 사용하지 않는 재산입니다. 우리는 돈을 벌어야 합니다. 그러나 이것은 하나님의 영광을 위해서라는 분명한 목적이 있습니다. 그런데 버는 것에만 신경을 쓰다가 써야 할 때 한 번도 써보지 못하고 죽는다면 이 얼마나 억울합니까? 그런데 사람들은 돈, 돈하고 버는 데만 힘쓰다가 선한 일 한번 못하고 죽는 경우가 많습니다. 이렇게 열매 없는 영광, 불필요한 염려, 사용하지 않는 재산은 다 허무한 것입니다.

3. 성도의 참된 소망은 무엇인가?

7절에 "주여 내가 무엇을 바라리요? 나의 소망은 주께 있나이다."라고 했습니다. 세상에 살고 있는 사람은 누구나 다 소망이 있습니다. 그러나 잘못된 소망도 있습니다. 그래서 샹포르란 사람은 소망이란 사기꾼과 같이 우리를 속인다고까지 말했습니다. 그러나 이것은 잘못된 소망을 가진 때문입니다. 소망이란 영국의 격언처럼 평범한 사람을 위인을 만드는 힘이 있습니다. 또 인간의 최대의 행복도 소망을 갖는 데 있습니다. 그래서 소망은 마치 영혼의 닻과 같습니다. 그래서 소망이란 바람이 불어도 우리를 붙들어주는 역할을 합니다. 여러분, 헤밍웨이의 말처럼 해는 또 다시 떠오른다는 것을 기억하시기 바랍니다. 불신자들도 소망이 있는데 하물며 믿는 성도들에게는 항상 소망이 있는 것을 꿈에라도 잊지 마시고 좌절하거나 절망하지 마시기를 바랍니다.

그러면 우리의 소망은 어디에 있습니까?

그것은 바로 하나님의 약속의 말씀에 근거를 두고 있습니다. 하나님은 어제나 오늘이나 영원토록 변함이 없으신 분이십니다. 그 하나님이 아브라함과 다윗에게 무조건적 약속을 하셨습니다. 내가 너를 축복하리라 하고. 우리의 소망은 바로 이 무조건적 약속에 근거를 두고 있습니다. 하나님의 약속을 믿으면 크게 아멘 하시기 바랍니다.

그런데 놀라운 것은 다윗같이 위대한 신앙인도 때로는 흔들렸고 때로는 고통 속에서 하나님 앞에서 기도했다는 점입니다. 그러나 중요한 것은 다윗은 이 세상에 소망을 두지 않고 오직 하나님께 소망을 두었기 때문에 그 역경을 견디어 냈고 또 마침내 인내의 열매인 성공을 할 수 있었던 것입니다. 아마 성경의 인물 가운데 가장 많은 핍박과 고난을 받은 사람이 있다면 바울을 뺄 수 없을 것입니다.

그러나 바울이 이런 역경 속에서도 견디어낸 것은 하나님께 소망을 두었기 때문입니다. 그래서 딤후 1:12절에서 바울은 이렇게 고백했습니다.

"내가 또 이 고난을 받되 부끄러워하지 아니함은 나의 의뢰한 자를 내가 알고 또한 나의 의탁한 것을 그 날까지 저가 능히 지키실 줄을 확신함이라"

여러분, 우리 주님은 우리에게 분명히 약속했습니다. "볼지어다, 내가 세상 끝날 때까지 너희와 항상 함께하리라"고 약속했습니다. 그러므로 어떤 고난도 두려워 말고 오직 소망을 하늘에 두시기를 바랍니다.

그러면 소망을 하늘에 둔다는 말의 뜻은 무엇입니까?

(1) 헛된 일에 분요하지 않는다

세상의 헛된 일에 분요하지 않는다는 뜻입니다. 재물을 쌓으나 누가 취할는지 알 수 없는데도 그것 때문에 신앙생활을 게을리하는 분들을 볼 때에 정말 불쌍하다는 생각이 듭니다. 그러므로 우리는 보다 중요한 것을 분별하는 지혜를 가질 수 있기를 축원합니다.

(2) 사람이 계획할지라도 이루는 것은 여호와

잠언 16:9절의 말씀처럼 "사람이 마음으로 자기의 길을 계획할지라도 그 걸음을 인도하는 자는 여호와시니라"는 것을 믿는 것을 말합니다. 그래서 "너희 행사를 여호와께 맡기라 그리하면 너의 경영하는 것을 이루리라"(잠16:3)는 말씀대로 우리가 경영하는 모든 것을 하나님께서 반드시 성취한다고 믿는 것입니다.

(3) 영원한 본향은 하늘에

우리의 영원한 본향은 하늘에 있다는 것을 믿고 위를 바라보는 생활을 하는 것을 말합니다. 믿습니까? 물론 하나님께서 이 세상을 사랑하셔서 그의 독생자를 주셨기 때문에 우리도 이 세상을 복음화하고 개혁을 하기 위해서 열심을 다해야 합니다. 그러나 세상은 역시 잠깐 머물다 가는 여관에 불과합니다. 그러므로 우리는 발을 세상에 두고 그것에만 소망을 두어서는 안 됩니다. 우리의 소망은 하늘에 두어야 안전하고 항상 기쁘고 영원한 것입니다.

놀라운 것은 영국 성공회에서는 장례식 때 꼭 이 시편 39편을 읽고 장례식을 집행합니다. 인간의 허무함을 깨닫고 하나님께 소망을 두게 하기 위해서입니다. 사실 하나님께서 인간을 직립동물로 만드신 것은 위에 소망을 두면서 살라고 그렇게 하신 것입니다. 사랑하는 성도 여러분, 새해에는 우리의 소망을 오직 하나님께 두고 어떤 역경에서도 흔들리지 않는 믿음으로 승리하는 여러분들이 다 되시기를 축원합니다.

2차 세계 대전 때의 경험을 중심으로 「의미를 찾는 인간의 탐색」이란 책을 쓴 프랭클이란 사람이 있습니다. 그는 나치 독일의 처참한 유대인 수용소를 관찰하였습니다. 그가 발견한 것은 마음으로 포기한 사람들은 몸도 곧 쇠약해지는 것을 발견했습니다. 그러나 소망을 가진 사람들은 끝까지 살아남았다는 것입니다. 결국 인간은 어떤 고난 속에서도 소망을 가지면 이것이 닻처럼 넘어지지 않게 우리를 붙들어주는 힘이 되는 것입니다. 그래서 새해에는 여러분 모두가 하나님께 대한 소망으로 넘쳐서 믿음이 흔들리지 않는 한 해가 되시기를 축원합니다.

이제 설교를 맺으려고 합니다. 여러분들의 소망은 지금 어디에 있습니까? 생각으로만 하나님께 있고 실제는 땅에 두고 있는 것은 아닙니까? 세상일로 근심하고 걱정하는 분들은 내가 아직도 소망을 주님께 두지 않았다는 것을 깨닫고 능력의 하나님께 소망을 두시기 바랍니다. 그래서 모든 것을 하나님께 맡기고 그 능력의 하나님이 우리의 경영하는 것을 다 이룰 수 있기를 주님의 이름으로 축원합니다.

은사를 불 일듯 하게 하기 위하여

(딤후1:3-8)

본문 6절에 보면 "하나님의 은사를 다시 불 일듯 하게 하기 위하여"라는 말씀이 나옵니다. 이 말씀을 가지고 함께 성령의 은사가 불 일듯 하기를 먼저 축원합니다. 잘 아는 대로 디모데는 에베소교회의 감독이었고 신앙적으로 말하면 외조모 로이스와 모친 유니게로부터 유전하여 온 믿음의 사람이었습니다. 게다가 바울의 제자로서 안수를 받았을 때 그는 성령의 은사를 받은 사람입니다. 그 무엇하나도 부족한 것이 없는 사람이었습니다.

그러나 바울은 성령의 은사가 다시 불 일듯 하게 해야 한다고 말씀하고 있습니다. 이것을 보면 태중의 신자라도 성령의 은사가 다시 불 일듯 하게 하고, 안수 받은 목사라도 다시 성령의 은사를 불 일듯 하게 해야 하고, 과거에 성령체험한 사람이라도 다시 성령의 은사를 불 일듯 하게 해야 함을 말씀하고 있습니다. 그러므로 저와 여러분 가운데 누구 하나 예외 없이 다 성령의 은사를 불 일듯 하게 해야 한다는 것입니다.

1. 성령의 불의 필요성

지금 성령의 불이 타오르지 않으면 안 됩니다. 지금부터 2천여 년 전 오순절 때 불기 시작한 성령의 불은 1907년에 한국에서 불기 시작하여 부흥의 불길이 일어나기 시작하였습니다. 그런데 최근에 노회와 신학교를 비롯한 합동측 총회에 성령의 바람이 아닌 죄악의 바람이 불고 있습니다. 게다가 교회마다 이러쿵저러쿵 삐거덕거리는 소리가 요란하게 들리고 있습니다. 이것은 성령의 기름이 말랐다는 증거입니다. 개인적으로도 마찬가지입니다. 성도의 수가 천만이라고 하지만 아무데도 예수의 냄새가 나지 않습니다. 과연 여러분은 성령의 불이 타오르고 있습니까? 지금이야 말고 성령의 은사가 다시 불 일듯 하게 하지 않으면 안 됩니다. 사람은 언제나 성령의 불이 타오르지 않으면 죄악의 바람이 타오르게 되어 있습니다. 그래서 지금 여기저기서 일고 있는 죄악의 바람을 끄려면 다시 성령의 바람이 불지 않으면 안 됩니다.

2. 성령의 바람이 일지 못하는 이유는?

모든 것에는 반드시 이유가 있습니다. 우리말에 '수화상극(水火相克)'이란 말이 있습니다. 불에 물을 부으면 불이 꺼진다는 말입니다. 먼저 성경의 예를 살펴보겠습니다.

(1) 갈라디아교회의 경우

식어진 이유는 거짓 교사들이 나타나서 율법주의를 가르치기 시작하면서 식어졌습니다. 잘못된 신학이 들어오면서 불이 꺼지기 시작한 것입니다. 우리 교단도 마찬가지입니다. 지금 신학이 없습니다. 칼뱅주의니 개혁주의니 하고 떠들지만 사실은 앵무새처럼 지껄이는 것이고 자기의 신학이 아닙니다. 우리 교단은 신앙고백은 있고 교리는 있지만 진정한 의미에서 나의 신학은 없습니다. 그러니까 윤리도 없고, 사랑도 없습니다. 학자들이 있으면 자유주의란 누명을 씌워 쫓아내고 가박(假博) 받은 사이비 신학자들이 교권을 이용하여 가르칩니다. 바로 여기에 문제가 있는 것입니다.

(2) 라오디게아교회의 경우

성경에 보면 차지도 덥지도 아니 하다고 했습니다. 왜 이렇게 식었는가? '나는 부자라 부요하여 부족한 것이 없다'는 교만 때문입니다. 교만은 아담을 죽게 하였고 우리를 죽게 합니다. 우리 교단은 장자교단이라는 교만을 가지고 있습니다. 제일 크다는 교만을 가지고 있습니다. 이것이 우리 교단을 차갑게 하고 있습니다. 당신에게는 교만이 없을까요?

(3) 두아디라교회의 경우

이세벨이란 자칭 여선지자의 음행 때문입니다. 이 이단은 니골라당의 교리와 유사합니다. 우상의 제물을 먹게 하고 음행을 조장하였던 것입니다. 이들은 영혼은 깨끗하고 육체는 더럽다는 것을 가르치면서 무율법주의적인 방종을 조장하였습니다.

(4) 사데교회의 경우

살았다 하는 이름은 가졌으나 실상은 죽은 교회입니다. 형식주의적인 교회, 형식주의적인 신앙을 말합니다. 이것이 그 교회를 죽게 만들었습니다.

(5) 한국교회의 경우

신학의 부재에서 시작합니다. 경건의 모양은 있으나 경건의 능력이 없기 때문입니다. 정치부재에서 옵니다. 본래 장로교는 장로들이 중심이 되었는데 어떻게 된 것인지 장로들이 목사들 종노릇이나 하고 있습니다. 장로교 본연의 자세로 돌아가야 이 교단이 삽니다.

3. 성령의 불을 붓게 하는 재료는?

땅위의 불은 금은동철을 녹이고 모든 물건을 태웁니다. 하늘의 불은 제물에 내려와서 아브라함의 제물에 불로 임하시고 엘리야의 제물을 불로 태웠습니다. 다시 말하면 성령의 불은 제물들을 태우십니다. 그러므로 우리는 우리 몸으로 산제물이 되어 하나님께 바칠 때 하나님은 태우십니다. 다시 말해서 성령의 은사로 다시 불 일듯 하게 하려면 하늘의 불이 내려와야 하는데 그것은 제물에만 임하기 때문에 우리 몸을 제물로 바쳐야 한다는 말입니다.

그런데 이 몸이 타오르려면 여기에 불을 붙이는 불쏘시개가 있어야 합니다. 그것이 바로 하나님의 말씀입니다. 오순절에 성령의 불이 타오른 것은 모두가 기도하면서 하나님의 말씀을 듣고 있었기 때문입니다. 또 고넬료의 가정에 성령의 불이 타올랐던 것은 저들이 베드로를 통하여 하나님의 말씀을 들었기 때문입니다. 에베소서에 소위 제2의 오순절이 일어난 것은 바로 하나님의 말씀을 강론하고 이 말씀을 들었기 때문입니다. 그러므로 하나님의 말씀이 없이는 결단코 성령의 불은 얼어나지 않습니다.

그러나 성령의 불은 아무리 대상인 몸이 준비되고 불쏘시개인 말씀이 준비되어도 성령께서 강림하시지 않으면 다 소용없습니다. 성령께서 우리에게 바람처럼 강림하셔야 합니다. 그러면 성령은 누구에게 강림하시나요? 두 말할 필요 없이 먼저 마음의 그릇을 비우고 깨끗하게 청소해야 합니다. 다시 말해서 하나님 앞에서 범한 바 죄악을 회개하지 않으면 하나님은 결단코 성령을 주실 수가 없습니다. 그 다음에는 채우는 일을 해야 합니다. 다시 말해서 기도함으로 채워야 합니다. 성경은 말합니다 "악한 자라도 자식에게 좋은 것을 줄줄 알거든 하물며 하늘에 계신 아버지께서 구하는 자에게 성령을 주시지 않겠느냐?"

4. 불의 용도에 대해 살펴보자

(1) 불은 환하게 밝혀준다.

하늘나라의 진리를 환하게 보게 해준다. 그것은 영적인 소경이었던 우리를 눈뜨게 해주시기 때문입니다. 하늘나라가 안 보입니까? 하나님의 섭리의 손길이 안 보이십니까? 영혼의 눈이 어둡기 때문입니다.

(2) 불은 태운다.

불량식품 먹은 사람이 부대껴서 견디지 못하듯이 회개하지 않고는 견디지 못합니다.

(3) 불은 뜨겁게 해준다.

열심이 생기게 합니다. 왜 우리는 라오디게아 교회처럼 차지도 아니하고 뜨겁지도 아니한 미지근한 교회가 되어 가고 있습니까?

바라기는 한국교회가 회개하여 교회 본래의 모습을 회복하기를 축원합니다.

우리는 무엇을 볼 것인가?

(롬6:17-18)

사람은 무엇을 보느냐에 따라 그의 인생의 방향이 결정되고 그의 운명이 결정됩니다.

(예화) 아담과 하와의 타락도 보는 데서 시작하였습니다. 창 3:6절에 "여자가 그 나무를 본즉 먹음직도 하고 보암직도 하고 지혜롭게 할 만큼 탐스럽기도 한 나무인지라 여자가 그 실과를 따먹고 자기와 함께한 남편에게도 주매 그도 먹은지라." 또 두 문화의 혼합도 보는 데서 시작되었습니다. 창 6:2절에 "하나님의 아들들이 사람의 딸들의 아름다움을 보고 자기들의 좋아하는 모든 자로 아내를 삼는지라." 구약의 아간의 죄도 보는데서 시작하였습니다. 여호수아 7:21절에 "내가 보고 탐내어 취하였나이다. 보소서 이제 그 물건들을 내 장막 가운데 땅속에 감추었는데." 다윗의 범죄도 왕궁지붕 위에서 거닐다가 그곳에서 한 여인이 목욕을 하는 것을 보는 데서 시작합니다. 그러나 범죄만 그런 것이 아니라 인생의 구원도 보는 데서 시작합니다. 출 12:13절에 "피를 볼 때에 너희를 넘어가리니 재앙이 너희에게 임하지 아니하리라"고 하였다. 특히 민 21:8절에 보면 "여호와께서 모세에게 이르시되 불뱀을 만들어 장대 위에 달라 물린 자마다 그것을 보면 살리라."

이처럼 무엇을 보느냐 하는 것은 대단히 중요합니다. 주님을 발견하는 것도 보는 데서 시작합니다. 동방박사들이 주님을 발견한 것은 마 2:2절을 보면 동방에서 별을 보고 찾아와서 만납니다. 막 13:14절을 보면 주후 70년과 재림 때에 일어날 일을 예언한 것이 있습니다.

"멸망의 가증한 것이 서지 못 할 곳에 선 것을 보거든 그때에 유대에 있는 자들은 산으로 도망할지어다."

그런데 문제는 사람들은 "눈이 있어도 보지 못하고"(렘5:21) 또 보아도 고후 10:7절의 말씀대로 "너희는 외모만 보는도다" 외모만 본다는데 문제가 있습니다. 그러면 우리는 무엇을 보아야 하겠습니까?

1. 위를 바라보면서 감사해야

롬 6:17절에 "하나님께 감사하리로다"고 했는데 이것은 위를 바라볼 때에 옵니다. 하박국 선지자는 유다가 포로로 잡혀갈 것을 알면서도 하나님께 감사할 수 있었던 것은 위를 보았기 때문입니다. 합 3:17절에 보면 그는 바벨론의 침략으로 일어날 현상을 묘사하면서 18절에서 감사하는 이유를 언급하고 있습니다.

"비록 무화가 나무가 무성치 못하며 포도나무에 열매가 없으며 감람나무에 소출이 없으며 밭에 식물이 없으며 우리에 양이 없으며 외양간에 소가 없을지라도 나는 여호와로 인하여 즐거워하며 나의 구원의 하나님을 인하여 기뻐하리로다."

그러므로 우리는 항상 위엣 것을 찾아야 합니다. 골로새서 3:1절에 분명히 말씀하시기를 "그러므로 너희가 그리스도와 함께 다시 살리심을 받았으면 위엣 것을 찾으라 거기는 그리스도께서 하나님 우편에 앉아계시느니라"고 했습니다. 머리가 위로 향하도록 창조하신 하나님이십니다. 우리가 위를 향하여 갈 때에 감사할 조건이 생기고 기쁨이 생기고 천국의 냄새를 맡게 됩니다.

2. 위만 보지 않고 이웃의 눈물을 보는 눈

우리는 이 땅에 살고 있는 사람들이기 때문에 위만 볼 수는 없습니다. 산하에 사는 형제들의 눈물과 고통과 괴로움을 볼 수 있어야 합니다. 마 17:4절에 보면 베드로는 산상에서의 신비한 환상을 보고는 "주여 여기가 좋사오니 주께서 만일 원하시면 내가 여기서 초막 셋을 짓되 하나는 주를 위하여, 하나는 모세를 위하여, 하나는 엘리야를 위하여 하리이다" 그러나 바로 여기에 오늘의 우리의 문제점이 있습니다. 보수교단의 문제점이 있습니다. 자유주의자들은 세상 것에만 치중하고 위를 바라볼 줄 모르고 보수주의자들은 위만 보지 밑은 보지 못하여 옆에서 수많은 형제들이 고통을 당하고 있는데도 외면을 하는 결과를 빚고 있습니다. 물론 우리 자신을 생각하면 "여기가 좋사오니" 그저 주님과 함께 있으면서 모든 것 잊고 살고 싶지만 그러나 저 산하의 사람들을 누가 구원하며 돌볼까요? 그래서 스펄존은 말하기를 너무 경건하지 말라는 역설적인 말을 한 적이 있습니다. 그것은 너무 경건하면 사회에 아무런 유익을 주지 못하게 하기 때문이라는 것입니다.

3. 세 번째로 볼 것은 '뒤를 보라'

본문을 보면 "너희가 본래 죄의 종이더니" 즉 기억을 위해 뒤를 바라볼 줄 알아야 한다고 했습니다. 역사를 배우는 이유는 과거의 잘못을 되풀이하지 않기 위해서입니다. 그래서 유대인들은 '기억하라'는 말을 자주 합니다. 그것은 사람은 '건망증'이 심한 동물이기 때문입니다. 그래서 우리는 뒤를 보고 또 보는 것입니다.

4. 앞을 바라볼 줄 알아야

빌 3:14절에 보면 바울은 '푯대를 향하여' 좇아간다고 했습니다. 사람이기에 뒤도 보아야 하지만 거기에 얽매여서는 안 됩니다. 앞을 또 볼 수 있어야 합니다. 노인은 뒤를 살피므로 실수가 적지만 지나치게 과거에 얽매여 앞으로 나아가지 못하는 것이 문제입니다.

그러나 젊은이들이 귀한 것은 과거를 알고 앞을 볼 줄 안다는 점입니다. 이것을 비전이라고 합니다. 그러므로 개인이나 교회나 직장이나 국가도 비전이 없으면 망합니다. 과거에만 치중하면 미래를 기약할 수 없습니다.

5. 속사람을 볼 수 있어야

본문에 보면 "교훈의 본을 마음으로 순종하여" 즉 결단을 위해 안을 바라보라는 것입니다. 왜냐하면 안을 안 보는 사람은 외식에 흐르게 되고 겉치장만 하기 때문입니다. 사람은 안에 있는 것을 못 보는 경우가 많습니다. 그러나 하나님은 안에 있는 것을 항상 말씀하십니다. 마 23:25절에 보면 "겉은 깨끗하나 그 안에는 탐욕과 방탕으로 가득하게 하는도다."하고 바리새인들과 서기관들을 책망하고 있습니다. 믿음도 보면 외식주의, 형식주의로 흐르고 있습니다. 구제도 사람들에게 보이려고 하고 기도도 남들이 듣기에 좋은 말만 하려고 합니다. 헌금도 사람에게 보이기 위해서 합니다. 그러니 마음 안에는 참 기쁨이 없어집니다. 유대교와 주님의 윤리관의 차이점은 내면적이라는데 있습니다.

6. 밖을 볼 줄 알아야

18절에 "죄에게서 해방되어 의의 종이 되었느니라" 밖을 바라봄으로 자신의 새롭게 된 신분과 현황을 보라는 것입니다. 사람이 자기의 안만 보면 부끄러워 못살고 세상만사에 자신이 없어집니다. 그러므로 자신의 밖을 볼 줄 알아야 합니다. 이 말씀은 주변에 있는 남을 볼 줄 알아야 한다는 말입니다. 누가복음 10장에 보면 선한 사마리아인의 비유가 나옵니다. 어떤 사람이 강도를 만났는데 제사장과 레위인은 그냥 지나갔습니다. 그들이 잘못한 것은 하나도 없습니다. 분명 그들은 자기 일에 충실한 존경받을 만한 사람입니다. 문제는 남을 보지 못하고 밖을 보지 못한 데서 그들의 세계는 좁은 테두리를 벗어나지 못했던 것입니다. 사람은 그들의 관심의 한계에 따라 소라처럼 자기 속에 갇혀 사는 사람도 있고 이 세계뿐 아니라 저 하나님 나라에까지 넓고 넓게 살고 있는 사람도 있다는 말입니다.

이상에서 우리는 위와 아래, 앞과 뒤, 안과 밖을 균형 있게 보아야 할 것을 보았습니다. 과연 저와 여러분은 지금 어디만 보고 있습니까? 한 쪽만 보는 불구자 신자는 아닌가요? 우리는 위와 아래, 앞과 뒤, 안과 밖을 균형 있게 볼 줄 아는 '전천후 신자'가 되어야 합니다. 성경은 이 여섯 방향을 볼 수 있도록 영혼의 거울이 되어 어디를 보아야 할지 도와줍니다. 기도는 아래와 밖에만 얽매이기 쉬운 우리를 위로 향하게 도와주고 안을 보게 도와주고 먼저 앞으로 보도록 인도해줍니다. 사랑은 밖에 있는 타인들에 대한 관심을 갖게 하고 아래에서 괴로워하는 형제와 자매들을 돌보게 해줍니다.

지금 우리는 무엇을 보고 있나요? 과연 보아야 할 것을 보고 있습니까? 아니면 보지 말아야 할 것만 보면서 죄를 짓고 있는 것은 아닌지요? 우리는 보는 것으로 우리의 운명이 결정됩니다. 우리가 무엇을 보느냐에 따라 우리의 행복이 결정됩니다. 그러므로 먼저 성경을 통해서 무엇을 들어야 할지를 경청하해야 합니다. 주님의 발자취를 따라 내가 가야 할 곳이 어디인가를 발견해야 합니다.

우리가 실패하는 이유

(마17:14-22)

사람은 누구나 성공하기를 원합니다. 그러나 실패 없는 성공이란 없습니다. 그래서 페레프스는 "실패를 하지 않는 인간은 아무것도 하지 않는 인간이다"라고 하였습니다. 우리는 왜 실패를 합니까? 조금 전에 읽은 말씀의 내용 속에 그 이유가 기록되어 있습니다. 당시 예수님은 세 제자와 함께 변화산에서 내려오셨습니다. 그때 제자 아홉이 산 밑에서 기다리고 있었습니다. 그들은 간질병에 걸린 어떤 사람의 아들을 고쳐주지 못하고 쩔쩔매고 있었던 것입니다. 분명히 주님께서 그 제자들에게 능력을 주셨는데 왜 이들은 실패를 했을까요?

1. 영·육·혼 힘의 체험

제자들이 실패한 것은 변화산위에서의 영적 체험을 하지 않았기 때문입니다. 변화산에서의 체험을 9명의 제자들은 하지 못하였기 때문에 능력을 받지 못한 것입니다. 인간의 힘은 세 곳에서 나옵니다. 첫째는 육체에서, 둘째는 머리에서, 셋째는 영혼에서 나옵니다. 그러나 육체의 힘보다 강한 것은 머리의 힘이고 머리보다 강한 것은 가슴에서 솟아나오는 영혼의 힘인 것입니다. 그래서 미국의 국무총리를 역임한 유명한 정치가인 다니엘 웹스터는 말하기를 '실패는 자본의 결핍보다는 에너지의 결핍에서 일어난다.'고 하였습니다. 인간에게 있어서 이 에너지가 무엇인가요? 바로 영혼의 힘인 것입니다. 그러면 언제 영혼의 힘이 생길까요? 한마디로 말해서 중생의 체험을 했을 때입니다. 그래서 하나님과 함께 했을 때 힘은 생기는 것입니다. 다시 말하면 변화산에서의 체험을 했을 때입니다.

2. 제자들의 실패원인

제자들이 실패한 것은 믿음이 없었기 때문입니다. 20절에 "너희가 만일 믿음이 겨자씨 한 개 만큼만 있으면 이 산을 명하여 여기서 저기로 옮기라 하여도 옮길 것이요 또 너희가 못할 것이 없으리라"고 하였습니다. 믿음이라니 어떤 믿음이 없다는 말인가요? 나는 할 수 있다는 믿음이 먼저 있어야 합니다. 많은 사람들은 일을 벌여놓고 전전긍긍합니다. 이번에 실패한다면 어떻게 하나? 그러나 우리는 오늘 실패해도 내일이 있다는 믿음을 가져야 합니다. 오늘만 날이 아닙니다. 내일도 날입니다. 우리는 성공할 수 있다는 믿음을 확고히 갖지 않으면 결단코 성공하지 못합니다. 따라서 성공의 첫 번째 비결은 나는 성공할 수 있다는 적극적 사고를 하는 것입니다. 열등감의 노예가 되어서는 안 됩니다. 이번에 실패해도 이다음에는 성공할 수 있습니다. 두 번째 실패해도 세 번째가 있다는 자신감을 가져야 합니다. 이 믿음이 인생의 항로에 큰 힘을 줍니다.

지금 세계를 지배하고 있는 미국의 Westinghouse는 처음부터 그랬던 것은 아니었습니다. 본래 조지 웨스팅하우스는 학창 시절에는 학업 성적이 나빠서 능력이 없는 사람이라고 낙인이 찍힌 사람이었습니다. 자신도 자퇴서를 내려고 했던 사람입니다. 그러나 그는 이 부정적 태도를 버리고 적극적 사고를 하기 시작하면서 400개 이상의 특허를 가진 산업왕국을 건설하였던 것입니다.

저는 여러분들 가운데 실패를 하고 좌절하고 있는 분들이 있는 것을 알고 있습니다. 그런 분은 이제 자신에게 이렇게 말하십시오. '나의 실패는 성공을 위한 기초 자산입니다. 이 경험을 토대로 나는 반드시 성공할 것이다'라고 말입니다.

그래서 바울은 "내게 능력주시는 자 안에서 내가 모든 것을 할 수 있느니라"라고 하였습니다. 주님은 막 9:23절에서 "할 수 있거든이 무슨 말이냐 믿는 자에게는 능치 못할 일이 없느니라"고 하였습니다. 믿습니까? 그러나 참된 믿음은 여기서 끝나지 않습니다. 믿지 않는 불신자들도 '하면 된다'고 말합니다. 주님께 대한 믿음이 함께할 때 그것이 참 믿음입니다.

3. 헌신적으로 하지 않을 때 실패

우리가 실패하는 것은 헌신적으로 하지 않을 때 실패합니다. 아마도 9명의 제자들은 산위에 올라간 3명의 제자들을 시기했을 것입니다. 이 은밀한 죄가 그들에게 헌신을 주저하게 했을 것입니다. 성공은 그 일에 절대적으로 헌신 몰입하지 않으면 오지 않습니다.

발명왕 에디슨의 이야기가 유명합니다. 그는 자철광에서 철을 분리하는 광산사업에서 실패한 일이 있습니다. 미네소타주에서 철이 대량으로 산출되어 철의 값이 폭락하였기 때문입니다. 8년 동안의 노력과 재산이 수포로 돌아간 것입니다. 그러나 에디슨은 그 경험을 살려 인조 시멘트 사업에 착수하여 이번에는 성공을 거두었습니다. 그가 성공한 이유가 무엇인가요? 실패에도 불구하고 좌절하지 않고 그 경험을 살려 새로운 일에 전념하였기 때문입니다. 이것을 종교적 용어로 헌신이라고 말합니다. 사자성어에 '권토중래(捲土重來)'란 말이 있습니다. 이것은 흙먼지를 일으켜 거듭해 오는 것을 의미합니다. 즉 어떤 일에 실패한 후에 힘을 쌓아 다시 일에 착수한다는 뜻입니다. 우리는 한나라 유방과 5년 동안 천하를 다투던 항우가 전쟁에 패하고 오강에서 자살한 것을 압니다. 그러나 만당의 시인 두목은 '오강정에 제함'이란 글에서 만일 항우가 고향 강동으로 건너가 재기를 도모했다면 즉 권토중래했다면 그곳에는 인재들이 많았기 때문에 성공을 했을지도 모른다고 한탄하였습니다. 그러므로 우리는 실패에 좌절하지 말고 하는 일에 헌신적으로 매진해야 합니다. 그러면 반드시 성공할 것입니다.

4. 기도를 하지 않을 때 실패

기도를 하지 않을 때 우리는 실패합니다. 막 9:29절에 보면 "기도 외에는 이런 유가 나갈 수 없느니라"고 하였습니다. 출 17:11절에 보면 모세가 팔레스틴의 남부에 거주하는 호전적 아말렉과 전쟁을 한 기록이 나옵니다. 그런데 이상한 것은 모세가 손을 들면 이스라엘이 이기고 손을 내리면 아말렉이 이기었다는 점입니다. 이때 아론과 훌이 하나는 이편에서 하나는 저편에서 모세의 손을 붙들어 올렸더니 그 손이 해가 지도록 내려오지 아니한지라 아말렉을 쳐서 파했다고 하였습니다. 이때 모세는 기뻐서 아말렉을 진멸하였다는 표시로서 단을 쌓고 그 이름을 여호와 닛시(나의 깃)라고 이름을 지었습니다. 그렇습니다. 기도는 배터리가 충전되는 것과 같습니다. 사람은 때때로 실망하고 약해질 때가 있습니다. 기도는 이때 새로운 힘을 충전시켜줍니다. 어떤 분들은 이런 말을 합니다. 남자가 뭐 계집애처럼 약하게 무엇을 의지해 치사하게. 그러나 약한 것을 인정하는 것이 강하게 되는 첩경입니다. 공연히 허세를 부리는 것은 정말 약하다는 것을 증명하는 것입니다. 그러므로 실재했을 때에 하나님께 겸손히 기도해 보십시오. 한 번도 기도 안 해본 분들이 있다면 담대히 기도해 보십시오. 하나님은 세례 받지 않은 사람도,

교회에 한 번도 안 나간 사람도 기도하면 힘을 주십니다. 한번 실험해 보시기 바랍니다.

우리는 이번 올림픽에서 93개의 메달 가운데 65개가 기독교인이 딴 것을 알아야 합니다. 사격에서 최초의 두 개의 금메달을 딴 박정아는 매일 새벽기도를 쉬지 않은 신자이고 중공을 이긴 남자 탁구선수들 전부가 신자들이고, 여자 탁구의 보배 양영자는 별명이 양전도사입니다. 그는 충현교회에 출석하였기 때문에 만난 적이 있습니다. 체조에 최초의 금메달을 딴 권순성이는 얼마나 열심 있는 신자인지 모릅니다. 축구선수 13명이 신자이고(필드에 나가기 전에 목사의 기도를 받음) 양궁의 4개의 금메달리스트인 양창훈이가 모든 영광을 하나님께 돌리는 것을 보십시오. 저들이 성공하는 이유 중 하나가 믿음의 힘이란 것을 우리는 알아야 합니다. 새마을 운동에서 성공한 80%가 신자라는 것은 믿음과 기도의 힘이 얼마나 크다는 것을 잘 말해줍니다.

그러므로 우리는 실패자가 아닌 승리자가 되기 위하여 영적 체험을 하고 믿고 기도하고 헌신하시기 바랍니다.

우리가 넉넉히 이기느니라

(롬8:31-39)

현대는 '불확실성의 시대'입니다.

(예) * 과연 노사간의 문제가 해결될 것인가?

* 그처럼 염원하던 평화적 정권이양이 이루어져서 민주화가 정착될 것인가?
* 88올림픽에는 동서가 다 참석하는 세기적 평화제전이 될 것인가?
* 남북통일이 우리 세대 안에 이루어질 것인가?

성경은 이렇게 말합니다. "그러나 너는 배우고 확신한 일에 거하라." 확신을 가질 것을 성경은 말씀하고 있습니다. 그래야 우리는 승리할 수 있습니다.

손자 병법은 '지피지기자는 백전백승(知彼知己 百戰百勝)'이라고 했습니다. 우리가 승리하기 위해서는 먼저 적을 알아야 합니다.

1. 우리의 대적은? 우리가 싸우고 있는 대상은?

(1) 사탄과의 싸움

사탄과의 싸움 = 엡 6:12 "우리의 씨름은(로마시대의 레슬링은 생명을 다한 노예들이나 사형수들의 싸움이었다) 혈과 육에 대한 것이 아니요, 정사와 권세와 이 어두움의 세상 주관자들과 하늘에 있는 악의 영들에게 대함이라"

(2) 세상과의 싸움

세상과의 싸움 마 10:16 "보라 내가 너희를 보냄이 양을 이리 가운데 보냄과 같도다. 그러므로 너희는 뱀같이 지혜롭고 비둘기같이 순결하라"

(3) 최대의 적은 나 자신의 용기

(예화) 왕양명 : 홍건적을 물리치고 돌아오는 도중에 자기를 환영하면서 만세를 부르는 사람들에게 한 말은 '이파산중적(易破山中敵)이요. 난파심중적(難破心中敵)이라'(산에 있는 적은 파하기 쉽지만 마음에 있는 적은 파하기 힘들다는 뜻). 잠언 4:23 "무릇 지킬만한 것보다 더욱 네 마음을 지키라, 생명의 근원이 이에서 남이라"

문제는 내 안에 있는 '충동'입니다. 이것이 약한 육체를 통하여 공격해 옵니다. 사탄은 가장 약한 곳을 집중 공격합니다. 이것은 마치 낚시질하는 것과 같습니다. 물질욕, 급한 성격, 경솔, 교만, 낙담, 성적 충동, 명예욕 등은 사탄의 낚시질입니다.

2. 우리는 누구인가?

우리는 약하고 추한 존재입니다. 그래서 사탄과는 경기가 되지 않습니다. 한국 여자 농구팀과 유고와의 경기를 보니 상대가 되지 않았습니다. 2미터 2센티의 큰 키로 던지면 들어가 31점을 혼자 넣었습니다. 따라서 우리는 사탄과 싸움의 대상이 되지 않았습니다. 그러나 우리를 돕는 강한 분이 계시다는 것을 믿으시기 바랍니다.

성경은 말합니다. "하나님이 우리를 위하시면 누가 우리를 대적하리요?" 그런데 하나님이 우리를 돕는다고 단정적으로 말씀하고 있지 않다는 점입니다. 왜 그런가요? 물론 하나님은 우리를 돕고 싶어 하십니다. 예수님도 우리의 친구가 되기를 원하고 계십니다. 성령님도 우리를 돕고 싶어 하십니다. 그러나 문제는 하나님이, 예수님이, 성령님이 역사하지 못하도록 우리가 제한하고 있기 때문입니다. 하나님은 우리에게 자유의지를 주셔서 우리 스스로 마음의 문을 열고 하나님께서 우리 안에 역사하도록 하실 때에만 비로소 능력을 발휘하실 수 있다는 법칙이 있습니다.

역사상 위대한 승리자들의 행적을 성경을 통해 살펴보고자 합니다.

(1) 아브라함 : 마므레 상수리 수풀 근처에 머물고 있을 때에 창 15:1 "아브라함아, 두려워 말라, 나는 너의 방패요 너의 지극히 큰 상급이니라"고 하심. 하나님은 아브라함의 방패가 되시고 심지어 그의 상급이 되셔서 그의 승리를 준비하고 계셨던 것입니다. 그러면 아브라함이 한 것은 무엇인가요? 창 15:6 "아브라함이 여호와를 믿으니 여호와께서 이를 그의 의로 여기시고." 다만 아브라함이 한 것은 믿음뿐이었습니다. 전기가 아무리 강해도 줄이 끊어져있으면 아무 소용이 없듯이 하나님께서 아무리 능력이 많으셔도 하나님과의 믿음이란 줄이 끊어져있으면 하나님께서 역사하지 않으십니다

(2) 이삭의 경우 : 그랄에 있던 이삭이 시기를 받아 브엘세바로 온 뒤에 하나님께서 주신 말씀= "나는 네 아비 아브라함의 하나님이니 두려워 말라. 네 종 아브라함을 위하여 내가 너와 함께 있어 네게 복을 주어 네 자손으로 번성케 하리라." 하나님이 함께 하실 때 이삭은 승리자가 된 것입니다.

(3) 다윗의 경우 : 그는 밖으로는 외적의 침략을 받고 있었고 안으로는 압살롬의 반역이 있었습니다. 그러나 이렇게 고백을 하였습니다. 시편 27:1 "여호와는 나의 빛이요 나의 구원이시니 내가 누구를 두려워 하리요. 여호와는 내 생명이시니 내가 누구를 무서

워하리요." 하나님이 다윗과 함께 하실 때 그는 승리자가 된 것입니다.

(4) 예레미야의 경우 : 재앙이 북방에서 일어나 이스라엘 거민에게 임하리라고 하면서 그러나 "그들이 너를 치나 이기지 못하리니 이는 내가 너와 함께 하여 너를 구원할 것임이니라"(렘1:19)고 하였습니다.

(5) 신약의 바울 : 밤에 주께서 환상 중에서 말씀하심 행 18:9-10 "두려워하지 말며 잠잠하지 말고 말하라. 내가 너와 함께 있으매 아무 사람도 너를 대적하여 해롭게 할 자가 없을 것이니 이는 이 성중에 내 백성이 많음이니라."

3. 하나님이 도우시면 반드시 승리

문제는 하나님이 우리를 위하실 때 우리는 반드시 승리합니다. 그러면 어떻게 하나님께서 우리를 위하시는지 알 수 있을까요?

(1) 하나님의 약속

하나님께서 그의 백성에게 약속하였기 때문입니다. 이것은 신학적으로는 언약이라고 부른다. 하나님께서 아브라함에게 무엇이라고 언약 하였는가? 주님도 우리에게 "내가 세상 끝날 때까지 항상 너희와 함께 있으리라"고 하였다. 그렇다. 하나님은 찬송가처럼 "내 주와 맺은 언약은 영불변하시니."

(2) 그리스도의 사랑을 확신

우리에 대한 그리스도의 사랑을 보고 확신할 수 있습니다. 롬 8:35절에 "누가 우리를 그리스도의 사랑에서 끊으리요? 환난이나 곤고나 핍박이나 기근이나 적신이나 위험이나 칼이랴"라고 선언하고 있습니다.

4. 하나님께서 우리를 위하게 하려면 어떻게 해야 하는가?

(1) 신실한 하나님의 자녀가 되어야

무엇보다도 하나님의 자녀가 되어야 합니다. 이것은 오직 두 가지 방법밖에 없습니다. 먼저 우리가 우리의 죄를 토해내고 다음은 그 자리에 예수님을 영접해야 합니다. 이때 우리는 거듭나게 되고 새 사람 즉 하나님의 자녀가 되는 것입니다. 요 1:12절에 "영접하는 자 곧 그 이름을 믿는 자들에게는 하나님의 자녀가 되는 권세를 주셨으니."

(2) 성장하는 신앙이 되어야

앉은뱅이 신앙에 머물지 말고 성장하는 신앙이 되어야 합니다. 그러면 성장의 비결이 무엇인가요?

영어의 grow란 말에 그 비결이 있습니다. g(gospel), r(regular prayer), 0(obedience), (witness)를 할 때 다시 말해서 복음, 기도, 순종, 증거를 할 때 우리의 신앙은 어린아이처럼 무럭무럭 자랍니다.

(3) 하나님을 제한하지 말아야

끝으로 하나님을 제한하지 말아야 합니다. 성령을 근심하게 하는 죄를 지으면 하나님은 역사할 수 없고, 제한받게 되고 또 우리가 불신하면 이때도 하나님은 제한받고 능력을 나타낼 수가 없습니다. 기도하지 않을 때도 열쇠를 가지고 있으면서 열지 않는 것과 같이 하나님은 제한을 받게 됩니다. 그러므로 하나님을 제한하지 말아야 합니다.

맺는말

성경은 분명히 선언하고 있습니다. "그러나 이 모든 일에 우리를 사랑하시는 이(예수 그리스도)로 말미암아 우리가 넉넉히 이기느니라." 이 얼마나 위대한 궁극적 진리입니까? 그러므로 성도들이여, 우리는 바울과 함께 우리의 궁극적 승리를 확신하기를 바랍니다. 왜냐하면 세상 끝날 때까지 함께 하시겠다고 약속하신 주님께서 우리의 승리를 보장해주시기 때문입니다. 문제는 하나님의 자녀가 되는 데 있고 한걸음 더 나아가 우리에게 주신 믿음이 성장할 수 있도록 말씀을 읽고 기도하고 순종하고 증거하는 생활을 하고 끝으로 하나님의 역사를 방해하는, 제한하는 일이 없도록 하는데 우리의 승리가 보장되어 있는 것입니다. 이제 다 같이 주님의 이름으로 승리하시기를 축원합니다.

왕으로 오신 예수님

(슥9:9)

연말이 되었습니다. 겨울을 위하여 연탄도 사야 하고 겨울에 입을 피복도 준비해야 하고 이불도 준비해야 하고 어디 그것뿐인가요? 여기저기서 꾼 돈도 갚아야 하고 더구나 자녀들이 있는 집은 총 비상이 걸렸을 것입니다.

저희 집은 고3과 2학년이어서 온통 벌집 쑤신 집처럼 난리입니다. 또 요즈음 망년회를 한다고 직장에서는 한창이지요. 그런데 본래 망년회란 일 년 동안 감정이 상했던 사람들이 '야, 그만 잊자. 내년에는 좀 잘해보자' 하고 가지는 것이고 잊어버려야 할 것들을 잊고 새로 출발하는데 그 목적이 있는데 요즈음은 망년회를 서울에서 호텔로만 모여들기 때문에 만원리라고 합니다. 게다가 술들을 이차 삼차 마시고 보기 흉한 거동들을 합니다.

우리가 잊지 말아야 할 것은 이 시기는 자신의 좌표를 점검해 보고 생각하는 시기인 점입니다. 몇 년 전 KBS에서(A.D)라는 6부작 미니시리즈가 방영되었습니다만 지금이야 말로 나의 삶의 비씨(B.C)와 에이디(A.D)를 구별하고 주님을 중심으로 하는 시기인 것입니다. 그래서 이 시간에는 슥 9:9절에 있는 말씀을 가지고 우리의 왕으로 오신 예수님을 잘 모셔서 귀한 축복을 받는 우리가 되기를 먼저 축원 합니다.

스가랴서는 주전 520년경에 기록된 것으로 성전의 재건을 주제로 하고 있습니다. 주전 538년 고레스 왕의 조서로 5만여 명의 유대인들이 예루살렘으로 돌아왔습니다. 그들은 성전 재건이라는 큰 목표 아래 성전 건축을 시작하였으나 불행하게도 사마리아인들의 방해로 14년간 중단되었고 또 여러 가지 일들로 지연되자 이것이 하나님의 뜻이 아니라고 하면서 포기하게 되었습니다.

이때에 스가랴 선지자는 성전건축을 독촉하면서 스가랴서를 기록하였습니다. 그는 메시야가 오실 것을 본문에서 예언하면서, 그러나 그는 말을 타고 오시는 정복자가 아니라 나귀를 타고 오시는 평화의 왕이심을 말씀하였습니다. 그러면 그 예수님은 어떤 분이시며 또 왜 오셨나요? 우리는 이 왕으로 오신 예수님을 어떻게 해야 할 것인가를 함께 살펴보면서 은혜를 나누려고 합니다.

1. 예수님은 어떤 분이신가?

(1) 자신을 낮춘 하나님

그는 하나님이시면서도 자신을 낮추사 사람이 되신 분이십니다. 빌 2:5-7절에 보면 "그리스도 예수…. 그는 하나님의 본체시나…. 사람과 같이 되었고"라고 하였습니다. 즉 예수님은 만왕의 왕이시지만 자신을 낮추어 사람의 형상으로 오시었다는 말입니다. 예수님은 과거에는 물론 현재와 미래에도 하나님이십니다. 그러나 그는 그 권리를 주장하시지 않고 자신을 낮추어 사람이 되었습니다. 그것도 어리고 연약한 아기의 모습으로 오셨을 뿐 아니라 예루살렘의 웅장한 궁궐에서 태어나신 것이 아니라 비천한 말구유에서 태어나시었습니다.

(2) 사람들의 종이 되신 분

그는 한 단계 자신을 더 낮추사 사람들의 종이 되신 분이십니다. 빌

2:7절에 "오히려 자신을 비워 종의 형체를 가져." 즉 그는 요한복음 13장에서 보여준 것처럼 사람을 섬기는 종의 생활을 하였습니다. 그래서 그는 막 10:45절에서 자신을 "인자의 온 것은 섬김을 받으려 함이 아니라 도리어 섬기려 하고"라고 하였습니다.

(3) 십자가에 못 박히게 하기까지 낮추신 분

심지어 그 예수님은 자신을 십자가에 못 박히게 하기까지 낮추신 분이십니다. 빌 2:8절에 "자기를 낮추시고 죽기까지 복종하셨으니 곧 십자가에 죽으심이라." 당시 십자가에서의 죽음은 가장 치욕스러운 죽음이었습니다. 가장 극악한 범죄자들을 이같이 처벌하였던 것입니다. 이런 예수님을 하나님은 높이셔서 죽은 자 가운데서 살리셨고 하늘과 땅의 모든 권세를 주셨고 심지어 하나님 우편에 앉히시었습니다. 그리고 이 예수님에게 모든 이름 위에 뛰어난 이름을 주셨습니다. 한 마디로 해서 이 예수님은 온 우주를 지배하시는 만유의 주가 되신 분이십니다. 그래서 예수님에 대한 성경의 칭호를 보면 "선생과 주"(요13:13). "주와 그리스도"(행2:36). "만유의 주"(행10:36). "만왕의 왕, 만주의 주"(계19:16)라고 하였습니다.

2. 왜 예수님은 이 땅에 오셨는가?

한마디로 해서 우리의 주가 되기 위하여 오셨습니다. 여기서 '주'란 말은 주인이란 뜻입니다. 고전 6:19-20에서 보면 "너희는 너희의 것이 아니라 값으로 산 것이 되었으니" 즉 죄와 사탄의 종이었던 우리를 종을 사듯이 주님이 피 흘리심으로 우리를 사셔서 주인이 되었다는 말입니다.

그뿐 아니라 예수님은 우리의 문제를 해결하시기 위하여 중보자로 이 땅에 오셨다는 말입니다. 그는 중보자로서 먼저 우리의 죄값을 지불하셨습니다. 또 우리가 시험 당할 때에는 우리를 위하여 기도하시며 우리가 죄를 범하였을 때에는 우리를 중재하십니다. 우리의 기도가 성부 하나님께 상달되도록 하십니다. 우리의 문제는 크게 세 가지입니다. 첫째는 죄의 문제요, 둘째는 죽음의 문제요, 셋째는 의미의 문제입니다. 이것을 해결하기 위하여 주님은 오신 것입니다. 그리하여 지극히 높은 곳에서는 하나님께 영광이요 땅에서는 기뻐하심을 입은 사람들 중에 평화로다(눅2:14)는 말씀대로 이 땅에 참 평화를 주시기 위하여 오신 것입니다. 그러나 여기서 우리가 기억해야 할 것은 이 예수님은 또 오신다는 점입니다. 이것을 우리는 재림이란 말로 표현합니다. 왜요? 그것은 알곡은 곳간에, 쭉정이는 불에 넣기 위하여 또 양과 염소를 구별하기 위하여 오십니다.

3. 이 왕을 우리는 어떻게 모실까?

세상에서는 대통령이 방문을 해도 온통 난리입니다. 길도 수리하고 청소도 하고 아름답게 장식도 합니다. 그러면 왕 중 왕이시요 만유의 주가 도신 예수님이 오시는데 우리는 어떻게 해야 할까요? 우리의 취할 수 있는 태도는 크게 세 가지가 있습니다. 첫째는 누가복음에 나오는 여관집 주인처럼 '무관심'한 태도를 취하는 것이고, 둘째는 마태복음에 나오는 헤롯처럼 예수님을 '거절'하는 태도이고, 셋째는 목사나 동방박사처럼 아기 예수님을 '영접'하는 태도가 있습니다.

그러나 주목해야 할 것은 이 예수님을 영접하는 자에게는 축복을 주시지만 거절하는 자에게는 심판이 임한다는 사실입니다. 그리고 또 지금도 예수님은 낮고 천한 모습으로 오신다는 점입니다. 물론 그가 재림하실 때에는 영광스러운 심판자의 모습으로 구름을 타고 오시지만 그러나 그 이전에는 옛날의 모습으로 우리와 함께 혹은 우리의 주변에 계신다는 점입니다. 마 25장의 끝에는 양과 염소의 비유를 통하여 “여기 내 형제 중에 지극히 작은 자 하나에게 한 것이 내게 한 것이니라”고 하였고 또 “지극히 작은 자 하나에게 하지 아니한 것이 곧 내게 하지 아니한 것이니라”고 하였습니다. 중요한 것은 잘못을 한 죄만 있는 것이 아니라 선을 안 한 죄도 있다는 것입니다. 그러므로 우리는 영광의 주만 기다리지 말고 지금도 우리 주변에서 망각지대에 살고 있는 수많은 변두리 인생들에 대한 관심을 가지고 임하는 낮고 천한 아기 예수님을 영접해야 한다는 것입니다.

영접한다는 말은 예수님을 나의 주님으로 초청하여 믿는다는 말입니다. 그러면 이 예수님을 영접하는 자에게 주시는 축복은 무엇인가요?

(1) 우리의 죄를 용서받는다(엡1:7)

(2) 하나님의 자녀가 된다(요1:12)

(3) 우리는 새로운 피조물이 된다(고후5:17)

(4) 성령께서 우리의 마음속에 거하시게 된다(고전6:19)

(5) 천국백성이 된다(요14:3)

바라기는 아기 예수님을 영접하여 참 성탄의 기쁨을 누리시기를 주님의 이름으로 축원합니다.

맺는말

이제 우리는 찾아오신 만왕의 왕이신 예수님을 우리 모두 영접하여 기쁘시게 해드리는 금년이 되기를 바랍니다. 인간의 참 행복은 행복의 근원되신 예수님을 기쁘시게 해드리는데 있습니다. 우리는 이 사회에 참된 안정을 바랍니다. 이 안정이란 다른 말로 말하면 평화입니다. 그런데 진정한 이 평화는 눅 2:14절의 천사의 선포와 같이 지극히 높은 곳에 하나님께 영광이 될 때 이루어지는 것입니다. 하나님과의 관계가 바로 되어져야 됩니다. 정치만으로 되는 것은 아닙니다. 그것은 바로 왕으로 오시는 예수님을 영접하고 기쁘시게 해드릴 때 찾아오는 것입니다. 그러므로 왕으로 오시는 예수님을 영접하여 91년의 평화가 저와 우리 사회에 충만하시기를 축원합니다.

오실 때까지

(고전11:23-29)

고린도 교회는 바울이 개척한 교회였습니다. 그러나 바울이 2-3년간 떠나 있는 동안 여러 가지 새로운 사건들이 많이 일어났습니다. 그 중에 하나가 사랑(agape)에 관한 것입니다. 당시 성찬식에 앞서서 행하여지는 공동식사가 있었습니다.

원래 이것은 형제간의 사랑을 나누는 그런 식사였습니다. 그런데 이것이 시간이 지나면서 성찬식에 심각한 영향을 끼치게 되었습니다. 본래 이것은 주님의 사랑을 실천하고자 친교를 나누는 식사였습니다. 당시에는 인종차별이 심하였고 사회적 장벽이 아주 심하였습니다. 그것이 이 아가페 식사에 의해 철폐되었던 것입니다.

그러나 나중에 문제가 생겼습니다. 이 식사로 인해서 교인들 사이에 분열이 생기기 시작하였습니다. 부자들은 많이 가지고 와서 혼자 먹었고, 가난한 사람들은 굶주렸습니다. 그래서 주님이 철폐한 장벽이 고린도 교인들에게 다시 생기게 되었습니다.

1. 교인들이 분열한 결과

교인들의 분열의 결과로 20절과 22절의 말씀대로 세 가지 중요한 일들이 일어났습니다.

(1) 주의 만찬을 나눌 수 없었음

첫째로 주의 만찬을 먹을 수 없게 되었습니다. 서로 싸우고 마음들이 상해서 주의 만찬을 나눌 분위기가 아니었습니다.

(2) 하나님의 교회가 업신여김을 받게 됨

둘째로 하나님의 교회가 업신여김을 받게 되었습니다. 이것은 저들이 폭식하고 폭음을 하였기 때문입니다. 그러나 하나님은 질서의 하나님이십니다. 무질서의 하나님이 아니십니다. 로고스란 질서를 뜻합니다.

(3) 빈궁한 자들이 부끄러움을 당함

셋째로 빈궁한 자들이 부끄러움을 당하게 되었습니다. 있는 사람들은 너무 먹었습니다. 당시에는 포도주를 사용했기 때문에 너무 많이 마시고 술주정하는 사람들까지 생겨났습니다.

2. 주의 만찬을 바로 먹으려면 그 의미를 바로 깨달아야

크게 세 가지 견해가 있습니다. 문제가 되는 구절은 '이것은 내 몸이니(this is my body.)란 구절의 뜻입니다.

(1) 천주교의 견해

화체설(is를 '동등'함의 뜻으로) : 문자적 해석이 언제나 좋은 것은 아닙니다(문자주의).

(2) 루터교의 견해

공존설(stand with)

(3) 장로교, 감리교, 성결교

상징설(signifies. represent로 해석합니다). 무엇에 대한 상징입니까? 주님의 죽으심에 대한 상징입니다. 그러나 성찬은 그 이상의 의미가 있습니다. 성찬은 그리스도의 임재를 느끼는 '매개물'입니다. 또 회개로 인도하는 '초청장'입니다. 다음은 용서와 확신에 이르는 '통로'입니다. 끝으로 천국에 이르는 길까지 '안내'해 줍니다.

3. 합당하게 먹으려면 어떻게 해야 합니까?

(1) 사람이 먼저 자기를 살펴야

죄와 불결함을 추방한 후에 먹어야 하기 때문입니다. 그러려면 양심과 말씀과 성령의 세 가지 저울에 달아보아야 합니다.

(2) 주의 몸을 분별해야

성찬의 의미를 깨닫고, 형제에 대한 마음과 무관심을 버리고 참여해야 합니다. 지체의식 없이 성찬식에 참여하는 것은 죄입니다.

(3) 성찬식은 주께 받은 것

이 성찬식은 바울이 제정하거나 만든 것이 아니고 주께 받은 것임을 알아야 합니다. 그러므로 이것이 주님이 오실 때까지 계속되어야 합니다. 유대인들에게 있어서 과거를 기억하는 것은 바로 현재적 참여를 뜻합니다.

(4) 무엇보다도 주님을 기억해야

여기서 주님을 '기억합니다'라는 것은 크게 7가지를 기억하는 것을 말합니다. 첫째는 주님의 흠 없는 삶, 둘째는 주님의 교훈, 셋째는 주님의 기적, 넷째는 주님의 우리를 위한 대속의 죽으심, 다섯째는 예수님의 부활과 승천, 여섯째는 예수님의 놀라운 사랑, 일곱째는 예수님의 인격입니다.

(5) 네 가지의 마음을 가져야

첫째는 회개, 둘째로 감사, 셋째로 결심(자기 정복, 성령의 열매, 지체의식을 가지고 사랑, 승리), 넷째로 기도하는 마음입니다.

그러므로 우리는 성찬식의 바른 의미를 기억하고 성찬식에 임하기를 바랍니다.

예수님의 재림과 성도의 준비

(살전 4:13-18)

롬 13:11절에 보면 시기를 알아야 된다고 했습니다. 여기서 시기란 구원사에 있어서 지금이 어느 때인 것을 알아야 한다는 뜻입니다. 구원사에는 시작으로서 하나님의 창조가 있고, 마지막으로서 주님의 재림이 있습니다. 그리고 그 가운데 중심점으로서 예수님의 십자가와 부활이 있습니다. 이 세 가지를 바로 분별하여 지금 자기가 서 있는 위치를 알아야 한다는 말입니다.

세상에서도 '철이 든다'는 말을 하는데 이것은 봄, 여름, 가을, 겨울 등을 분별하여 농사를 잘 짓는 것을 말합니다. 우리는 영적으로 철이 나야 합니다. 그것은 바로 내가 사는 이때를 분별하여 아는 지혜를 가지는 것을 말합니다. 이 시간에는 그 중에서도 주님의 재림에 대해 말씀을 상고해 보면서 함께 은혜를 나누려고 합니다.

1. 성경은 이때를 무엇이라고 하는가?

한마디로 말해서 예수님의 재림이 가깝다고 말씀하고 있습니다. 왜냐하면 주님께서 다시 오신다고 약속하였기 때문입니다. 요 14:2-3절을 보면 "내가 너희를 위하여 처소를 예비하러 가노니 가서 너희를 위하여 처소를 예비하면 내가 다시 와서 너희를 내게로 영접"하겠다고 약속하였습니다. 신약성경은 260장이나 있는데 이 모든 장의 수보다 많은 재림의 약속이 있습니다. 그러므로 주님의 재림 약속은 세상의 보증수표보다도 더 확실합니다.

그러면 예수님의 이 재림은 무엇을 위해서인가요? 한마디로 말하면 '큰 분리'를 위해서 오시는데 양과 염소를 분리하고 알곡과 쭉정이를 구별하고 믿는 자와 안 믿는 자를 분리하시기 위해 오신다는 것입니다. 이때의 분리에 대해 주님은 이렇게 말씀하셨습니다.

"두 여자가 함께 맷돌을 갈고 있으매 하나는 데려감을 당하고 하나는 버려둠을 당할 것이니라"(눅17:35). 지리적으로 함께 있다고 해서 함께 가는 것은 아니라는 말입니다. 이때의 분리를 좀더 구체적으로 말하면 이렇습니다.

1) 주님께서 밤의 도적같이 갑자기 오시면 믿는 자들은 '눈 깜박할 사이에' 상급의 심판을 받게 됩니다.
2) 그리고 믿는 자들은 어린양의 혼인잔치에 참여하게 됩니다.
3) 이때 성도들은 신부로서 의의 세마포 옷으로 아름답게 단장하고 예수님과 함께 연합하여 그분의 사랑을 받게 됩니다.

2. 믿지 않는 자들에게는 어떤 일이 일어나는가?

먼저 사탄이 불못에 던져지면 그 다음에 악인으로서 죽은 자들이 심판을 받게 됩니다. 이 심판을 '백보좌 심판'이라고 하며 이때에는 믿지 않는 자들은 큰 자나 작은 자나 모두가 하나님 앞에 서게 될 것입니다. 그리고는 계 20:12절의 말씀대로 행위를 따라 책에 기록된 대로 심판을 받게 됩니다. 이때에 예수님이 심판장이 되십니다. 여기서 예수님이 심판장이 된다는 것이 우리에게는 큰 위로가 되고 힘이 됩니다.

(예화) 미국에 있을 때 일입니다. 미국교회에서 제가 설교할 기회가 있어서 설교를 하는데 네 살 난 우리 집 큰아이가 앞에 나와

서 같이 소리를 버럭 질렀습니다. 다음에는 세 살 난 작은놈이, 맨 뒤에는 저의 집사람이 두 녀석을 잡으러 나옵니다. 미국 교인들이 재미있다고 웃고 야단이지만 우리 아이들은 천진스럽게 신이 나서 달아났습니다. 왜 그랬을까요? 그 아이들은 아빠가 설교하는데 누가 뭐라 한들 무슨 상관이냐? 하는 식이었습니다.

예수님께서 재판장으로 심판하실 때에도 이런 현상이 일어날 것입니다. 그때 성도들은 신이 나서 큰 소리를 지를 것이고 불교신자, 유교신자, 회교신자들은 풀이 죽어서 고개도 못 들고 그때 믿을 '걸걸' 하면서 후회하게 될 것입니다. 이때 문제는 계 20:15절의 말씀대로 "누구든지 생명책에 기록되지 못한 자는 불못에 던지우더라"는 심판을 받습니다. 이 심판이 끝나면 땅은 불로 멸망을 받게 되고 하나님께서는 무죄한 새 하늘과 새 땅을 창조하시고 천국에서는 구원받은 성도들이 예수님과 영생을 누리게 될 것입니다.

주님의 재림의 성격은 무엇인가요?

불원간에 주님은 다시 오신다는 점입니다. 이때의 현상으로는 마 24장5-12절을 보면 ① 민족이 민족을 나라가 나라를 대적하여 일어나겠고, ② 처처에 기근과 지진이 있으리니, ③ 불법이 성하므로 많은 사람의 사랑이 식어지리라. ④ 많은 사람이 내 이름으로 와서 이르되 나는 그리스도라 하여 많은 사람을 미혹케 하리라. 그런데 이런 일들이 지금 많이 일어나고 있으므로 주님의 재림은 머지않았다는 것을 우리는 알 수 있습니다.

그리고 이때 믿는 사람들, 즉 그리스도께 속한 사람들만이 들어 올림을 받습니다. 이것을 어떤 이들은 '휴거'라고 해석하고 또 어떤 이들은 하나님이 보호해 주시는 구원이라고 말합니다. 다시 말해 믿는 성도들만이 구원을 받는다는 말씀입니다. 믿습니까?

3. 우리는 어떻게 재림의 주님 맞을 준비를 해야 하나?

다섯 가지 준비를 해야 합니다.

(1) 믿음으로 거듭나야

이 땅에서 먼저 믿음으로 거듭나고 영생의 소유자가 되어야 합니다. 즉 구원을 받아야 합니다. 하나님은 누구에게나 은혜로 구원을 주십니다. 그러나 믿음의 손을 가진 사람만이 그 은혜의 구원을 받을 수 있습니다. 이것은 교회의 교적부에 이름이 기록되는 것을 말하는 것이 아닙니다. 또 교회의 직분을 맡는 것을 말하는 것도 아닙니다. 이것은 예수님을 구주로 영접하고 자신의 생사화복을 그의 손에 맡기는 것을 의미합니다. 여러분은 믿습니까? 그러면 죽은 뒤에 구원을 받는 것이 아니라 믿는 그 순간에 구원을 받고 영생의 소유자가 되는 것입니다. 영생이 무엇인가요? 영생이란 요 17:3절을 보면 "영생은 유일하신 참 하나님과 그의 보내신 자 예수 그리스도를 아는 것이니이다"라고 했습니다. 즉 하나님과 예수를 믿음으로 깊은 영적 교제를 가지고 새로운 질적 기쁨과 평안과 새로운 질적 의미와 목적을 가지고 사는 것을 말합니다. 즉 하나님의 자녀가 되는 것입니다.

(2) 성령의 기름을 준비해야

성령의 기름을 준비해야 합니다. 마 25장을 보면 기름 준비한 사람이라고 하였는데 여기서 기름이란 성령을 의미하는 말입니다.

(3) 깨어 있어야

깨어 있어야 합니다. 마 24:42절에 주님은 말씀하시기를 "그러므로 깨어 있으라. 어느 날에 너희 주가 임할는지 너희가 알지 못함이니라"고 하였습니다.

그러면 깨어 있다는 말은 무슨 뜻인가요? 잠을 안 자고 기다리라는 말인가요? 아닌 게 아니라 데살로니가 교인들은 그렇게 생각하였습니다. 그러나 여기서 깨어 있다는 말은,

첫째로 마 26:41절에 "깨어 있어 기도하라"고 한 것을 보면 기도하는 생활을 의미합니다. 둘째로 살전 5:6절에 "그러므로 우리는 다른 이들과 같이 자지 말고 오직 깨어 근신할지라"고 하였습니다. 즉 깨어 있다는 말은 육적인 생활에 빠지지 않고 근신하면서 사는 경건생활을 의미합니다.

셋째로 고전 16:13절에 "깨어 믿음에 굳게 서서 남자답게 강건하여라"고 했으니 믿음의 생활을 깨어 있는 것이라고 하였습니다.

넷째로 고전 15:34절에 "깨어 의를 행하고 죄를 짓지 말라"고 하였습니다. 즉 의의 생활은 깨어 있는 생활이라고 하였습니다.

다섯째로 골 4:2절에 "기도에 감사함으로 깨어 있으라"고 하였으니 감사하는 생활을 의미합니다. 과연 여러분들은 지금 깨어있습니까?

(4) 그리스도 안에 거해야

재림의 준비로 우리는 그리스도 안에 거하는 생활을 해야 합니다. 요일 2:28절에 "자녀들아, 이제 그 안에 거하라. 이는 주께서 나타내신바 되며 그의 강림하실 때에 우리도 담대함을 얻어 그 앞에서 부끄럽지 않게 하려 함이라" 그러면 그리스도 안에 거한다는 말의 뜻은 무엇인가요? 그것은 그리스도와 함께 살고 그리스도와 함께 영적 교제를 한다는 뜻입니다.

(5) 온 세상에 복음을 전파해야

그러나 주님을 위한 또 하나의 다른 준비가 있어야 합니다. 마 24:14절에 "이 천국복음이 온 민족에게 증거되기 위하여 온 세상에 전

파되리니 그제야 끝이 오리라." 세계 선교를 해야 재림하신다는 말입니다. 지금 세계가 되어져 가는 형편을 보면 주님 재림의 때가 되었습니다. 다만 문제는 성도들이 게을러서 세계에 복음을 전파하지 않음으로 주님의 재림이 연기되고 있다는 점입니다. 그러므로 우리는 모두가 내가 선교사로 가든지 아니면 다른 사람을 보내어 ① 기도로 돕고 ② 선교헌금으로 돕고 ③ 편지나 위문품을 보내어 돕고 ④ 선교를 가르침으로 도와야 합니다.

맺는말

저는 여러분 모두가 주님 재림하실 때 다 구원의 반열에 참여하기를 축원합니다. 예수님의 재림은 불원합니다. 그러므로 우리는 준비를 해야 합니다. 어떤 준비를 해야 하는가? 다섯 가지 준비를 해야 합니다.

첫째로 믿음으로 구원을 받고 중생해야 합니다.

둘째는 성령의 기름을 준비해야 합니다.

셋째로 깨어 있어야 합니다.

넷째는 그리스도 안에 거하는 생활을 해야 합니다. 그러나 이것만으로는 부족합니다. 복음을 세계만방에 전파하여 택함 받은 모든 사람들이 구원함을 받아야 주님은 다시 오십니다. 바라기는 여러분 모두가 주님의 재림 때 다 영접함을 받고 어린 양의 혼인 잔치에 의의 세마포 옷을 입고 다 참여함 받기를 축원합니다.

예수님을 모신 잔치

(요6:1-15)

이 시간에는 '예수님을 모신 잔치'라는 제목으로 함께 은혜를 나누려고 합니다. 이 이적이 일어난 배경을 보면 오늘날과 유사한 점을 발견합니다. 당시 남자만도 5천이 넘는 많은 군중들이 때가 지났는데도 먹지 못하고 있었습니다. 그렇다고 사서 먹는다 해도 200데나리온(한 데나리온은 한 사람의 하루 품삯) 이상의 돈이 필요한데 제자들에게는 이런 거금이 없었습니다. 겨우 구한 것은 어린 아이의 보리떡 5개와 물고기 2마리였습니다. 바로 이런 긴급한 상황 속에서 주님은 이적을 일으킨 것입니다.

사실 우리 충현교회는 대부분이 소위 신중산층에 속해 있어서 하류층에 속한 노동자나 농민들의 생활을 전혀 이해하지 못하고 있는 실정입니다. 그것만이 아니라 또 우리는 지배층에 계신 분들의 생활이 어떤지도 상상을 못하고 있습니다. 그러나 지난번 소위 대도 조세형이 체포되면서 약간 지배층의 생활이 밝혀졌습니다. 그는 남자용 파테크(Patek)란 시계 한 개에 1천만 원짜리를 비롯해서 시가 2천만 원이 넘는 5.75캐럿의 물방울 다이아 등 지배층만을 대상으로 수많은 보화를 도적질했으나 놀라운 것은 아무도 신고를 하지 않았다는 것입니다. 그러나 우리를 가장 놀라게 했던 사건은 한국 역사상 가장 간이 크기로 이름난 장

영자 사건이었습니다. 아무리 영자의 전성시대이기는 했지만 한 달에 3억 5천만 원씩 돈을 썼다는 천문학적 기록은 40억불의 재산을 가진 세계 제일의 갑부인 사우디의 카쇼기를 놀라게 한 사건이었습니다. 그러나 이런 홍청망청한 망국적 소비풍조는 서울의 많은 사람에게로 번져갔습니다. 그래서 지금은 L호텔의 헬스클럽회원이 되는데 500만 원을 내야 하고 또 저에게 가입하라고 온 안내서를 보니 400만 원짜리 헬스클럽회원권도 생겼고 그것도 알고 보니 벌써 인원이 다 찼다는 후문이고 보면 잘사는 사람은 천문학적으로 돈을 쓰고 있습니다. 골프장 회원권도 보통 집 한 채 값입니다. 서울 컨츄리 클럽은 회원권이 5천 5백만 원이고 좀 싼 곳이 한양의 3천 5백, 뉴코아가 2천 3백이라고 합니다. 그리고 술, 여자, 음악의 삼위일체를 이룬다는 초호와 룸살롱에서 하루 저녁 한 사람의 술값이 보통 1백만 원대요 팁이 10만 원대라니 죽기 전에 한 번쯤 구경이나 해보고 싶은 유혹이 생깁니다. 물론 홀딱 쇼가 어떻게 생긴 것인지 호기심도 없는 것은 아니지만 더 중요한 것은 여기에 오는 사람들의 얼굴이 더 보고 싶습니다. 얼마나 얼굴 가죽이 두꺼운지 재어보고 싶습니다. 그러나 잊어서는 안 될 것은 우리 서울에만도 가난한 사람들이 얼마나 많으며 심지어 교회에 오려고 해도 가난한 사람들이 갈 수 없는 조건이 교회 안에 너무도 많다는데 우리는 반성을 해야 합니다

우리보다 더 가난한 사람들의 이야기를 들어보십시다.

81년의 통계자료에 의하면 우리나라의 총 근로자의 수는 743만 명인데 그 중에 59%인 440만 명이 월 10만 원 미만의 소득자란 점입니다. 노동시간은 세계 제1위인 주당 53.7시간입니다. 그러나 실제로는 60-80시간입니다. 어떤 노동자들은 햇볕 보는 것이 소원이란 말까지 하고 있을 정도입니다. 그러면 농민들의 소득은 어떤가요? 평균 9만 원

정도라고 합니다. 그러니 이런 사람들에게 필요한 것은 논산훈련소의 시절처럼 가장 기다려지는 것은 식사시간과 취침시간뿐입니다. 인생을 생각하고 미래를 설계하고 뭐고가 있을 수 없습니다. 저 자신 어려서는 너무도 가난한 가정에서 자랐기 때문에 예수란 말을 안 들은 것도 아닐텐데 그것이 배부른 사람들의 소리로 들어왔습니다. 지난번 파크호텔에서 수안보를 바라보았을 때 마치 스위스에 온 것 같은 아름다운 풍경인 것을 지난 50년간을 모르고 지내왔다는 것은 그만큼 정신적 여유가 없었다는 것을 말해줍니다.

예수님 앞에 모인 군중의 모습과 오늘 우리 국민들의 모습을 비교 한다는 것은 시대를 모르는 무지의 소치로 볼지 모르지만. 적어도 난처한 상황, 그리고 주님이 아니고는 해결할 수 없는 오늘의 상황, 그대로 내버려 두면 마가복음 6장의 말씀대로 빈들이요 때도 저물어 기진하여 쓰러질 지경이라고 한 형편과 같은 것임에 동일합니다. 그래서 이제 2020년 전처럼 우리 주님을 모신 잔치 없이는 지금 우리 국민들의 목자 없는 양같이 그 주려 있는 영혼을 살릴 수는 없다고 믿고 있습니다.

본문이 우리에게 주는 메시지를 알아보겠습니다.

1. 그리스도는 굶주린 영혼의 떡이 된다는 사실

아니, 예수가 밥을 먹여주느냐? 이 나라의 수많은 노동자와 농민들이 저임금과 저소득으로 인해 동물처럼 살고 있는데 과연 예수가 그 해답이 될 수 있느냐? 하고 물을 사람이 많을 것입니다.

성경은 요 6:48절에서 "내가 곧 생명의 떡이로라"고 말씀하셨고, 51절에서는 "나는 하늘에서 내려온 산 떡이니 사람이 이 떡을 먹으면 영생하리라"고 하였습니다. 또 행 4:12절에 분명히 "다른 이로서는 구원을 얻을 수 없나니 천하 인간에 구원을 얻을 만한 다른 이름을 우리에게 주신 일이 없음이니라"고 했습니다.

2. 예수님도 제자들의 도움이 필요

이적은 주님이 행하시지만 나누어 주는 데는 제자들의 도움이 필요했다는 점입니다. 다시 말하면 지금 주님은 손을 갖고 있지 않다는 점입니다. 바로 내 손과 여러분들의 손이 주님께서 사용하기를 원하는 손이십니다. 바울은 롬 10:14절에서 "전파하는 자가 없이 어찌 들으리요"라고 말한 것입니다. 이 손은 하나님이 데코레이션으로, 장식품으로 준 것이 아닙니다. 봉사하고 섬기라고 준 것입니다. 이것을 사용하지 않고 그냥 둔다면 그 사람은 참 불쌍한 사람입니다. 형제자매들이여, 우리 모두 주님의 손이 되고 발이 되고 교회와 사회에서 섬기는 삶, 봉사하는 삶을 삽시다. 우리가 가만히 있으니 비웃는 젊은이들이 보고 가증하다고 말하고 위선자라고 말하지 않겠습니까?

3. 작은 것도 크게 쓰시는 주님

비록 작은 것이라도 드리면 주님은 축복하여 크게 사용하신다는 천국의 수확을 보여 줍니다. 이 세상 수학은 분명히 사용하면 줄어듭니다. 그러나 천국의 수학은 사용하면 할수록 더 커진다는 전혀 다른 진리를 말씀하고 있습니다. 이 말씀은 어린아이가 그 본보기가 되고 있습니다. 물론 이것이 기계적으로 되는 것이 아닙니다. 주님의 뜻을 잘 분별하여 바쳐야 할 때 바치고 써야 할 때 써야합니다. 주님의 뜻은 내 양심을 통해서 들려오는 것이지 어떤 목사나 기도 많이 하는 분을 통해서 오는 것이 아닙니다. 그러므로 자신의 양심의 소리를 들으세요. 그 음성은 너무도 세미해서 잘 안 들릴지도 모릅니다. 다른 유혹의 소리에 비해 너무 작기 때문에 주목하지 못할지도 모르기 때문에 우리는 항상 주님의 말씀을 묵상하고 기도하는 생활을 계속해야 합니다.

맺는말

우리는 언제나 두 가지의 계시를 똑바로 보아야 합니다.

하늘에 구름이 끼었다고 세상이 다 구름으로만 된 것도 아니고, 태양이 없는 것도 아니듯이 현실속의 기독교인들이 잘못을 범한다고 해서 세상이 다 이런 위선자만 있는 것도 아닙니다. 그러므로 우리는 이 시간 두 개의 좌표인 하나님의 말씀과 역사의 흐름이 만나는 곳, 나의 좌표를 확인해야 합니다.

오늘의 메시지는 크게 세 가지입니다. 첫째로 그리스도만이 굶주린 영혼의 떡입니다. 둘째로 하나님은 전능하시지만 반드시 인간의 도움을 통하여 그의 사랑과 은혜를 전달하십니다. 셋째로 이 시간 나와 여러분들에게 주님이 원하시는 것은 바로 주님의 손이 되라는 명령입니다. 바라기는 우리 모두가 이 명령에 순종하여 하나님께 영광을 돌리고 개인적으로는 성숙한 신자가 되어 귀한 축복에 참여하시기를 축원합니다.

예수님의 부활과 성도

(벧전1:3-9)

베드로전서는 네로 황제 때에 극심한 박해 아래 있는 성도들에게 보낸 위로와 격려의 편지입니다. 그 격려의 내용은 세상 사람이 갖고 있지 않은 소망과 기쁨 그리고 쇠하지 않는 하늘의 기업이 있기 때문입니다. 베드로는 이러한 이유 때문에 핍박과 환난 속에서도 감사하였던 것입니다. 그런데 이 세 가지의 감사는 바로 예수님의 부활에 근거를 두고 있는 것입니다.

1. 하나님께서 우리에게 주신 소망에 감사해야

(1) 소망의 근거는 무엇인가?

그것은 바로 하나님의 자비하심에 근거를 두고 있습니다. 3절에 "하나님이 그 많으신 긍휼대로"라고 하였습니다. 따라서 이 소망은 우리 인생에서 나오는 것이 아니고 또 우리의 행함을 통해서 나온 소망이 아니라 하나님께서 은혜로서 우리에 대한 그의 자비하심에서 나온 것이라는 말씀입니다.

(2) 소망의 성격은?

3절에 "산 소망이 있게 하시며" 즉 산 소망이라고 하였습니다. 이 세상에 소망이 없는 사람이 어디 있습니까? 누구나 있습니다. 비록 거지라 해도 그 나름대로의 소망이 있습니다. 그러나 우리가 가지고 있는 소망이란 다 세상적인 것이어서 시간이 지나면 얼마 후에는 다 사라지는 죽은 소망인 것입니다. 그래서 성경은 모든 육체는 풀과 같고 그 모든 영광은 풀의 꽃과 같다고 한 것입니다. 그러나 우리 성도들에게 주신 소망은 그런 소망이 아니라 산 소망입니다. 산 소망이란 무엇인가요? 성경에 나오는 '산' 혹은 '살아 있는'이란 단어는 하나님에게만 적용되는 말입니다. 따라서 산 소망이란 말은 하나님에게서 나온 소망이란 뜻이요 또 없어지는 것이나 불결한 것이 아니라는 말입니다. 우리를 살도록 만들어주는 소망이란 말입니다.

(3) 산 소망을 갖는 방법은?

바로 죽은 자 가운데서 다시 살아나신 예수님의 부활에 의해서입니다. 3절에 "예수 그리스도의 죽은 자 가운데서 부활하심으로 말미암아" 라고 하였습니다. 오늘 부활하신 주님의 부활이 없다면 어떻게 우리들이 산 소망을 갖게 되겠습니까. 고전 15:14절에 "그리스도께서 만일 다시 살지 못하셨으면 우리의 전파하는 것도 헛것이요 또 믿음도 헛것"이라고 말씀하신 대로 우리의 산 소망은 주님이 부활하셨기 때문입니다. 다음은 "우리를 거듭나게 하사" 즉 중생을 통하여 우리는 소망을 갖게 되었다는 것입니다. 다시 말하면 중생하지 않고는 참 소망이 없다는 말입니다. 그래서 엡 2:12절에 "그때에(중생하기 전) 세상에서 소망이 없고" 라고 하였습니다.

(4) 우리 소망의 대상은 무엇인가?

4절에 '하늘의 기업'이라고 언급하고 있습니다. "썩지 않고 더럽지 않고 쇠하지 아니하는 기업을 있게 하시나니." 그런데 이 하늘의 기업은 어떤 성질을 가지고 있느냐 하면 첫째로 썩지 않고 둘째로 더럽지 않고 셋째로 쇠하지 아니하는 기업이라고 하였습니다. 사람은 물론 심지어

쇠도 돌도 다 썩습니다. 또 세상에 속한 모든 것은 다 더럽습니다. 인간이 보기에는 깨끗해 보이지만 인간이 범죄한 후에는 하나님 앞에서는 다 더러운 것입니다. 그러나 하늘의 기업은 더럽지도 않고 쇠하지도 않는 것이라고 하였습니다.

(5) 성도의 소망의 확실성?

이 세상에는 확실한 것이 없습니다. 아무도 내일 일을 알지 못합니다. 그래서 우리는 여러 가지 종류의 보험에 듭니다. 언제 불이 날까 해서 화재보험에 들고 자녀의 교육에 문제가 생길까 봐 교육보험에 들고 자동차 사고가 많으니 자동차보험에 듭니다. 병이 많으니 의료보험에 들고 죽는 사람이 많으니 언제 내 차례가 올지 몰라 생명보험에 듭니다. 그런데 따지고 보면 보험도 확실하지 않기 때문에 보험회사도 또 다른 보험을 듭니다. 그러나 우리 성도의 소망은 정말 확실하다고 하였습니다. 그 이유는 무엇일까요? 첫째로 4절에 "너희를 위하여 하늘에 간직한 것이라"고 하였습니다. 둘째로 악에서부터 간직되어진 것(요17:15)이기 때문입니다.

2. 감사하는 두 번째 이유는 우리에게 주신 기쁨 때문

(1) 우리에게 주신 기쁨

우리에게 주신 기쁨에 대해 6절에서는 "오히려 크게 기뻐하도다"라고 하였고 8절에서는 "말할 수 없는 영광스러운 즐거움으로 기뻐하니"라고 하였습니다. 즉 신자의 기쁨은 작은 기쁨이 아니라 큰 기쁨이라고 하였습니다.

(예화) 우리 아이들은 용돈이 필요할 경우 조금 필요할 때는 엄마에게 많이 필요할 때는 아빠에게 달라고 합니다. 엄마는 천 단위고 아빠는 만 단위이기 때문입니다. 그런데 세상의 기쁨은

작은 단위이고 하늘의 기쁨은 큰 단위인 것을 우리는 알아야 합니다. 더구나 세상의 기쁨은 때 묻은 기쁨이요 걱정을 함께 가져오는 기쁨이지만 하늘의 기쁨은 그렇지 않습니다.

(2) 역경 속에서도 기뻐하는 기쁨

6절에 "그러므로 너희가 이제 여러 가지 시험을 인하여 잠깐 근심하게 되지 않을 수 없었으나 오히려 크게 기뻐하도다"라고 하였습니다. 즉 세상의 기쁨은 역경이 다가오면 그만 사라지고 맙니다. 그러나 하늘의 기쁨은 어찌나 큰지 역경 속에서도 소멸되지 않습니다. 마치 밤의 별처럼 오히려 더욱 빛납니다.

(3) 우리에게 힘이 되는 기쁨

느 8:10절에 "하나님의 능력으로 보호하심을 입었기" 때문이고 또 7절의 "예수 그리스도의 나타나실 때에 칭찬과 영광과 존귀를 얻게 하려 함이라"는 말씀대로 우리에게 소망을 주기 때문이며 살아가는데 도움을 주기 때문입니다.

(4) 그리스도에 대한 사랑에서 솟아나는 기쁨

8절에 "예수를 너희가 보지 못하였으나 사랑하는도다. 이제도 보지 못하나 말할 수 없는 영광스러운 즐거움으로 기뻐하니."

3. 베드로가 감사한 이유는 하늘의 기업 때문

(1) 기업의 의미

기업이란 무엇을 의미하나요? 본래 기업이란(제비를 뽑아 나눈다)는 뜻입니다. 즉 이 기업이란 구약에 보면 이스라엘의 12지파에게 나누어준 가나안 땅을 말하였습니다. 이 소유물은 하나님이 그의 모든 백성들에게 나누어 주는 것입니다. 그런데 신약에 보면 이 기업의 대상은 바로 모든 유업이 보장된 하나님의 나라로 묘사되고 있습니다(마25:34; 고전

6:9; 갈5:21). 그러므로 성도의 기업이란 바로 하나님의 나라를 의미합니다.

(2) 선지자들이 연구하여 세운 기업

이 기업은 11절에 보니 선지자들이 연구하고 부지런히 살핀 것이라고 하였습니다. 그리고 이 말세에 와서는 그리스도 안에서 나타난 것입니다. 우리가 사회적으로 불안할 때에는 땅 사기를 원합니다. 그래서 (땅땅거리며 살려면 땅을 사라)는 말이 나왔을 정도입니다. 그러나 이 땅도 우리가 죽으면 아무 소용이 없습니다. 더구나 주님 재림할 때에는 천체의 변화가 일어나 땅도 없어지는 일이 일어난다고 하였습니다.

맺는말

오늘 부활주일을 맞이하면서 무엇보다도 우리는 하나님께 감사해야 합니다. 그것은 주님의 부활을 통하여 우리 모두가 다시 부활한다는 소망을 갖게 된 것은 물론이고 영원한 하늘나라의 기업의 소유자가 되었기 때문입니다. 우리는 세상적으로 가난할지 모르나 영적으로 우리는 다 부자인 것을 믿어야 합니다. 왜냐하면 다 하늘의 기업을 소유한 자들이기 때문입니다. 이제 우리에게는 현재적으로 기쁨이 있고 미래적으로는 하늘의 기업이 있습니다. 그러므로 소망 중에 삽시다. 세상에서 잠깐 동안의 슬픔이나 고통으로 인해 낙심하거나 절망하지 말고 지금도 부활하신 주님을 바라보면서 재림의 그 날을 기다리면서 사시기를 주님의 이름으로 축원을 드린다.

예수께서 이상히 여기신 일

(막6:1-6)

방금 봉독한 말씀은 예수님께서 그의 고향인 나사렛에 갔을 때에 그가 많은 이적을 베풀었음에도 불구하고 믿지 않자 이상히 여기셨다는 내용입니다.

본문에서 "이상히 여기셨더라"는 말은 원문에 보면 '놀라셨다'는 뜻입니다. 신약에는 이 단어가 여러 번 나오지만 예수님에게 사용된 것은 두 번밖에 없습니다. 한 번은 본문이고 다른 한 번은 마 8:10절에 로마의 백부장의 믿음을 보시고 놀라셨다는 구절입니다. 두 번다 놀라셨다는 뜻이지만 그 내용은 정반대입니다. 로마의 백부장의 경우에는 전혀 믿음을 기대할 수 없는 상황인데도 믿었기에 놀라셨고 본문의 경우에는 믿어야 할 경우인데도 믿지 않으므로 놀라셨다는 말입니다.

1. 왜 예수님은 나사렛에서 놀라셨는가?

눅 4:16-31절에 보면 예수님께서 나사렛을 방문했을 때 배척을 당하신 사건이 나옵니다. 그렇다면 이번에 배척당한 것은 두 번째의 사건입니다. 두 번이나 믿을 수 있는 기회를 주었는데도 나사렛 사람들이 믿지 않자 주님은 이상히 여기셨다. 즉 놀라셨다는 말입니다. 여기서 주님은 잎만 무성한 나무처럼 열매가 없는 것을 보신 것입니다. 이것은 예수님께서 신적 통찰력이 없었다는 뜻이 아닙니다. 그는 다 알고 계십니다. 그러나 놀란 것은 하나님께서 모든 기회를 주시고 사랑했건만 그것을 귀한 줄로 여기지 않는 것을 보시고 놀라신 것입니다.

우리말 격언에 '등잔 밑이 어둡다'는 말이 있습니다. 유대인 격언에는 '선지자가 고향에서 높임을 받지 못한다'는 말이 있습니다. 주님은 이 격언을 인용하신 것입니다. 이것은 저들이 믿지 않음을 책망하신 말씀입니다. 로마 백부장의 경우에는 큰 믿음을 보시면서 놀라셨고 나사렛의 경우에는 불신앙을 보시고 놀란 것입니다. 주님은 큰 믿음을 보실 때도 놀라지만 불신앙을 보실 때도 놀라십니다. 그러면 우리의 경우는 어떤가요? 큰 믿음인가요? 아니면 불신앙인가요?

마가복음을 보면 두 가지가 대조를 이룹니다. 유대인들과 비유대인들입니다. 비유대인들 즉 이방인들은 예수님을 보고 믿었습니다. 소경들은 육신의 눈은 안 보이나 예수님을 만났을 때 다윗의 자손 예수여 하고 영적으로 보았습니다. 심지어 귀신들도 예수께서 하나님의 아들임을 보았습니다. 그런데 유독 유대인들은 예수님을 보지 못한 것입니다. 이 얼마나 큰 역설입니까? 눈 뜬 사람은 못 보고 눈 감은 사람은 보고 이방인은 믿고 하나님의 선민인 유대인들은 못 보고 귀신은 알고 있는데 성령 받았다는 이스라엘은 못보고 이 얼마나 큰 역설인가요?

그러나 이들이 못 본 것은 첫째로 핑계할 수가 없습니다. 왜냐하면 하나님께서는 유대인들에게 구약도 주시고 선지자들도 보내주시고 심지어 기적도 보게 해주시고 다 주었습니다. 그러므로 핑계할 수가 없습니다. 둘째로 이들이 못 본 것은 불평할 수가 없습니다. 첫 번째로 주님을 배척한 것이 아니고 두 번째로 배척했으니 불평할 이유가 없습니다.

2. 불신앙의 결과는?

(1) 6절상반절 : 주님께서 놀라셨다.

많은 사람들은 믿는 것을 이상하게 생각합니다. 안 믿는 것을 정상적으로 생각합니다. 그러나 따지고 보면 안 믿는 것이 오히려 이상한 것입니다. 왜냐하면 하나님은 우리에게 일반계시(역사와 자연)를 통하여 하나님이 살아계심을 보여주고 있고 둘째로 특별계시인 성경을 통하여 하나님의 음성을 듣게 해주시고 있기 때문입니다. 그러므로 안 믿는 사람들이 이상한 것입니다.

(2) 5절상반절 : 아무런 권능도 나타내지 못하였다.

지금도 우리 주변에는 많은 이적이 일어납니다. 그럼에도 이 이적을 체험하지 못하는 것은 우리에게 믿음의 눈이 없고 우리 자신이 믿지 않기 때문입니다.

(3) 5절하반절 : 소수의 남은 자에게만 하나님의 사랑은 나타난다.

하나님은 모든 인류를 사랑하십니다. 그래서 모든 사람들에게 비를 주시고 햇볕을 주십니다. 그러나 실제로는 모든 사람들에게 다 사랑이 전달되는 것은 아닙니다. 무엇 때문인가요? 받아들이지 않기 때문입니다. 그러므로 소수의 사람들에게만 이적이 나타나고 소수의 사람에게만 하나님의 사랑이 나타나는 것은 받아들이는 사람들에게 문제가 있기 때문입니다.

(4) 왜 나는 왜?

6절하반절 : 어떤 사람들은 왜 내게는 기회가 안 오나? 왜 나는 은혜를 못 받는가? 왜 나는 부자가 못되고 성공하지 못하는가? 하고 묻습니다. 그러나 본문에는 그 해답이 분명히 나옵니다. 내가 받아들이지 않고 믿지 않기 때문에 하나님의 손길이 다른 데로 향하였기 때문입니다. 문제는 바로 나에게 있습니다.

3. 나사렛 사람들이 주님께 냉담했던 이유는?

(1) 영안이 닫혀 있기 때문

영안이 열려 있지 않았기 때문입니다. 이들은 주님의 교훈을 들으면서 '어디서 이런 것이 나왔는가?'하면서 놀라워합니다. 그것은 이들이 영안을 떠서 보지 못하고 외형적인 것만 보았기 때문입니다. 유대인들이 눈을 뜨고 있으면서도 못 본 이유는 바로 여기에 있습니다. 하나님은 우리에게 두 개의 눈을 주셨습니다. 하나는 세상을 보는 이성의 눈이요 다른 하나는 하나님 나라를 보는 영안입니다. 둘은 다 필요합니다. 그런데 사람들은 그 중에 하나만을 사용하려고 합니다. 바로 여기에 문제가 있습니다. 둘 다 사용해야 합니다. 나사렛 사람들은 영안을 사용하지 않았던 것입니다.

(2) 외형적인 환경과 주변 사람들만을 보았기 때문

3절에 보면 이들은 예수님의 직업과 그의 친척들에 대해 너무 잘 알고 있었습니다. 그러나 그가 하나님의 아들이시며 우리를 구원하시기 위해 오신 구세주이심을 알지 못했던 것입니다. 보아야 할 것을 보지 못한 것입니다. 우리가 날마다의 생활에서 실망하는 이유는 하나님의 섭리의 손길을 보지 못하고 밖에 나타난 것만 보기 때문입니다. 지금도 현대인들 가운데 얼마나 많은 사람들이 주님에게 냉담한지 모릅니다. 심지어 교회에 적을 둔 사람들 가운데도 주님께 냉담한 사람들이 있습니다. 이 얼마나 불행한 일입니까!

4. 우리는 어떻게 해야 하나?

(1) 안식일에 성전에서 배우는 것만으로 만족해서는 안 된다

들을 때에 그의 교훈에 놀라기는 하지만 그러나 불행하게도 믿지 않습니다. 그래서 아무런 변화가 없고 이적도 일어나지 않는 것입니다.

(2) 불신앙으로 주님을 놀라게 해서는 안 됨

불신앙 때문에 주님을 놀라게 해서는 안 되고 로마의 백부장처럼 큰 믿음 때문에 주님이 놀라게 해야 합니다. 히 11장에 보면 많은 신앙의 위인이 나옵니다. 학력도 없고 부자도 아닌 인간적으로 보면 지극히 평범한 사람들입니다. 그러나 세상이 감당치 못한 사람들이라고 하였습니다. 이유는 저들이 가지고 있던 믿음 때문입니다. 이처럼 믿음은 큰 차이점을 만들어냅니다. 세상에는 학력도 귀하고 건강도 귀하고 재산도 귀하나 무엇보다도 귀한 것은 믿음입니다. 믿음은 모든 것을 변하게 해주기 때문입니다.

(3) 우리에게 주실 축복이 남에게 빼앗기는 일이 없도록

하나님은 나사렛에 주실 축복을 그들이 믿지 않고 받아들이지 않자 그것을 다른 마을에서 전하게 하셨습니다. 이것이 바로 하나님의 섭리입니다. 그러므로 우리는 항상 마음의 그릇을 준비하여 하나님께서 준비하신 모든 은혜를 남김없이 다 받을 수 있기를 축원합니다.

예수 그리스도의 나심은 이러 하니라

(마1 : 18-25)

지금부터 약 2020년 전 바로 오늘 이 아침에 아기 예수님은 탄생하셨다. 죄악과 불의와 절망 속에 살고 있는 인류를 구원하기 위하여 하나님이 인간의 형상을 입으시고 이 땅에 오신 날입니다. 그러므로 먼저 이 아기 예수님이 저와 여러분들의 마음속에 이 아침에 찾아오셔서 우리의 마음이 새로워지고 생활이 새로워지고 새로운 소망으로 넘치기를 주님의 이름으로 축원 드립니다. 그러면 예수 그리스도의 나심에 대해 성경이 말씀하고 있는 바를 생각하면서 함께 은혜 받기를 원합니다.

1. 성경은 예수님께서 동정녀 마리아에게서 나셨다고 하였다

세상에 태어난 모든 사람은 남녀간의 부부관계를 통하여 태어납니다. 그러나 예수님만은 전혀 다른 방법으로 태어나셨다고 마태는 기록하고 있습니다. 어떤 분들이 이것이 뭐 그리 중요한 것이냐? 중요하다면 다른 복음서에도 예수님의 처녀탄생을 기록했을 텐데 하고 말합니다. 그러나 예수님의 동정녀 마리아에게서의 탄생은 그의 십자가나 부활 및 승천과 함께 뗄 수 없는 중요한 기본교리가 됩니다. 사 7:14절을 보면 예수님의 동정녀 탄생을 예언하고 있습니다. "그러므로 주께서 징조를 너희에게 주실 것이라 보라 처녀가 잉태하여 아들을 낳을 것이요 그 이름을 임마누엘이라 하리라." 이 예언의 말씀대로 주님은 동정녀 마리아에게서 태어난 것입니다. 마태는 1:18절에서 이 사실을 열거하면서 그 예언의 성취를 강조합니다.

동정녀에게서의 탄생의 중요성은 무엇인가?

(1) 예수님의 무죄성

예수님의 무죄성입니다. 아담에게서 내려오는 원죄가 없으신 분임을 말해줍니다

(2) 초자연적 탄생

그의 초자연적 탄생은 그가 하나님의 아들이라는 것을 보여주는 신분 증명서입니다.

(3) 초자연적 부활 승천

그의 탄생이 초자연적이듯이 그의 죽으심이나 부활, 승천도 초자연적일 것임을 암시해 줍니다. 그러나 이때 요셉의 고민은 말할 수 없이 컸습니다. 왜냐하면 정혼한 마리아가 결혼도 하기 전에 배가 불러졌기 때문이었습니다. 19절에 보면 이렇게 기록하고 있습니다. "요셉은 의로운 사람이라 가만히 끊고자 하여." 당시 요셉에게는 두 가지 방법이 있었습니다. 하나는 흔히 하는 방법으로 마리아를 고발하여 돌에 맞아 죽게 하는 방법이 있고 다른 하나는 이혼증서를 써주고 가만히 끊는 자비의 방법이 있었습니다. 요셉은 의로운 사람이라 두 번째 방법을 사용하기로 하였습니다. 여기서 우리는 아주 중요한 진리를 발견합니다. 아무리 의로운 사람이라 해도 정신적 고통은 온다는 점입니다. 이 정신적 고통은 하나님의 섭리를 알지 못하는 데서 일어납니다. 요셉도 하나님의 섭리를 알지 못하는 데서 정신적 고통이 왔습니다.

그러나 하나님은 요셉의 이런 고통을 세 가지 방법으로 제거시켜주셨습니다. 첫 번째로는 20절에서 볼 수 있는 대로 천사를 통하여 하나님

의 뜻을 밝혀주셨습니다. "주의 사자가 현몽하여 가로되." 두 번째로 탄생의 구체적 원인을 밝혀 주셨습니다. "다윗의 자손 요셉아, 네 아내 마리아 데려오기를 무서워 말라 저에게 잉태된 자는 성령으로 된 것이라." 세 번째로 그리스도의 사명을 밝혀 주셨습니다. "아들을 낳으리니 이름을 예수라 하라, 이는 그가 자기 백성을 저희 죄에서 구원할 자이심이라 하니라." 그리하여 사 7;14절의 예언에 따라 그리스도의 신비하고 고상한 탄생이 이루어졌습니다.

2. 그 이름의 의미는?

성경에서 가장 많이 사용되는 이름은 '주 예수 그리스도'이시다. 세 가지로 된 이 이름은 중요한 의미를 가지고 있습니다.

(1) '주'

여기서 주란 말은 주인이란 뜻을 갖습니다. 즉 만물을 다스리시는 지배권을 가지신 분이란 말입니다. 만유의 주시며 만왕의 왕이 되신다는 뜻입니다. 하늘과 땅의 모든 권세를 가지신 분이란 말입니다. 그렇습니다. 예수님은 우리의 주인이 되십니다. 그뿐 아니라 '주'란 말은 하나님이 되신다는 뜻입니다.

(2) '예수'

이것은 인간으로서의 그분의 이름입니다. 이 이름의 뜻은 구주란 뜻입니다. 즉 우리를 죄에서 구원하여 주실 분이라는 뜻을 가진 이름입니다. 구약에 나오는 여호수아와 같은 뜻입니다.

(3) '그리스도'

이것은 그분의 공적인 이름입니다. 뜻은 기름부음을 받은 자란 말입니다. 구약에서는 왕과 선지자와 제사장에게 기름을 부었습니다. 그리고 장차 이스라엘을 구원하기 위하여 올 분을 메시야라고 불렀습니다.

이 메시야란 말은 히브리어이고 이것을 헬라어로 그리스도라고 부릅니다. 그런데 중요한 것은 예수님의 이름은 큰 능력이 있다는 것입니다. 세 가지 면에서 능력이 있습니다. 인간을 구원하는데 있어서 능력이 있고 기도하는데 있어서 능력이 있고 사탄과의 싸움에서 능력이 있습니다

첫째로 예수의 이름은 인간을 구원하는데 있어서 능력이 있습니다. 롬 10:13절에 보면 "누구든지 주의 이름을 부르는 자는 구원을 얻으리라"고 하였습니다. 주님의 이름을 부른다는 말은 주님께 우리가 나아간다는 뜻입니다. 요 6:37절에 "내게 오는 자는 내가 결코 내어 쫓지 아니하리라"고 하였습니다.

둘째로 예수의 이름은 우리의 기도에 있어서 능력이 있습니다. 우리가 기도할 때에는 항상 예수님의 이름으로 기도해야 합니다. 이것은 그분의 이름에는 큰 능력이 있기 때문입니다. 행 3:5절에 보면 베드로가 성전 문 곁에서 구걸하는 절름발이를 일으킨 사건이 나옵니다. "은과 금은 내게 없거니와 내게 있는 것으로 네게 주노니 곧 나사렛 예수 그리스도의 이름으로 걸으라"고 하자 그 사람은 뛰어 일어나 그들과 함께 성전으로 들어갔다고 하였습니다. 사람들이 놀라자 베드로는 예수님의 이름의 능력으로 말미암아 된 것이라고 하였습니다. 그렇습니다. 예수님의 이름은 능력이 있으십니다. 이제 우리는 예수님의 이름으로 간구하면 주님은 무엇이든지 주신다. 요 16:24절에 분명히 말씀하시기를 "지금까지는 너희가 내 이름으로 아무것도 구하지 아니하였으나 구하라 그리하면 받으리니 너희 기쁨이 충만하리라"고 하였습니다.

셋째로 예수의 이름은 사탄과의 싸움에 있어서 능력이 있습니다. 우리의 원수인 사탄은 우리를 미워하여 우리를 멸망시키기를 원하고 있습니다. 사탄은 우는 사자와 같이 두루 다니시며 삼킬 자를 찾고 있다고 성경은 말하고 있습니다. 그러나 만일 예수님을 우리의 주님으로 영접

하면 사탄과 그의 휘하에 있는 귀신들을 두려워할 필요가 없습니다. 약 4:7절에 "마귀를 대적하라 그리하면 너희를 피하리라"고 하였습니다. 어떻게 우리가 마귀를 대적할 수 있습니까? 그것은 오직 예수님의 이름으로 대적할 수 있습니다. 예수님은 사탄을 이기셨으며 또 자기의 이름을 사용할 수 있도록 권리를 우리에게 주셨습니다. 행 16:18절에 보면 바울이 빌립보에서 귀신들린 한 소녀를 예수의 이름으로 쫓아낸 것을 볼 수 있습니다. "예수 그리스도의 이름으로 내가 네게 명하노니 그에게서 나오라 하니 귀신이 즉시 나오니라."

그러므로 예수님의 이름을 부르십시오. 왜냐하면 예수님의 이름은 모든 것에 뛰어나시고 마치 향유와 같기 때문입니다. 그래서 성 버나드는 예수란 이름은 입에는 꿀과 같이 달고 귀에는 화음과 같이 아름답고 가슴에는 음율과 같이 움직이게 합니다고 하였다. 또 성 안셀름은 말하기를 예수란 이름은 죄인들이 부를 때에는 위로를 준다고 하였습니다. 그렇습니다. 여러분이 필요한 것이 무엇이든지 간에 주님의 이름을 부르면 예수님은 여러분들을 사랑하시고 능력으로 나타날 것입니다. 주님은 지금도 우리에게 이렇게 말씀하십니다. "환난 날에 나를 부르라 내가 너를 건지리니 네가 나를 영화롭게 하리로다"(시50:15).

3. 임마누엘이 되신 예수님

본래 임마누엘이란 말은 '하나님이 우리와 함께 계신다'는 말입니다. 과연 하나님은 예수님을 통하여 우리에게 오셨고 또 우리와 함께 33년 동안 거하였습니다. 승천하신 후 지금은 성령으로 우리와 함께 계십니다. 마태는 임마누엘이란 말을 이사야 7:14절에서 인용하면서 이것이 예수님의 성육신 즉 아기 예수님의 형태로 오신 것을 예언한 것으로 기록하고 있습니다. 그러면 왜 예수님은 성육신하셨을까요? 그것은 바로 우리의 생명을 구원하기 위해서입니다. 이제 우리가 구원을 받으려면 다음 네 가지를 해야 합니다. 첫째는 회개하는 것이요(행17:30-31) 둘째는 믿는 것이요(행16:31; 롬10:9) 셋째는 영접하는 것이요(요1:11-12) 끝으로 주님을 좇는 것입니다(눅9:23).

맺는말

이 아침 우리를 위해 탄생하신 예수님을 우리는 어떻게 해야 할까요? 두 말할 필요도 없이 '영접해야만' 합니다. 그래야 내가 살고 내 가족이 살고 내 나라가 삽니다. 그러므로 우리와 함께 거하기를 원하는 임마누엘의 주님을 우리는 영접합시다. 그는 우리의 주님이시요 유일한 소망이기 때문입니다. 인류의 소망은 바로 이 예수님밖에는 없습니다. 그러므로 이 성탄절을 맞아 아기 예수님을 내 마음 속에, 내 가정 속에, 내 나라 안에 영접함으로 내년부터의 삶은 풍성한 삶, 기쁨의 삶이 되기를 축원합니다.

영적 기근과 그 해결책

(암8:4-14)

세상에는 세 가지 종류의 기근이 있습니다. 첫째는 육적 기근, 둘째는 정신적 기근, 셋째는 가장 무서운 영적 기근입니다. 영적 기근을 만나면 절대 행복해질 수 없고, 평안이 없고 하나님 나라에 갈 수도 없기 때문입니다.

1. 영적 기근이 생기는 이유

(1) 하나님께 구하지 않을 때

두 말할 필요 없이 하나님을 찾지도 않고 구하지도 않을 때 영적 기근이 생긴다. 사 9:13절을 보면 "이 백성이 오히려 자기들을 치시는 자에게로 돌아오지 아니하며 만군의 여호와를 찾지 아니 하도다"라고 비판하면서 55;6절에서 "너희는 여호와를 만날 만한 때에 찾으라 가까이 계실 때에 그를 부르라"고 하나님의 심판을 면할 길을 말씀하고 있습니다. 왜냐하면 기근도 하나님의 심판의 일종이기 때문입니다.

(2) 하나님의 말씀을 먹지 않기 때문

암 8:11 절에 말씀하기를 "양식이 없어 주림이 아니며 물이 없어 갈함이 아니요 여호와의 말씀을 듣지 못한 기갈이라"고 했습니다. 말씀을 먹는다는 것은 단순히 성경을 읽는 것을 말하는 것이 아닙니다. 요 6:48절을 보면 예수님은 "내가 곧 생명의 떡이라"고 했고 54절에 "내

살을 먹고 내 피를 마시는 자는 영생을 가졌고 마지막 날에 내가 그를 다시 살리리니"라고 말씀했기 때문입니다. 무슨 말인가 하면 아무리 성경을 읽어도 그곳에 계신 예수님을 먹고 마시지 아니하면 아무 소용이 없다는 말입니다. 여기서 말하는 의미는 무엇인가? 예수님께서 생명의 떡이라는 말은 생명의 근원이 되신다는 말입니다. 그러면 주님이 주시는 살과 피는 무엇을 의미합니까? 그것은 화목케 하시는 대속의 죽음을 의미합니다. 그러면 구체적으로 주님의 살과 피를 먹고 마신다는 말은 무엇인가요? 그것은 떡을 먹고 마심같이 주님이 내 안에 계시고 거하시게 하는 밀접한 관계를 의미합니다.

(3) 가난한 자를 압제해가면서 부정한 방법으로 돈을 벌었기 때문

최근 우리 사회는 두 가지 잘못된 사상이 있습니다. 하나는 돈이면 최고입니다. 그러니 어떤 수단을 써서라도 벌자는 황금만능주의이고 다른 하나는 돈 번 놈들은 다 도적이고 나쁜 사람들입니다. 그까짓 돈은 뭘 하느냐 하는 물질을 천대하고 더럽게 생각하는 사상입니다. 첫 번째 사상은 주로 믿음이 없는 사람이나 있어도 아직 뿌리가 깊이 박히지 않은 사람들의 생각입니다. 두 번째 사상은 믿음이 있는 사람들 가운데 많은데 그러나 이것은 비성경적인 사고방식입니다. 소위 영지주의사상에서 온 것입니다. 육체는 더럽고 영혼은 깨끗하다고 생각하는 그릇된 구별에서 생긴 것입니다. 사실 돈이란 단순히 물질을 종이에 표시한 방편적 수단일 뿐입니다. 돈을 더럽게 보는 것은 물질을 더럽게 보는 것인데 이것은 하나님께서 만물을 창조한 다음에 "하나님 보시기에 좋았더라"는 말씀을 믿지 않기 때문입니다. 물론 인간의 육체는 약해서 이리로 죄가 잘 들어오지만 그렇다고 육체가 더러운 것은 아닙니다. 그래서 칼뱅은 인간이 정당하게 돈을 번다면 그것은 하나님께서 맡겨주신 사명

에 충성하는 충성의 표시라고 하였습니다. 그런데 본문에서 강조한 것은 황금만능주의의 위험성입니다. 본문 5-6절에 보면 되와 저울을 속여서 소비자들을 우롱하고 심지어 신 한 켤레로 궁핍한 자를 산다고 하였습니다. 이것은 인권유린입니다. 나는 하나님의 종이란 입장에서 이 나라가 많은 무역을 통하여 경제적 부흥을 하는 것을 기뻐합니다. 더욱이 최근에는 '3저 시대' 즉 유가의 하락, 엔화의 강세, 국제 금리의 하락으로 역사상 처음으로 구제수지가 적자에서 흑자를 기록할 것이라고 하니 큰 기대를 하고 있습니다. 그러나 이와 함께 여기저기서 인권유린이 없지 않음을 안타깝게 생각합니다. 공장에서 일하는 사람 중에는 10만 원 이하를 받고 매일 10시간씩 일하는 처녀들이 있다는 사실은 큰 문제입니다. 그것은 이 가난으로 인해 교육을 받지 못하고 그 결과 문제아들이 되어 사회의 독소가 되기 때문이기도 하지만 더 큰 이유는 본문의 말씀대로 이로 인해 하나님의 말씀이 희귀해지고 또 하나님의 무서운 심판이 임할 것이기 때문입니다. 마 25장 끝부분을 보면 주님은 가난한 자와 자신을 일치시키고 있는 것은 주목할 말씀입니다. "내 형제 중에 지극히 작은 자 하나에게 한 것이 곧 내게 한 것이니라"(40절).

(4) 우상숭배 때문에 기근이 임함

14절에 보면 "단아 네 신의 생존을 가리켜 맹세하노라 하거나 브엘세바의 위하는 것의 생존을 가리켜 맹세하노라 하는 사람은 엎드러지고 다시 일어나지 못하리라"고 한 것은 당신 북쪽에는 단에, 남쪽에는 브엘세바에 우상을 위한 제단이 있었는데 이런 우상을 섬기는 사람들은 심판을 받는다는 말씀입니다. 하나님이 가장 싫어하는 것은 우상입니다. 그래서 성경에는 하나님께서 가증히 여기는 것이라고 표현하고 있습니다. 십계명을 보아도 첫째 둘째가 이 우상숭배와 관련되어 있습니다.

그러므로 고전 10:7절에서 "우상 숭배하는 자가 되지 말라"고 경고하고 있습니다. 그러면 우상숭배가 무엇인가? 하나님보다 더 사랑하는 것은 다 우상숭배입니다. 골 3:5절에서는 좀더 구체적으로 말씀하고 있습니다. 탐심은 우상숭배니라." 우리는 세 가지의 탐심을 경계해야 합니다. 첫째는 성적인 욕심을 경계해야 합니다. 결혼이라는 하나님이 축복하시고 허락하신 한계에서 성적 기쁨을 가져야지 그 한계를 벗어나면 그것은 기차가 탈선하는 것처럼 죽는 것입니다. 둘째는 물질적인 욕심입니다. 누가 돈을 싫어하겠습니까? 사실 싫다는 사람들 보면 더 좋아하는 위선자들입니다. 그러나 돈의 노예가 되어서는 안 됩니다. 그래서 바울은 딤전 6:10절에서 "돈을 사랑함이 일만 악의 뿌리가 되나니 이것을 사모하는 자들이 미혹을 받아 믿음에서 떠나 많은 근심으로 자기를 찔렀도다"라고 경고하고 있습니다. 셋째는 명예욕입니다. 이승만이나 마르코스를 보니 나이 많은 사람들이 특히 더한데 요즘에는 젊은 사람들도 안 떨어집니다. 호랑이는 죽어서 가죽을 남기고 사람은 죽어서 이름을 남긴다는 말도 있지만 이 명예욕이 특히 강한 것이 유교권에 속한 사람들인 것 같습니다. 한국 사람들 가운데 무슨 회장이든지 적어도 하나는 없는 사람이 어디 있는가? 어떤 조그만 모임이라도 만들어 하다못해 계라도 조직해서 회장이 안 되면 부회장이라도 해야 직성이 풀리는 민족입니다. 이 탐욕이 바로 우상숭배입니다. 꼭 절에 가고 무당을 찾아가야 우상숭배자는 아닙니다. 그런데 이것을 하나님은 가증히 여기시고 심판하신다는 말입니다.

2. 영적기근의 구체적 내용

영적기근이란 한 마디로 말하면 하나님의 심판이라고 하였습니다. 그러면 이 영적기근의 구체적 내용은 무엇인가요?

(1) 모든 거민이 애통하지 않겠느냐

8절에 "이로 인하여 땅이 떨지 않겠으며 그 가운데 모든 거민이 애통하지 않겠느냐"고 했습니다.

즉 애통이 영적 기근이라는 것입니다. 애통에는 기도하면서 자신의 죄를 애통하고, 다른 사람의 죄를 애통해하고 진리를 알고 싶어 애통하는 영적 애통이 있습니다. 이러면 복을 받습니다. "애통하는 자는 복이 있나니 저희가 위로를 받을 것임이요"라고 말씀했기 때문입니다. 그러나 하나님의 심판으로 인해 당하는 애통이 있습니다. 이 사람은 위로를 아무데서도 받을 수 없는 불쌍한 사람입니다.

(2) 여호와의 말씀을 듣지 못하는 영적기근

"양식이 없어 주림이 아니며 물이 없어 갈함이 아니요 여호와의 말씀을 듣지 못한 기갈이라." 왜 여호와의 말씀을 듣지 못하는가? 진짜 주의 종들이 희귀하기 때문이요 하나님께서 사람들의 영적 귀를 막아서 들어도 깨닫지 못하기 때문입니다. 막 4:12절에 "이는 저희로 보기는 보아도 알지 못하며 듣기는 들어도 깨닫지 못하게 하여 돌이켜 죄 사함을 얻지 못하게 하려 함이니라." 결국 인간에게는 말씀도 들을 수 있는 기회가 따로 있다는 말입니다. 이 기회를 놓치면 마침내 하나님의 말씀을 들을 수 없고 멸망하고 맙니다. 여기서 하나님의 말씀을 듣지 못하거나 들어도 깨닫지 못한다는 말은 하나님께서 죄 사함을 원치 않는다는 무서운 말입니다. 오늘날 한국교회에 하나님의 말씀이 없는 것은 아닙니다. 그러나 불행하게도 성경을 제멋대로 해석하고 성경을 성경대로 해석하지 않음으로 말미암아 음식으로 말하면 부패된 음식, 변질된 음식이라고 할 수 있습니다. 그러나 또 여기에는 우리 성도들의 책임도 큽니다. 듣기에 달콤한 설교만 원하고 하나님 나라보다는 이 세상에서 출세하고 부자 되고 건강하고 성공하는 것만 원하고 있기 때문에 진리만을, 성경대로 설교하면 재미없다고 돌아섭니다. 약은 입에는 쓰나 몸에는 좋듯이 하나님의 말씀도 먹을 때는 쓴 법입니다. 아이들이 사탕만 좋아하다가 이빨이 다 썩는 것처럼 되어 가고 있습니다. 그래서 어떤 분은 선악과를 설탕으로 말하는 사람도 있습니다. 우리는 3백(흰 쌀밥, 흰 설탕, 흰 소금)을 입에 좋다고 계속 섭취하면 병에 걸리고 단명하고 맙니다. 성경을 먹을 때도 편식하지 말고 듣기 싫은 것도 들어야 합니다.

(3) 영적기근은 방황하는 것

12절에 "사람이 이 바다에서 저 바다까지 북에서 동까지 비틀거린다"고 하였습니다. 무언가 참 만족을 얻기 위해서 방황한다는 말입니다. 인간에게는 어거스틴이 말한 대로 하나님만이 채울 수 있는 공간이 있습니다. 이것을 채우기까지는 참 만족을 누릴 수가 없습니다. 생각해 보십시오, 오늘날 얼마나 많은 사람들이 아침부터 저녁까지 부지런히 행복의 열매를 얻으려고 해도 결국 얻지 못하고 고통 속에서 아우성치고 있지 않습니까? 본문 14절에 보면 "엎드러지고 다시 일어나지 못하리라"고 하였습니다. 즉 피곤하여 젊은 남자가 다 같이 피곤하리라"고 하였습니다. 인류의 역사를 보면 아담과 하와가 에덴동산에서 쫓겨난 다음에 계속해서 방황하여온 것을 볼 수가 있습니다. 영혼의 고향을 상실한 것입니다. 이처럼 실낙원한 인간은 계속해서 방황하는 자, 곧 유리하는 자가 되어 왔고 지금도 주님을 마음속에 모시기까지는 이 방황을 끝낼 수가 없습니다.

(4) 생명의 근원이 주님에게서 끊어짐

마지막 영적기근은 생명의 근원이 되시는 주님에게서 끊기는 것입니다.

요 15장에 유명한 포도나무 비유가 나옵니다. 6절에 "사람이 내 안에 거하지 아니하면 가지처럼 밖에 버리어 말라지나니 사람들이 이것을 모아다가 불에 던져 사르느니라."고 경고하고 있습니다. 무슨 말입니까? 주님은 포도나무요 우리는 그 가지인데 우리가 주님 안에 거하지 않으면 결국 사람들이 말라서 결국은 죽고 마침내 쓰레기 치우는 사람들이 모아다가 불에 던져 사른다는 말입니다. 그러므로 영적기근의 가장 무서운 내용은 생명의 근원되시는 주님에게서 영원히 끊겨 버린다는 것입니다. 이것은 아모스 7장에 있는 삼키는 메뚜기 재앙, 가뭄의 재앙, 다림줄 측량, 그리고 8장 초두에 있는 여름 실과처럼 이스라엘의 무르익은 심판의 내용이 이 사실을 분명하게 해줍니다. 그러므로 우리는 영적기근에 걸리지 말고 항상 풍성한 삶을 살 수 있기를 축원합니다.

영원히 밤이 없는 곳

(계22:1-5)

1. 추모예배를 드리는 목적을 분명히

오늘 우리가 추모예배를 드리는 목적을 분명히 했으면 합니다.

(1) 고인이 남긴 많은 업적들을 우리가 잊고 있었던 것을 다시 한 번 살펴보면서 우리들에게 교훈을 삼기 위해서.

(2) 고인이 살아 계셨을 때 가까이 혹은 멀리서 존경했던 분들이 함께 모여 옛정을 나누기 위해서

(3) 하나님께서 고인을 통해 우리들에게 들려주었던 그 아름다운 노래를 계승하여 부르기 위해서입니다.

그러면 먼저 본문의 내용을 할께 살펴보겠습니다.

대부분 사람들은 밤이 되면 쉬고 잠을 잡니다. 그러나 어떤 사람들은 우리가 밤에 깊은 안식을 누릴 수 있도록 일을 하는 사람들이 있습니다. 노산 이은상 박사님이 살았던 시절이 바로 우리 민족에게는 밤과 같이 어둡고 암울한 시대였습니다. 그때 노산 선생님은 당시의 어떤 독립운동가들처럼 손에 검을 들지 않고 대신 펜을 들었습니다. 비록 지금은 어둡지만 그러나 곧 날이 샌다. 새벽은 언제나 어두운 법이다 하시면서 꿈을 잃고 방황하는 우리들에게 조용히 그러나 계속해서 노래를 들려주었고 시심을 넣어주었습니다. 펜은 검보다 약해 보이고, 미미해 보이지

만, 또 소리도 작지만 인생은 짧고 예술은 길다는 말씀대로 펜은 검보다 강하고, 영원한 것을 믿었기 때문입니다.

그러면서도 노산 선생님은 이 충무공을 누구보다도 존경하였습니다. 그래서 기념사업회 이사장까지 하시면서 심혈을 기울였던 것입니다.

노산 선생님이 쓰신 글 가운데 1942년 10월 홍원옥중에서 쓰신 '옥중음'이란 글이 있습니다. '비파'란 제목으로 되어 있는데 이런 내용입니다. "얼굴은 여위라 하라. 풍화 안 되는 심장입니다. 그러길레 내 노래는, 피어린 옛 곡조다. 철창 살, 두 손으로 움켜잡고, 비파마냥 타 봅니다." 또 1950년에 쓴 '조국'이란 글에 보면, "너라고 불러보는 조국아. 너는 지금 어드메 있나. 누더기 한 폭 걸치고, 토막 속에 누워 있습니다. 네 소원 이룰 길 없어 네거리를 헤맨다. 너라고 불러 보는 조국아 낙조보다도 더 쓸쓸한 조국아. 긴긴 밤 가얏고 소리마냥 가슴을 파고드는 네 이름아. 새 봄날 도리화같이 활짝 한 번 피어주렴."

그러면 이제 우리는 고인이 하나님 앞에서 부르심을 받은 지 벌써 십 년이 되면서 그분이 계신 곳을 이 시간 함께 살펴보면서 고인의 업적을 기려야 할 것입니다.

2. 지금 고인이 계신 곳은?

수정같이 맑은 생명수가 흐르는 곳이라고 했습니다. 모든 오염된 이 세상에서는 도저히 생각할 수 없는 그런 곳입니다. 고인은 살아계셨을 때 환경이 오염되어 가는 것을 보고 대단히 안타까워하셨습니다. 노산 선생님이 쓴 '가고파'란 글은 우리가 너무도 잘 아는 노래입니다.

"내 고향 남쪽바다 그 파란 물 눈에 보이네. 꿈엔들 잊으리요. 그 잔잔한 고향바다".

아마도 이 고향바다란 고인의 고향인 마산 앞바다를 말하는 줄 압니다. 그 마산 앞바다가 요즈음 다시 살아나고 있다는 보도는 정말 고인도 기뻐할 줄로 믿습니다.

그러나 고인이 계신 천국은 마산 앞바다와는 비교할 수 없을 만큼 아름다운 곳입니다. 생명수가 흐르는 강 좌우편에는 열두 광주리에 달마다 열리는 실과들이 맺히고 그 잎사귀들은 만국을 소성케 한다고 했습니다. 그 가운데 어린 양의 보좌가 있고 성도들은 그의 얼굴을 보면서 찬양을 하고, 영원토록 그 주님과 함께 왕 노릇한다고 했으니, 얼마나 아름답고 평화롭고, 놀라운 곳입니까? 아마도 노산 선생님은 아! 내가 그처럼 그리워했던 곳, 그렇게도 시를 쓰고 싶었던 곳에 내가 안식하면서 수많은 찬양의 노래를 쓸 수 있음을 고백할 것입니다.

한 마디로 말해서 고인이 계신 곳은 영원히 밤이 없는 곳입니다. 밤이란 무지를 말합니다. 이 세상은 아무리 과학이 발달해도 모든 것이 가려진 곳이요 베일에 가린 곳입니다. 그러나 천국은 무지의 밤이 없는 곳이라고 하였습니다. 또 밤이란 죄악을 말합니다. 그런데 고인이 계신 곳은 밤이 없는 곳이라고 하였습니다. 그래서 이제 고인은 그분이 살아계실 때처럼 계몽적인 노래나 애국의 노래도 필요 없는 오직 하나님만을 찬양하고 계실 것입니다. 그분이 가지고 계셨던 그 섬세하고 아름다운 펜은 수많은 찬양의 시로 가득 차 있을 것입니다. 지금 우리가 그 소리를 듣지 못해 못내 아쉽지만, 그러나 우리가 기도할 때면 그 분의 노래가 지금도 들려오는 것 같은 아련한 느낌을 가집니다.

천국에는 밤이 없다고 했습니다. 왜 그럴까요? 그것은 주님 자신이 빛이 되시기 때문입니다. 그래서 햇빛도 달빛도 필요 없는 그런 곳입니다. 천국은 의와 평강과 희락이 넘침으로 언제나 기쁨의 찬양만 있는 곳입니다. 저는 그런 생각을 해보았습니다. 천국이야말로 고 이은상 박사님께서 자유롭게 시를 쓸 많은 재료가 있는 곳이니 지금쯤 많은 작사를 하셨을 것이라고 믿습니다.

그러므로 유족들도 이제는 더 이상 고인과 함께 하지 못함을 슬퍼만 하지 마시고, 지금 고인이 부를 찬송을 함께 부를 수 있기를 주님의 이름으로 축원합니다. 그러므로 이 나그네 된 인생 속에서 우리 모두 영원한 본향인 하나님이 예비하신 천국을 사모하면서 오늘도 믿음 속에서 사는 저와 여러분들이 다 되시기를 예수님의 이름으로 축원합니다.

열매를 구하시는 주님

(눅13:6-9)

1. 하나님은 심으시는 분이시다

본문에 보면 어떤 사람이 포도원에 무화과나무를 심었다고 하였습니다. 여기서 '어떤 사람'이란 바로 하나님을 상징합니다. 다음으로 무화과나무는 이스라엘을 상징하는 나무입니다.

지금도 이스라엘의 거리를 다니면 흔히 눈에 띄는 것이 바로 무화과나무입니다. 파란 것은 다 무화과나무라고 할 수 있을 정도로 참 많습니다. 그런데 중요한 것은 하나님은 무화가 나무를 아무데나 심은 것이 아니라 가장 기름지고 좋은 땅인 포도원에 심었다고 하였습니다. 여기서 포도원이란 바로 '교회'를 의미합니다.

포도원에는 일반적으로 담을 쌓고 개나 맹수가 들어가지 못하도록 주인이 지키는 것입니다. 마찬가지로 하나님은 저와 여러분에게 열매를 맺게 하기 위하여 우리를 포도원에 심었습니다. 담을 쌓고 지키듯이 우리를 그의 섭리 가운데서 지금까지 지켜 주셨습니다. 그래서 우리는 '지금까지 지내온 것을 주의 크신 은혜' 라고 찬송합니다.

물론 우리들 중에는 자신의 환경을 불평하기도 하고 불만족한 분들이 많을 것이지만 그러나 역사를 주관하시는 전능하신 하나님께서 볼 때에는 그것이 가장 좋은 포도원이라는 것을 우리는 믿어야 합니다. 모든 것을 합력하여 선을 이루시는 하나님께서 우리를 심어주신 바로 그 장소가 최고의 장소라는 것을 우리는 믿고 받아들여야 합니다.

2. 하나님은 열매를 구하시는 분이시다

나무만 열매를 맺는 것이 아니라 세상의 모든 것이 다 열매를 맺습니다. 농부는 농부의 열매가 있고, 의사는 의사의 열매가 있습니다. 어른도 아이도 다 열매가 있어야 합니다. 남자도 여자도 다 열매가 있어야 합니다. 더욱이 중요한 것은 신자들은 신자로서의 열매가 있어야 한다는 사실입니다. 그것은 바로 성령의 9가지 열매입니다. 사랑, 희락, 화평, 오래 참음, 자비, 양선, 온유, 충성, 절제의 9가지 열매입니다. 그렇다면 우리는 다 하나님 앞에서 결산 보고를 해야 할 텐데 과연 어떤 열매를 내 놓을 수 있을까요?

세상적인 열매라면 이것저것 있겠지만 그러나 하나님이 구하시는 것은 바로 무화과 열매입니다. 왜냐하면 무화과나무이기 때문에 무화과 열매를 원하는 것입니다. 다시 말하면 사과나무는 사과열매를 맺어야 하고 포도나무는 포도열매를 맺어야 하는 것입니다. 따라서 신자는

첫째로 신자의 열매가 있습니다. 절대로 불신자의 열매를 맺어서는 안 됩니다. 그것이 바로 성령의 9가지 열매입니다.

둘째로 우리가 맺어야 할 열매는 찬송가 감사의 입술의 열매입니다. 그런데 우리는 찬송보다 불평을 했고, 감사보다는 원망을 했다는 말입니다.

셋째로 또 생활에 있어서는 순종의 열매를 맺어야 하는데 그렇지를 못했습니다.

넷째로 우리는 각자가 있는 곳에서 봉사를 통한 유용의 열매를 맺어야 합니다. 그런데 우리는 열매는 맺지 않고 무성한 무화과나

무처럼 겉으로는 무엇이 있는 것 같은데 안에는 아무것도 없다는 것입니다. 그래서 본문에서도 "얻지 못한지라"라고 하였습니다. 우리에게서 열매를 얻지 못하였다는 것입니다. 하나님의 뜻과 현실 사이에 이렇게 거리가 있다는 말씀입니다.

3. 열매 없는 나무는 찍어버리라

열매가 없는 무화과나무를 주님은 그냥 두지 않고 "찍어버리라 어찌하여 땅만 허비하느냐?"고 심판을 명하셨다는 점입니다. 다시 말해서 하나님은 심판의 하나님이십니다. 그러나 하나님은 즉시 찍어 버리라고 하신 것이 아니라 3년을 기다렸다고 하였습니다. 여기서 삼 년이란 성부, 성자, 성령의 숫자입니다. 많이 기다린 것을 의미합니다.

무화과나무는 두 번째 해부터는 열매를 맺는다고 합니다. 그런데 이 무화과나무는 3년을 기다렸다고 했으니 이만하면 충분히 기다렸다고 할 수 있습니다. 여기서 우리는 하나님의 인내를 봅니다. 사실 우리가 범한바 그대로 하나님이 심판하신다면 우리 가운데 살아남을 사람은 한 사람도 없을 것입니다. 그러나 지금까지 우리가 이렇게 살아남은 것은 하나님께서 참고 참으시기 때문입니다.

4. 열매 맺지 못한 우리는 어떻게 해야 하는가?

본문에 보니 무화과 농부는 참으로 슬기로웠습니다. 그는 "주인이여, 금년에도 그대로 두소서, 내가 두루 거름을 주리니 이 후에 만일 실과가 열면 두시고 그러하지 않으면 찍어 버리소서"라고 주인에게 간구하였다는 점입니다.

여기서 우리가 주목해야 할 것은 종이 주인의 판결에 이의를 제기하지 않았다는 것입니다. 열매 없는 것은 인정하였습니다. 사실 농부에게는 많은 핑계가 있었을 것입니다. 왜 거름을 적게 주었습니까? 왜 물을 적게 주었습니까? 등등 얼마든지 핑계는 있었지만 그러나 이 농부는 핑계하지 않았습니다. 바로 이것이 중요합니다. 우리는 아담 이후 너무 핑계가 많습니다. 우리말에 핑계 없는 무덤이 없다는 말도 있지만 너무 핑계가 많습니다. 이것이 문제입니다.

다음으로 주목할 것은 종이 짧은 시일 동안의 집행유예를 간구했다는 점입니다. 무슨 5년만 기다려주십시오 혹은 10년만 기다려주십시오 하고 말하지 않고 일 년만 기다려 달라고 한 것은 그가 얼마나 신실했다는 것을 말해줍니다.

그러나 이것만으로는 부족합니다. 열매를 맺지 못한 이유를 알아야 합니다. 나무가 열매를 맺지 못하는 것은 나무가 죽었을 때, 또는 나무가 썩었을 때, 또는 나무가 말랐을 때입니다. 그러므로 우리는 내가 과연 죄로 인해 죽었는가? 썩었는가? 말랐는가? 하고 살펴보고 아직 거듭나지 못하였을 때는 물과 성령으로 다시 태어나야 합니다.

다음으로 중요한 것은 열매 맺는 비결을 배워야 합니다. 그 비결이 요 15:4절에 나옵니다.

"내 안에 거하라. 가지가 포도나무에 붙어 있지 아니하면 절로 과실을 맺을 수 없음같이 너희도 내 안에 있지 아니하면 그러하리라".

문제는 주님을 떠나 있기 때문에 우리는 과실을 맺지 못하는 것입니다. 그러므로 우리는 주안에서 살아야 합니다. 주안에서 산다는 말은 항상 말씀을 상고하면서 산다는 것이요 쉬지 말고 기도하면서 산다는 말이요 주님의 지체로서 교회에서 봉사하면서 산다는 말이요 빛과 소금이 되어 산다는 뜻입니다.

맺는말

우리는 열매 없는 자신을 발견하면서 한 해만 더 달라고 요청한 농부처럼 새로운 결심을 하는 시간이 되기를 바랍니다. 하나님은 길이 참으시는 분이시지만 그러나 하나님에게도 한계가 있다는 것을 기억해야 합니다. 우리가 열매 없는 것은 우리가 썩었거나 말랐거나 아니면 죽었기 때문입니다.

그러므로 우리는 물과 성령으로 거듭나서 이제는 줄기가 되시는 예수님을 떠나지 말고 항상 그 안에 살 때 우리는 성령의 9가지 열매는 물론이고 입술의 열매인 찬송과 감사의 열매를 맺을 수가 있을 것입니다.

여호와의 종

(사53장)

오늘은 종려절입니다. 예수님께서 십자가에 못 박히기 위하여 예루살렘에 입성하실 때 사람들이 종려나무 가지를 들고 "호산나 찬송하리로다. 주의 이름으로 오시는 이여"하면서 예수님을 영접했던 날입니다. 그러나 내일부터는 '고난주간'이라고 해서 우리가 지키는데 이것은 우리를 위해 주님이 고난을 당한 한 주간을 기념하기 위해서입니다. 그래서 이 시간에는 우리를 위해 고난을 당하신 예수님에 대해 구약의 예언중에 가장 유명한 이사야 53장을 중심으로 함께 은혜를 나누려고 합니다.

본래 이사야란 말의 뜻은 '야웨는 구원이시다' 혹은 '야웨의 구원' 이란 말입니다. 이사야는 주전 756년 웃시야 왕 때에 하나님 앞에서 소명을 받은 예언자입니다. 본문 53장은 당시 바벨론에 포로로 잡혀가 있는 백성들에게 너희는 실망하지 말라. 하나님께서 준비하신 메시야가 곧 오신다. 하는 소망과 위로의 메시지였습니다. 당시 이스라엘 백성들은 대단히 큰 절망과 좌절 속에서 살고 있었습니다. 이들은 왜 하나님의 백성들이 이방인들에게 포로로 잡혀와 있어야 하는가? 도대체 하나님의 구원의 약속은 어떻게 된 것인가? 하고 이해할 수가 없었습니다.

물론 지금 우리의 상황은 당시 이스라엘과는 다릅니다. 당시는 바벨론에 포로로 잡혀가 있었지만 지금의 우리는 그렇지 않습니다. 그러나 우리는 천만이 넘는 이산가족을 가지고 있고 이산가족이 아니라 할지라도 우리는 세상에서 나그네의 생활을 하고 있습니다. 여러 가지의 무거운 짐을 지고 살고 있습니다. 육적으로는 자유인같이 보이지만 영적으로는 죄의 노예요. 포로생활을 하고 있는 것입니다. 이런 점에서 메시아의 오심은 우리 모두의 소망이요 기대입니다. 그렇다면 예수님 오시기 7백여 년 전에 예언한 메시아의 예언을 함께 살펴보면서 우리는 다음의 고난주간을 경건하게 보낼 수 있기를 축원합니다.

이사야 53장은 크게 네 부분으로 나누어집니다.

각 단원마다 동그라미로 표시해서 쉽게 알아볼 수 있게 됐습니다. 먼저 1-3절까지는 사람들의 눈에 비친 여호와의 종의 모습을 기록하고 있고, 4-6절에는 하나님의 눈에 비친 여호와의 종을 기록하여 서로 대조하고 있습니다. 다음에는 7-9절까지인데 여기에는 사람의 눈에 비친 종의 고난의 모습이고, 마지막으로 10-12절에는 하나님의 눈에 비친 종의 고난의 모습을 또 다시 대조하고 있습니다.

1. 이사야 당시의 사람들의 철학

이사야 당시의 사람들의 철학은 '고난은 하나님이 떠난 증거요 번영은 하나님이 함께하는 증거다'라고 생각하였습니다. 이것은 욥기서에 아주 잘 나타납니다. 4:7절에 보면 "죄 없이 망한 자가 누구인가? 정직한 자의 끊어짐이 어디 있는가?"라고 욥의 친구인 엘리바스가 욥이 고난당하는 것은 숨은 죄가 있기 때문이라고 말합니다. 이것은 불교의 문화권에 살고 있는 우리들에게는 아주 자연스럽게 들립니다. 사실 일반적으로 말하면 이것은 진리입니다. 그러나 우리는 고난이 반드시 죄가 있기 때문만은 아니고 바울의 경우에서 볼 수 있듯이 자고하지 않게 하기 위하여 고난을 당할 때도 있고 또 때로는 나면서 소경된 자의 경우처럼 하나님의 영광을 나타내기 위하여 고난을 당할 때도 있고 또 예수님의 경우처럼 온 인류를 위하여 당하는 대속의 고난도 있다는 것을 우리는 알아야 합니다.

예수님 당시 유대인들이 예수님을 메시아로 쉽게 받아들일 수 없었던 것은 '연한 순'같이 약하게 보였고 '마른 땅에서 나온 줄기'같이 비천한 배경에서 태어났기 때문이었습니다. 사람들의 편견이란 이렇게 무서운 것입니다. 그러나 이사야는 미리 예언하기를 장차 오실 메시아는 "고운 모양도 없고 풍채도 없은즉 우리의 보기에 흠모할만한 아름다운 것이 없도다"라고 하였습니다. 우리 교회에 결혼상담소가 있습니다만 중매를 해보면 거의가 외모에 집착하고 있는 것을 볼 수 있습니다. 키가 얼마나 크냐? 학력은 어떠냐? 부모의 사회적 배경은 어떠하냐? 돈은 있는 집인가? 등등. 본인이 과연 신앙이 있는가? 성공할 수 있는 능력이 있는가? 얼마나 사랑하고 있는가? 같은 것은 별로 관심이 없습니다. 그러나 이것이 인간입니다. 하지만 하나님은 그렇지 않습니다. 삼상 16:7절을 보면 이런 말씀이 나옵니다.

"나의 보는 것은 사람과 같지 아니하니 사람은 외모를 보거니와 나 여호와는 중심을 보느니라"고 하였습니다. 이 말씀은 다윗을 왕으로 선택하는 과정에서 하신 말씀입니다. 당시 이새는 사무엘이 왔을 때 잘생긴 형들을 먼저 선을 보게 했던 것입니다. 그러나 하나님은 속 중심을 보시는 분이라고 하였습니다. 그러면 당시 외모에 의존했던 사람들은 메시아인 예수님을 어떻게 취급하였나요? 3절에 보면 "그는 멸시를 당하였고 우리도 그를 귀히 여기지 아니하였도다"라고 하였습니다. 그래서 요한복음 1:11절을 보면 "자기 땅에 오매 자기 백성이 영접지 아니하였으나"라고 기록하고 있습니다.

2. 하나님이 보신 메시아의 모습

다음은 하나님이 보신 메시아의 모습을 살펴보겠습니다. 4절에 "그는 실로 우리의 질고를 지고 우리의 슬픔을 당하였거늘" 메시아 되신 예수님은 우리의 질고와 슬픔을 대신 지셨다는 것입니다. 5절에 "그 찔림은 우리의 허물을 인함이요 그가 상함은 우리의 죄악을 인함이라"고 하였습니다. 즉 우리의 원죄와 자범죄 때문에 예수님은 창에 찔리시고 온몸에 상함을 받으신 것입니다.

인간이 가진 두 가지 문제는 하나는 평화의 문제요 다른 하나는 질병 문제입니다. 우리는 이것들을 위해서 별의별 짓을 다하지만 그러나 우리는 아무것도 얻지 못하고 있습니다. 세상에는 점점 전쟁이 많고 질병도 의학의 발달을 앞서고 있습니다. 그런데 중요한 것은 예수님께서 그 두 가지 문제들을 해결해주셨다는 것입니다. "그가 징계를 받음으로 우리가 평화를 누리고 그가 채찍에 맞음으로 우리가 나음을 입었도다." 이 얼마나 엄청난 선포요 복음인가요? 물론 여기서 말하는 평화는 우리가 흔히 말하는 사람과 사람사이의 횡적 평화가 아니고 하나님과 우리 사이의 종적 평화를 말합니다. 이것이 바로 예수님이 십자가에서 징계를 대신 받음으로 해결되었다는 말입니다. 다음으로 본문에서 말하는 나음이란 모든 육적 질병이 해결되었다거나 없어졌다는 말이 아닙니다. 인간에게는 육적 고통을 주는 질병도 중요하지만 더 중요한 것은 죄의 결과로 오는 죄책, 즉 죄로 인하여 오는 고통이 더 중요한 것입니다.

우리는 세익스피어의 작품가운데 「멕배스」에서 덩컨 왕을 죽이고 왕이 된 멕배스가 양심의 가책으로 인해 고통을 당하는 것을 봅니다. 어떤 유명한 의사도 고칠 수 없는 이 병은 육적 질병보다 더 무서운 영적 병입니다. 이것이 바로 예수님을 통해 해결되었다는 말입니다. 이것을 우리는 믿어야 합니다. 내가 해결하는 것이 아니라 주님이 벌써 해결하셨습니다. 앞으로 해결하시는 것이 아니라 이미 주님이 해결하신 것입니다. 문법적으로 말하면 완료형입니다. 그런데 우리는 괴로워하고 슬퍼하고 고통하고 있는 것입니다. 이 얼마나 어리석은 우리들인가요? 우리는 모든 것을 주님께 맡기고 다리 쭉 뻗고 쉬셔도 됩니다.

3. 사람의 눈에 비친 주님의 고난

8절의 말씀에 보면 "그가 산 자의 땅에서 끊어짐은 마땅히 형벌을 받을 내 백성의 허물을 인함이라 하였으리요." 인간의 눈에는 예수님의 고난이 대속의 고난으로 보이지 않았다는 것입니다.

4. 하나님은 어떻게 주님의 고난을 보셨는가?

첫째로 11절에 "또 그의 손으로 여호와의 뜻을 성취하리로다" 다시 말해서 속건제물로 드림이 되었다는 말입니다. 성경에 죄의 삯은 사망이라고 하였습니다. 그러므로 범죄한 인생은 반드시 죽어야 합니다. 그것을 예수님이 대신 죽으셨다는 말입니다.

둘째로 11절 하반부에 보면 "나의 의로운 종이 자기 지식으로 많은 사람을 의롭게 하며 또 그들의 죄악을 친히 담당하리라." 롬 1:17절을 보면 "의인은 믿음으로 말미암아 살리라"고 하였습니다. 그러나 믿음으로 말미암아 우리가 의롭게 되는 것은 예수님의 십자가의 죽음이라는 객관적 사실이 있기 때문입니다. 구원에는 객관적으로 주님의 십자가가 있어야 하고 그러나 이것만으로는 부족합니다. 주관적인 사실이 있어야 합니다. 그것은 바로 우리의 믿음입니다. 이 믿음이란 통로를 통해서 우리는 하나님께서 은혜로 주신 구원을 받는 것입니다.

셋째로 그러면 하나님께서는 주님의 대속의 죽으심의 결과로 주신 것이 무엇인가요? 12절에 보면 두 가지를 말씀하고 있습니다. "이러므로 내가 그로 존귀한 자와 함께 분깃을 얻게 하며 강한 자와 함께 탈취한 것을 나누게 하리니. 두 가지를 주시겠다고 하였습니다. 첫째는 주님을 존귀케 하겠다는 것이고, 다음은 그에게 승리자로서의 탈취한 것을 갖게 하겠다는 것입니다. 그러면 주님의 전리품은 무엇인가요? 하나는 하나님께서 주신 하늘과 땅의 모든 권세이고 다른 하나는 그의 성도들입니다. 주님은 우리 영혼의 소유자이십니다. 우리는 다 그에게 속한 자들입니다. 우리들을 다 주님에게 돌려주겠다는 것입니다. 이 얼마나 놀라운 예언인가요?

맺는말

1. 나 위해 고난당하신 주님께 감사하는 주간이 되기를 기도합니다.
2. 최후 승리를 얻을 때까지 십자가 붙들고 살자. 이 두 가지를 결심하고 기도하는 한 주간이 되기를 바랍니다.
3. 다음 한 주간 동안 경건하게 살면서 마침내 부활의 주님 만나는 기쁨을 가집시다.

여호와를 경외하는 자

(잠19:23)

구약의 종교를 한 마디로 요약한다면 '여호와를 경외하는 것'이란 한 마디의 말로 요약할 수 있습니다. 그래서 레 19:14절을 보면 "네 하나님을 경외하라"고 명하십니다. 신 10:12절에서는 "이스라엘아 네 하나님 여호와께서 네게 요구하시는 것이 무엇이냐? 곧 네 하나님 여호와를 경외하고 그 모든 도를 행하고 그를 사랑하며, 그를 섬기는 것이 아니냐?"라고 말씀하고 있습니다. 다시 말해서 하나님이 원하시는 것을 한 마디로 요약한다면 여호와를 경외하는 것이라고 할 수 있습니다.

다시 말해서 여호와를 경외하는 것은 '모든 것의 시작이요 핵심이요 마지막'입니다. 그래서 잠언 1:7절에는 유명한 "여호와를 경외하는 것이 지식의 근본"이란 말씀이 나옵니다. 그러면 여호와를 경외한다는 것은 무엇을 말할까요? 이것은 하나님의 위엄과 그 거룩하심을 볼 때에 마음속에 가지는 두려움을 말합니다. 그런데 이 '경외'란 말은 '경건'이란 말과 동의어입니다. 따라서 경건의 본질은 바로 하나님을 경외하는 것입니다. 그러면 여호와를 경외한다는 것이 구체적으로 무엇인지, 그리고 여호와를 경외하는 사람이 받는 축복은 무엇인지 함께 살펴보면서 은혜를 나누려고 합니다.

1. 여호와를 경외한다는 것은 구체적으로 무엇인가?

경외한다는 말은 두 가지 면이 있습니다. 하나는 두려워하는 것이고 다른 하나는 선망하는 것입니다. 그래서 믿는 사람 가운데도 하나님에게 매맞을까봐 두려워 믿는 사람이 있고, 사랑하기 때문에 믿는 사람이 있습니다. 이것은 여호와를 경외하는 구체적인 데에서 다 나타납니다.

(1) 계명을 지킴

여호와를 경외한다는 말은 그의 계명을 지키는 것을 말합니다(출 20:20). 다시 말하면 그의 말씀에 순종하는 것을 말합니다. 그런데 계명을 지키되 하나님이 무서워서 지키는 사람이 있고 하나님을 사랑하기 때문에 계명을 지키는 사람이 있습니다. 무서워서 지키는 사람은 초보적 신자이고 사랑하기 때문에 지키는 사람은 성장한 신자입니다. 무서워서 지키는 사람은 기쁨이 전혀 없고 사랑하기 때문에 계명을 지키는 사람은 기쁨이 넘칩니다.

(2) 하나님의 음성을 들음

여호와를 경외한다는 말은 하나님의 음성을 듣는 사람을 말합니다(삼상12:14). 무서워서 음성을 듣는 사람은 기쁨이 없으나 사랑하기 때문에 듣는 사람은 기쁨이 있습니다.

(3) 여호와를 경외한다는 말은 그의 성전에서 경배하는 것을 말합니다(시5:7). 예배라는 말 자체가 영화라는 말과 동의어입니다.

2. 여호와를 경외하는 사람에게 주시는 축복은 무엇인가?

(1) 생명에 이르는 것

"생명에 이르게 하는 것"이라고 하였습니다. 여기서 생명에 이르게 한다는 말은 이 땅에서 '사는 것 같은 삶' 즉 보람 있고 의미 있는 삶을 사는 것을 말합니다. 또 주님 안에서 산다는 말입니다. 주안에서 사는 사람은 요 15:5절에 "나는 포도나무요 너희는 가지니 저가 내 안에, 내가 저 안에 있으면 이 사람은 과실을 많이 맺나니 나를 떠나서는 너희가 아무것도 할 수 없음이라"는 말씀대로 많은 열매를 맺습니다. 생명에 이른다는 말의 가장 중요한 의미는 영생을 얻는다는 말입니다.

(2) 만족한 삶을 누림

'족하게 지내고' 즉 참 만족된 삶을 누리게 된다는 말입니다. 인간은 만족을 누리기를 원합니다. 그런데 이 만족은 인간의 필요를 충족할 때 옵니다. 심리학자인 Abraham Maslow는 7가지가 있다고 주장하였습니다.

(가) 육체적 욕구(가장 기본적인 욕구),
(나) 안정,
(다) 사랑과 소속감,
(라) 존경,
(마) 자아실현,
(바) 지적 욕구,
(사) 미적 욕구라고 하였습니다.

그러나 메슬로우도 한 가지 가장 중요한 것을 빠뜨리고 있습니다. 인간은 영적 만족 없이는 다른 것을 아무리 만족해도 소용이 없다는 점입니다. 그런데 여호와를 경외하는 사람은 비록 인간적으로 7가지의 욕구를 충족시키지 못해도 행복할 수 있고 만족할 수 있다는 점입니다.

(3) 재앙을 피함

"재앙을 만나지 아니 하리라" 이것은 주기도문의 "다만 악에서 구하여 주시옵소서"라는 기도가 이루어지는 것을 말합니다. 구약에 보면 재앙 혹은 하나님의 진노는 두 가지 경우에 나타났습니다. 하나는 하나님의 백성들이 하나님과 맺은 언약을 어길 때에, 다른 하나는 하나님의 백성들을 핍박하고 괴롭힐 때에 나타났습니다. 신약에 와서는 좀 넓게 나타납니다. 로마서 1:18절에 보면 이렇게 말씀하고 있습니다. "하나님의 진노가 불의로 진리를 막는 사람들의 모든 경건치 않음과 불의에 대하여 하늘로 좇아 나타나나니" 즉 불경건과 불의에 대하여 나타난다는 것입니다, 경건이란 하나님께 바르지 못한 태도를 말하고, 불의한 사람들에게 바르지 못한 태도를 말합니다. 이것은 십계명에서 잘 말씀하고 있습니다. 1~4계명까지는 하나님께 바르지 못한 것이 무엇인가를 가르쳐 주고 5~10계명까지는 사람들에게 바르지 못한 것이 무엇인가를 말합니다.

그러면 하나님께서 내리시는 진노의 구체적 내용이 무엇인가요? 가장 무서운 것은 로마서 1장에 나오는 "내어버려 두셨으니"란 말입니다. 학교에서는 고칠 수 없는 문제아는 퇴학시킵니다. 사회에서는 사형이란 것을 합니다. 하나님은 내버려 두십니다. 로마서 1장에서는 하나님께서 내버려두신 구체적 내용이 3가지 나옵니다. 24~25절에서는 부정함과 우상숭배, 가운데 내버려 두셨다고 하였고, 26~27절에서는 타락한 정욕에 버려두셨다고 하였습니다. 28절 이하에서는 상실한 마음, 버림받은 마음, 즉 절망과 자포자기에 그냥 내버려 둔다고 하였습니다.

맺는말

여호와를 경외하는 자에게는 하나님께서 복을 주신다고 성경 여기저기에 약속하고 있습니다. 사 40:31절에서는 "오직 여호와를 앙망하는 자는 새 힘을 얻으리니 독수리의 날개 치며 올라감 같을 것이요 달음박질 하여도 곤비치 아니하겠고 걸어가도 피곤치 아니하리라"고 하였습니다. 믿습니까? 바라기는 여호와를 경외하는 여러분 모두에게 본문에 약속한 세 가지의 약속, 생명에 이르는 축복과 만족하는 축복과 재앙을 만나지 않는 축복이 임하기를 주님의 이름으로 축원합니다.

여호와께서 세우지 아니하시면

(시127:1-2)

이 세상에는 두 가지 종류의 집이 있습니다. 하나는 사람의 집이고, 다른 하나는 하나님의 집입니다. 그러나 이 둘 다 공통적인 것은 하나님께서 축복해주셔야 그 목적을 이룰 수 있다는 점입니다. 그러면 어떻게 할 때에 정말 하나님 앞에서 하나님의 집을 이룰 수가 있겠습니까?

1. 세우는 자의 수고가 있어야 합니다.

이것을 우리는 노력이라고 말합니다. 담임교역자의 수고는 물론이고, 함께 일하는 본교회의 모든 성도들의 수고 없이 절대로 좋은 교회를 만들 수가 없습니다. 주변에서 재정적으로 도와준다고 해도 그것은 새발의 피에 불과합니다. 그러므로 주변 사람들의 도움을 믿어서는 안 됩니다.

여러분들도 기억하시는지 모르지만 88아시안 게임 때 우리 나라가 일등인 중국에 금메달 한 개 차이밖에 나지 않았습니다. 그동안 늘 졌던 일본과 비교할 수 없을 만큼 우리가 앞서게 되었습니다. 그 이유가 무엇인지 아십니까? 특히 탁구에서 우리가 난공불락이라고 알려진 중국을 이겼습니다. 그 이유가 기흥 탁구전용 체육관에 가면 표어가 걸려 있습니다. '세계 제일은 노력에 의해 결정된다.' 영국 격언에도 '하늘은 스스로 돕는 자를 돕는다'고 했습니다.

그러므로 우리가 하나님의 집인 교회를 짓기 위해서는 그동안도 많은 눈물과 기도를 했겠습니다만, 그러나 여러분 모두의 수고가 앞으로도 계속 있어야 합니다.

2. 하나님의 집을 짓는데 필요한 것은 '파수꾼의 경성함'입니다

사실 성공도 어렵지만 이것을 지키는 것은 더 어렵습니다. 왜냐하면 안과 밖에 많은 원수들이 있고, 도전이 있기 때문입니다. 우리 안에 있는 원수가 누구입니까? 교만입니다. 이만하면 됐다는 교만, 다른 교회보다 우리가 크다는 교만입니다. 또 교역자들이 조금 성공하게 되면 꾀가 납니다. 그래서 교권정치에 관심이 생기기 시작하는 것입니다. 그래서 목회에 게을러지기 쉽습니다. 이런 것들이 다 원수입니다. 몇 년 전 '여원사' 사장의 성공비결을 들었습니다.

그는 진급에서 빠졌을 때 축하합니다. 더 큰 진급이 있다고 믿기 때문이라고. 그러나 이를 위해서는 고독을 극복해야 하고, 한가한 시간에 공부해야 하고, 새 인생의 설계를 해야 하고, 그 기회를 이용해서 아내를 더 사랑하면 반드시 한두 해 후에는 진급이 따르고 성공이 따른다는 것입니다.

제가 벽산에서 만 7년간 매주 한 번씩 설교를 했습니다. 그 회사의 표어가 무엇인지 아십니까? '남과 같이 해서는 남보다 나을 수가 없다'는 것입니다. 이것이 세상 기업의 성공비결에도 적용되지만 교회에도 마찬가지입니다. 이것은 목회자 자신뿐 아니라 교인들에게도 해당되는 말씀입니다.

3. 하나님이 축복해주셔야

무엇보다 중요한 것은 하나님께서 축복해주셔야 하나님의 집을 잘 지을 수가 있다는 것입니다. 하나님의 축복이 있어야 한다는 것입니다.

그래서 잠언에 무엇이라고 했습니까? "마음의 경영은 사람에게 있어도 말의 응답은 여호와께로서 나느니라." 아멘. 사람이 마음으로 자기의 길을 계획할지라도 말의 응답은 여호와께로서 나느니라. 심지어 불신자들도 '모사(謀事)는 재인(在人)하고 성사(成事)는 재천(在天)이라고 하였습니다. 그러면 우리가 어떻게 해야 하나님의 축복을 받습니까?

다윗은 하나님의 집을 지으려고 얼마나 원했는지 모릅니다. 그러나 그는 하나님의 집을 짓지 못했습니다. 그의 아들 솔로몬이 성전을 짓는 축복을 받았습니다. 좀 부끄러운 말입니다만 저는 여러 곳에 개척교회를 세웠지만 몇 번만 성전을 짓는 축복을 받았습니다. 이제 저와 여러분들이 하나님의 집을 지을 수 있는 축복이 저와 여러분들에게 있기를 축원합니다.

여호와께서 구하시는 것

(미6;6-8)

미가서는 이사야와 동시대의 예언자입니다. 미가란 말의 뜻은 7:18절에 나옵니다. '누가 여호와와 같은가?'란 뜻입니다. 당시의 형편은 북쪽에 있는 앗수르의 침략이 임박했고, 사회는 부패될 대로 부패된 그런 상황이었습니다. 이 구절이 유명해진 것은 미국의 카터 대통령이 취임할 때에 이 구절에 손을 얹고 서약을 하였기 때문입니다.

미가 당시의 문제점은 크게 두 가지였습니다.

첫째로 종교계의 타락입니다. 예배는 형식화되어서 영성이 전혀 없고, 종교인들은 하나 같이 위선자였습니다.

둘째로 사회적 불의가 넘쳐흘러서 권력 잡은 자와 부자들의 착취가 너무 심하였습니다.

바로 이런 때 미가선지자는 나라가 사는 길이 무엇인가를 구체적으로 지적하였습니다. 그것은 바로 하나님이 구하시는 세 가지를 행하는 것이라고 하였습니다.

여러분, 참 종교가 무엇입니까? 바로 이 세 가지가 바로 참 종교입니다. 그런 점에서 이 구절은 구약의 말씀 가운데 가장 놀라운 말씀이라고 할 수 있습니다. 그러면 이제 종교의 삼대본질을 살펴보겠습니다.

1. 하나님께서 구하시는 것은 첫째로 공의를 행하는 것

종교에서 가장 중요한 것은 두 말할 필요도 없이 경건입니다. 그러나 오늘날도 그렇지만 당시에는 경건의 모양은 있었으나 경건의 능은 없는 그런 세대였습니다. 매일 같이 일 년 된 수송아지와 수양을 수천수만을 잡아 번제로 드리지만 하나님이 기뻐하시는 것은 이런 것이 아니라는 것입니다.

제가 대전에 와서 가장 강조한 것의 하나는 어떻게 하면 우리 교회가 대전이란 사회에 기여하고 도움을 줄 수 있을까? 하는 것입니다. 우리가 하나님의 영광을 말합니다만 그것은 예배만 드린다고 되는 것이 아니고, 구체적으로 우리가 사는 사회 속에서 이웃과 바른 관계를 맺고, 살아야 한다는 것입니다.

물론 여기서 말하는 공의란 사람을 향한 우리들의 의무를 말합니다. 십계명에서도 나타납니다만 우리에게 가장 중요한 것은 하나님을 향한 우리들의 의무입니다. 그럼에도 불구하고 왜 사람들에게 대한 의무를 미가 선지자는 강조하고 있는 것일까요? 이것은 마 5:23-24절의 말씀의 뜻과도 같습니다. 주님이 무엇이라고 하였습니까? "그러므로 예물을 제단 앞에 두고, 먼저 가서 형제와 화목하고 그 후에 와서 예물을 드리라." 이것은 예배를 드리는 것이 중요치 않다는 말이 아닙니다. 더 중요하지만 더 쉬운 눈에 보이는 사람들과의 관계가 잘못되면서 하나님과의 관계를 바로 한다는 것은 있을 수 없다는 것입니다. 왜냐하면 그것은 바로 위선이기 때문입니다.

여기서 공의란 말의 뜻은 똑바로 서는 것을 말합니다. 따라서 우리가 공의를 행한다는 것은 똑바로 보고, 똑바로 듣고, 똑바로 말하고, 똑바로 걷는 것을 말합니다. 마 7:12절 "그러므로 무엇이든지 남에게 대접을 받고자 하는 대로 너희도 남을 대접하라. 이것이 율법이요 선지자니라." 이 황금률이 바로 공의입니다. 쉽게 말하면 공의와 정직이 실현되는 것을 하나님은 원하고 계시다는 것입니다.

2. 하나님이 원하는 것은 인자를 사랑

즉 자비를 원하신다는 뜻입니다. 사실 공의가 없는 곳에는 자비가 있을 수 없습니다. 또 자비가 없는 곳에는 공의가 있을 수 없다는 것입니다. 따라서 이 둘은 서로 뗄 수 없는 관계를 가지고 있습니다.

그러면 인자를 사랑한다는 말은 무엇입니까? 여기에는 두 가지가 반드시 있어야 합니다. 첫째는 용서고 둘째는 연민을 가지는 것을 말합니다.

저는 우리 교인들에게서 '신 목사는 과거의 우리 적들을 너무 가까이 합니다, 너무 그들의 편을 든다'는 말을 듣습니다. 그러나 여러분들이 알아야 할 것은 저는 정치적인 이유가 결코 아닙니다. 다만 양심의 가책을 느끼기 때문입니다. 저는 믿기를 용서하지 않는 사람은 주님에게서 용서를 받을 수 없다고 믿습니다. 마 6:15절의 말씀에 "너희가 사람의 과실을 용서하지 아니하면 너희 아버지께서도 너희 과실을 용서하지 아니하시리라." 얼마나 무서운 말씀입니까? 저라고 감정이 없겠습니까? 많아요, 또 더 예민해요. 그러나 성경이 이렇게 말하니 어떻게 합니까? 싫어도 용서해야만 합니다.

3. 겸손히 하나님과 함께 행하는 것

하나님이 원하시는 것은 겸손히 하나님과 함께 행하는 것이라고 하였습니다. 무엇이 겸손입니까? 하나님의 발등상에 앉는 것이 바로 겸손입니다. 겸손에는 크게 다섯 가지의 특징이 있습니다.

첫째는 나는 죄인입니다. 나는 약하고 부족하다는 것을 인정하고, 주님을 영접할 뿐 아니라 하나님을 의지하는 것, 즉 하나님의 지혜를 의지하고, 하나님의 능력을 의지하고, 하나님의 사랑을 의지하는 것이 바로 겸손입니다. 겉으로 예예 하면서 부드럽다고 그것이 겸손은 아닙니다. 진정한 의미에서 하나님을 믿지 않는 사람은 다 교만한 사람들일뿐입니다.

둘째로 하나님께서 여기 계시다는 그런 임재의식을 가지는 것이 바로 겸손입니다.

셋째는 기도하는 것이 바로 겸손입니다.

넷째는 동정심을 가지는 것이 겸손입니다.

다섯째는 계속적으로 하나님께 의지하는 것이 바로 겸손입니다.

위에서 살핀 세 가지 즉 공의와 사랑과 겸손은 마치 삼발이와 같아서 서로 뗄 수 없는 그런 관계를 가지고 있습니다. 하나님께서 구하는 것은 바로 공의, 사랑, 겸손입니다. 이것은 우리나라가 사는 길이기도 합니다. 우리 사회가 사랑과 겸손과 공의가 넘치는 나라가 되기를 축원합니다.

여호와께 능치 못한 일이 있겠느냐?

(창18:11-15)

사람은 항상 건강한 것이 아니고 때로는 병들 때가 있듯이 신자라고 항상 믿음이 있는 것은 아닙니다. 때로는 의심할 때도 있다는 말씀입니다. 아브라함 같은 믿음의 아버지도 의심할 때가 있었기 때문입니다. 그래서 이 시간에는 하나님께서 사라에게 하신 '여호와께 능치 못한 일이 있겠느냐?'는 말씀을 가지고 함께 은혜를 나누려고 합니다.

1. 하나님께 불가능한 것이 있느냐

여호와께 능치 못한 일이 있겠느냐는 말씀은 하나님께서 우리 모든 사람들에게 물으시는 질문입니다. 그 뜻은 하나님께서 너무 어려워 못하실 것이 있느냐 혹은 하나님께 불가능한 것이 있느냐는 말입니다. 이 질문에 대해 여러분들은 무엇이라고 대답하시겠습니까? 거의 대부분이 "물론 없지요 하나님께는 모든 것이 가능합니다"하고 대답할 것입니다. 그러나 그것은 마치 사라가 속으로 웃고는 하나님 앞에서 안 웃었다고 거짓말을 하는 것과 같습니다. 속으로는 안 믿으면서 겉으로는 "예, 물론 하나님께는 모든 것이 가능하지요"하고 대답하는 것과 같다는 말입니다.

중요한 것은 학교에서의 답안지처럼 속으로 믿든 안 믿든 정답만 쓰면 되는 그런 것이 아닙니다. 참으로 마음속에서 아멘하고 믿어야 합니다는 말입니다. 정말 여러분들은 하나님에게는 모든 것이 가능하다, 하나님께는 불가능이 없다고 믿으시면 한번 아멘 하고 대답하시기 바랍니다.

사라는 이중적으로 죄를 범했습니다. 첫째는 하나님의 약속을 믿지 않고 의심하여 웃었다는 것이고 둘째는 하나님께서 너 왜 웃었느냐고 물을 때 '안 웃었어요.' 하고 거짓말을 한 점입니다. 그래서 아들을 낳았을 때 이름을 이삭이라, 즉 웃는 자라고 지었던 것입니다.

그러면 왜 사라는 웃었을까요? 왜 사라는 의심을 했을까요? 그것은 인간의 경험을 더 믿었기 때문입니다. 세상에 여자가 나이 구십에 어떻게 아기를 낳습니까? 더구나 월경이 끝난 여자가 아이를 갖는다는 것은 의학적으로 불가능한 것입니다. 따라서 사라의 웃음은 세상적으로 볼 때에 당연한 것입니다. 이성의 세계와 신앙의 세계의 차이점이 바로 여기에 있습니다. 문제는 무엇을 더 의지하느냐에 있습니다. 지금 여러분들은 무엇을 더 의지하고 있습니까? 경험입니까? 아니면 믿음입니까? 경험이나 이성에 의지하는 사람은 절대로 신앙의 세계에서 일어나는 신비한 것을 이해할 수 없습니다. 사라가 바로 그것입니다.

사라가 의심한 두 번째 이유는 하나님께서 아브라함에게 주신 약속을 듣지 못했기 때문입니다. 17장에서 분명히 하나님은 약속을 하였습니다. 그러나 아브라함이 사라에게 그 약속의 내용을 전달한 기록이 없습니다. 아마도 사라는 하나님의 약속을 듣지 못하였을 가능성이 많습니다. 이것은 우리도 마찬가지입니다. 언제 우리에게 의심이 생기느냐? 그것은 하나님의 약속을 듣지 못했을 때입니다. 하나님께서 말씀은 하셨지만 우리의 영적 귀가 막혀 있거나 기도생활이 부족하여 하나님과의 대화 부족에서 생길 수도 있습니다. 세상에서 무서운 것이 오해입니다. 셰익스피어의 삼대비극의 하나인 오셀로를 보면 오해로 사랑하는 아내를 부정하다고 죽이는 내용이 나옵니다. 인간의 비극의 대부분이 이 오해에서 나옵니다. 그래서 우리는 대화를 해야 합니다. 사라가 의심한 것도 바로 이 하나님의 약속을 오해한 데서 비롯되었습니다. 대화의 부족에서 이 오해가 생긴 것입니다. 하나님과의 대화부족, 남편과 아내의 대화부족에서 이 오해가 생기는 것입니다. 세 번째로 왜 사라가 의심했습니까? 하나님을 바로 알지 못하였기 때문입니다. 하나님은 창조자이십니다. 이 온 세상 만물을 창조하시고 또 삼라만상을 만드신 전능하신 분이십니다. 따라서 초자연적 방법으로 자녀를 낳게 하시는 것은 아무것도 아닙니다. 그러나 많은 사람들은 이 전능하신 하나님을 바로 깨닫지 못하고 있습니다.

지금 여러분들의 마음에 의심이 있습니까? 하나님을 믿으시기 바랍니다. 히 11:6절은 말씀했습니다. "믿음이 없이는 하나님을 기쁘시게 못하나니 하나님께 나아가는 자는 반드시 그가 계신 것과 또한 그가 자기를 찾는 자들에게 상주시는 이심을 믿어야 할지니라." 그러므로 우리는 하나님의 존재를 믿어야 합니다. 하나님은 우리가 행한 대로 갚으시는 분이심을 믿어야 합니다. 사라는 바로 이런 신앙을 가지고 있지 못했습니다.

그래서 예레미야는 32:17절에 말씀했습니다. "주 여호와여, 주께서 큰 능과 드신 팔로 천지를 지으셨사오니 주에게는 능치 못한 일이 없으십니다." 주님도 마가복음 9:23절에서 "할 수 있거든이 무슨 말이냐 믿는 자에게는 능치 못할 일이 없느니라"고 말씀하셨습니다.

지금도 하나님은 여러분들에게 묻고 계십니다. 하나님께 능치 못한 일이 있겠느냐? 이것은 하나님께는 능치 못한 일이 있을지도 모른다는 말이 아닙니다. 불가능이 있을 수 있다는 말도 아닙니다. 이 질문은 하나님께는 불가능한 것이 없다는 말씀입니다. 그러므로 우리는 확신을 가져야 합니다. 하나님은 살아계시고, 또 그 하나님은 능력이 많으신 전능하신 분이시며 우리를 사랑하고 계시고 돌보고 계신다는 확신을 가져야 합니다. 여러분들은 이런 확신이 있습니까? 크게 아멘으로 대답하시기 바랍니다. 어떤 분들은 제가 억지로 대답하게 한다고 불쾌하게 생각하고 있을지도 모릅니다. 저도 옛날에 그랬거든요. 그러나 사람은 입으로 어떻게 대답하느냐에 따라 마음도 변한다는 것을 잊지 마시기 바랍니다. 그러므로 우리는 항상 자신을 향해 나는 믿습니다 하고 말할 필요가 있습니다. 한번 따라 하시기 바랍니다. '나는 믿습니다.'

감사합니다. 우리는 믿어야 합니다. 내 마음속에 의심이 다가올 때에 우리는 나는 믿습니다 하고 고백함으로써 이 의심을 던져버려야 합니다. 의심은 확신으로만 쫓아낼 수 있습니다. 지식으로도 안 되고 체험으로도 안 되고, 수양으로도 안 됩니다. 오직 확신만이 의심의 구름을 걷어낼 수 있습니다. 기도 외에는 이런 유가 나갈 수 없다고 했습니다.

2. 여호와께 능치 못할 일이 있겠느냐는 질문

여호와께 능치 못할 일이 있겠느냐는 질문은 우리가 우리 서로에게 그리고 우리 자신에게 물어보아야 할 질문입니다. 왜냐하면 우리는 하나님의 전능하심을 머리로만 믿고 지식으로만 믿을 때가 많기 때문입니다. 그러나 기독교 신앙의 시작은 바로 이 하나님의 전능하심을 믿음으로 믿는 데서 비롯됩니다. 그래서 사도신경에서도 "전능하사 천지를 만드신 하나님 아버지를 내가 믿사오며" 하고 시작하고 있습니다. 전능하신 하나님이 나의 아버지인 것을 믿는 것이 바로 기독교 신앙의 시작입니다. 여러분들은 전능하신 하나님이 우리의 아버지인 것을 믿습니까? 그 하나님이 여러분들과 함께 계시고 그러므로 내게 능력주시는 이 하나님 안에서 내가 모든 것을 할 수 있다고 믿으십니까? 지식으로만이 아니라 마음속으로 믿고 있습니까?

이제 우리는 우리 자신에게 그리고 서로 서로에게 물어보아야 합니다. 우리의 신앙을 점검해 주어야 합니다. 왜냐하면 우리의 신앙이 죽어가고 있기 때문입니다. 신앙은 겨자씨처럼 작아도 살아서 움직여야만 합니다. 머리로만 믿는 것은 아무 소용이 없습니다. 가슴으로 믿어야 합니다. 내 자신을 전적으로 주님에게 내어 맡기고, 그가 모든 문제를 해결해 주시는 해결사인 것을 받아들여야 합니다.

사람들은 돈이 해결사라고 믿고 있습니다. 또 권력이 해결사라고 믿고 있습니다. 지식이 해결사라고 믿고 있습니다. 아닙니다. 우리의 해결사는 오직 천지만물을 창조하신 하나님 아버지밖에는 없습니다. 믿습니까? 이것을 믿지 않고는 우리는 참으로 기독교신자라고 할 수 없습니다. 말만 신자지, 이름만 신자지 참 신자는 아닙니다. 명목상의 신자로서는 구원을 받을 수가 없습니다. 마음으로 믿고 행함으로 증명해야 합니다.

세상 사람들은 사라가 나이 90에 이삭을 낳았다는 것을 하나의 동화로 아니면 하나의 신화로만 받아들입니다. 그러나 우리는 성경에 기록된 대로 일어난 것을 믿습니다. 그렇다면 지금 이 하나님은 살아계셔서 우리와 함께 계십니다. 그런데 왜 우리는 염려를 하고 있습니까? 왜 혼자서 괴로워하고 있습니까? 여러분들에게 질병이 있습니까? 이 시간 다 믿음으로 말미암아 다 병마가 떠나가기를 축원합니다. 여러분들에게 사업상의 어려움이 있습니까? 하나님께서 지혜를 주셔서 이 시간 다 해결될 수 있기를 축원합니다. 고3학생들을 가지고 괴로워하는 부모님들 계십니까? 하나님께서 가장 적절한 길을 열어주실 것을 믿으시기 바랍니다. 또 가정에 문제가 있습니까? 가정을 만드신 하나님께서 그 시험을 통해 더 큰 축복을 주실 것을 믿으시기 바랍니다.

지금 여러 가지의 시험으로 인해 고통을 당하는 분들이 있습니까? 하나님의 사랑을 의심하지 마시고 믿고 내어 맡기시기 바랍니다. 왜 의심합니까? 왜 사라처럼 되기는 뭐가 돼 하고 속으로 웃고 있는 이유가 무엇입니까? 우리의 믿음이 부족하기 때문입니다. 하나님과의 사귐이 부족하고 기도가 부족하기 때문입니다. 하나님에게는 불가능이 없습니다. 인간에게는 불가능이 있습니다. 나폴레옹도 내 사전에는 불가능이 없다고 했고, 박정희도 '하면 된다'고 했지만 다 못했습니다.

하나님을 믿지 않았기 때문입니다. 그러므로 이 시간 다 하나님을 믿으시기 바랍니다. 그리고 그에게 모든 것을 내어 맡기시기 바랍니다. 그러면 이 시간 모든 것이 해결되는 놀라운 이적이 일어날 것을 확신합니다.

우리의 병중에서 가장 무서운 병이 무엇인지 아십니까? 암이라고요? 아닙니다. 고혈압이라고요? 아닙니다. 그러면 무엇입니까? 바로 불신병입니다. 세상에서 하도 속다 보니까 하나님까지 의심하고 있고, 신앙을 활성화해서 살지 못하고 그냥 머리로만 믿다 보니까 습관적으로 교회에 나오니 변화가 없습니다. 여러분들의 삶에 변화를 원하십니까? 병 고침을 받고, 물질이 풍요해지고, 가정적으로 즐거움이 넘치기를 원하십니까? 여호와께 능치 못한 일이 없다는 사실을 믿고 그 하나님에게 간구하고 그 하나님을 여러분들의 아버지로 받아들여 의논하시기를 바랍니다.

왜 여러분들은 혼자서 괴로워하고 있습니까? 왜 불안에 떨고 있습니까? 하나님을 아버지로 받아들이시고 그 아버지에게 뜻대로 하옵소서 하고 내어맡기시기 바랍니다. 그러면 모든 일이 다 잘됩니다.

이제 설교를 마치려고 합니다. 지금 하나님은 여러분들에게 묻고 계십니다. 여호와께 능치 못한 일이 있겠느냐? 이제는 여러분들이 답할 차례입니다. 없습니다. 저는 하나님에게는 불가능이 없다는 것을 믿습니다. 아버지여, 나의 믿음 없음을 도와주소서. 또 우리는 자신에게 한 번 물어보시기 바랍니다. 여호와께 능치 못한 일이 있겠느냐? 없는데도 내가 의심병에 걸려서 할 일을 못하고 있습니다. 내게 능력주시는 자 안에서 모든 것을 할 수 있느니라는 믿음만 가지면 새 생명을 얻을 뿐 아니라 초자연적 능력이 일어나는 그런 체험을 하실 것을 확신합니다. 이런 귀한 역사가 여러분 모두에게 일어나기를 주님의 이름으로 축원합니다.

여호와 닛시

(출17:8-16)

신자가 된다는 것은 하나의 축복인 동시에 그것은 또 하나의 전쟁입니다. 이런 점에서 볼 때 우리는 태어나서부터 죽을 때까지 쉬지 않고 싸웁니다. 사실 산다는 것이 바로 전쟁입니다. 예를 들면 대학에 입학하는 것, 그리고 그 후에는 취업을 하는 것, 직장에서 진급하고 성공하는 것 등 모두가 계속되는 전쟁입니다. 여기서 승리할 때 우리는 소위 성공자 즉 출세를 하게 되고 사회적으로 큰 업적을 남기게 됩니다. 그러면 어떻게 할 때 우리는 승리자가 될 수 있습니까?

이 시간 함께 은혜를 받으려고 하는 제목은 '여호와 닛시' 즉 여호와는 나의 깃발이란 제목으로 모두가 승리자가 되기를 먼저 축원합니다.

1. 대적과의 싸움(17:8-16)

이스라엘이 광야생활을 하는 동안 아말렉 족속을 만나기까지 이들은 싸워야 할 필요가 없었습니다. 왜냐하면 하나님께서 이들을 대신하여 싸웠기 때문입니다. 그러나 이제는 여호와께서 적을 정복하기 위하여 이스라엘을 통하여 싸우시게 되었습니다. 아말렉 족속은 에서의 자손들로서 오늘의 우리 신자들에게는 육신의 모형입니다. 이스라엘이 홍해를 건너기까지는 하나님께서 대신 싸워주셨기 때문에 이스라엘은 전쟁을 하지 않아도 되었습니다.

그러나 이제는 그 사정이 달라졌습니다. 아말렉과 전쟁을 하게 된 것입니다. 그러면 이 싸움에서 이스라엘은 어떻게 전쟁에서 승리하였는가? 먼저 기억해야 할 것은 이스라엘의 경우에는 산에 모세 중재자가 있었고 골짜기에 여호수아 사령관이 있었다는 점입니다. 여기서 모세는 그리스도의 모형이고 여호수아는 성령의 모형입니다. 지금 우리의 싸움도 지금까지는 주님이 혼자 하셨습니다. 그러나 이제 아말렉과의 싸움, 즉 육신과의 싸움에는 성령을 통하여 우리가 직접 싸워야 하는 것입니다. 그런데 본문을 보면 이스라엘이 승리한 비결은 아론과 훌이 모세의 손이 내려오지 않게 받들어 주었기 때문이라고 하였습니다. 모세의 손에는 지팡이가 있었는데 이것은 하나님의 능력을 상징합니다. 모세는 애굽의 모든 적을 단번에 무찔렀습니다. 마찬가지로 우리 주님도 세상을 단번에 이기신 분입니다. 그러나 이스라엘에게 애굽을 이긴 후에 아말렉이 있었듯이 우리에게도 주님께서 세상을 이기셨지만 그러나 육신과의 싸움이 아직 남아 있다는 것을 우리는 기억해야 합니다. 그러면 이제 우리는 어떻게 승리할 수가 있을까요?

2. 승리의 비결은 여호와 닛시 뿐

다시 말하면 우리의 노력이나 힘이나 작전에 의해 승리하는 것이 아니라 오직 그리스도를 통해서만 얻어지는 것입니다. 왜냐하면 주님께서 요 16:33에서 "내가 세상을 이기었노라"고 말씀하셨기 때문입니다. 그래서 바울도 고전 15:57 절에서 우리 주 예수 그리스도로 말미암아 우리에게 승리를 주신다고 하였습니다.

그러면 우리의 싸움의 대상은 누구인가요? 아말렉입니다. 즉 육신과의 싸움입니다. 다음으로 중요한 것은 싸움의 작전입니다. 본문에 보면 몇 가지의 비결이 기록되어 있습니다.

(1) 정병을 택하여 나가서 싸우게 하였다

9절에 "우리를 위하여 사람들을 택하여 나가서 아말렉과 싸우자"고 하였습니다. 전쟁은 혼자서 하는 것이 아닙니다. 훌륭한 참모들을 두었을 때 전쟁에서 승리할 수 있습니다. 가정에서는 배우자를 잘 택해야 하고 교회에서는 목사와 교인들을 잘 택해야 하고, 인생에서는 친구를 잘 택해야 하고 직장에서는 좋은 상관과 부하를 택해야 승리할 수 있습니다. 그러면 구체적으로 어떤 사람이 좋은 정병이 될 수 있나요? 첫째는 생사관이 바로 된 사람(중동전쟁에서 이스라엘이 강한 이유, 미국 유학간 사람들의 차이점), 둘째는 자기의 하는 일에 확신을 가진 사람(무디와 청소부의 경우), 셋째는 환상을 가진 사람(라파엘의 그림과 바울의 선교), 넷째는 불의를 미워하고 죄를 두려워하는 사람(존 낙스의 힘), 다섯째는 계속해서 힘쓰고 애쓰는 사람('천리 길도 한 걸음부터')입니다.

(2) 한 손에는 지팡이, 다른 한 손은 하늘을 향하여 들고 있었기 때문에 승리하였다.

여기서 모세의 지팡이는 무엇을 의미하나요? 그것은 바로 하나님의 능력을 말합니다. 우리의 원수인 아말렉 즉 육신은 우리 혼자만의 힘으로는 물리칠 수 없을 만큼 강합니다. 하나님의 능력을 의지해야 합니다. 여호와 닛시 즉 하나님의 깃발을 높이 들어야 승리할 수 있습니다.

(예화) 콘스탄틴의 승리 : 꿈에 십자가를 들고 싸우라는 계시를 받고 그대로 싸워 306년에 승리하여 로마제국을 통일, 그는 본래 태양신인 미스라를 믿었습니다. 그 당시 로마는 양분되어 있었습니다. 막센티우스는 이태리와 북 아프리카를 지배하고 있었고 콘스탄틴은 영불 스페인을 지배하고 있었습니다. 군대 수는 4만대 12만으로 절대 부족하였습니다. 티버강에서 대치

하고 있었습니다. 그러나 콘스탄틴의 어머니 헬레나는 신자였습니다. 전쟁 전날 오후 서쪽 하늘에 십자가가 하늘에 나타나는 것을 보았습니다. 그 위에 Hoc Signo Vinces(너는 이 깃대를 들고 정복하라)는 글자가 나타남. 그래서 모든 부하에게 십자가를 만들어 오른손에 들게 하고 전진. 적과 만날 때마다 십자가를 내세움. 마침내 대승. 312년 10월 28일, 로마의 통일제국을 이룩하고 기독교를 개종하고 313년 밀란 칙령으로 기독교를 공인함. 지금 하나님은 우리에게 능력의 말씀인 성경을 주셨습니다. 이것을 가지고 싸워야 우리는 승리할 수 있습니다.

다음으로 중요한 것은 모세의 손이 올라가면 승리하고 내려오면 패하였다는 점입니다. 이것은 바로 기도의 힘을 의미합니다.

(예화) 제일차 세계대전 때 윌슨이 기도의 날을 정함. 그날 이후 막강한 독일은 계속 퇴각하였다고 합니다. 1940년 유럽의 위대한 철학자 피터 우스터가 임종할 때 제자들이 그의 철학의 magic key가 어디에 있느냐고 물었을 때 그는 대답하기를 깊은 명상에 심오한 탐구에 있는 것이 아니라 기도에 있다고 고백하였습니다. "기도는 내 마음의 호수를 잔잔케 하였으며, 나를 객관적으로 사고케 하였고 겸손하고 더욱 강하게 만들었습니다."

성경에 보면 모든 위인들은 다 기도의 사람이었던 것을 볼 수 있습니다.

맺는말

이스라엘이 아말렉과 싸울 때 산위에는 모세가 지팡이를 들고 있었고 산 아래에는 여호수아가 칼을 들고 있었습니다. 지금 우리의 싸움에도 예수님께서 산위에서 우리를 위하여 싸우고 계시고 성령께서는 우리 안에서 싸우고 계십니다. 그럼에도 우리가 육신과의 날마다의 싸움에서 실패하는 이유는 무엇인가요? 우리의 손이 내려오기 때문입니다. 기도하기를 쉬는 죄를 범하기 때문입니다. 하나님이 주신 지팡이를 버리기 때문입니다. 여호와 닛시, 하나님만이 우리의 힘이시오 승리의 보장이신데 왜 우리는 내 힘을 의지하고 내 지혜를 의지합니까? 여호와 닛시, 여호와만이 우리의 깃발임을 명심하고 여호와만을 의지하십시오. 그것이 바로 승리의 길입니다.

엠마오로 가는 길

(눅24:13-35)

본문의 내용은 인류의 역사의 축소판이라고 할 수 있습니다. 이 말씀 속에서 우리는 세 가지 종류(형태)의 인간상을 발견합니다.

1. 그리스도 없는 삶의 모습을 보여줌

본문에는 그리스도 없는 삶을 두 가지로 묘사하고 있습니다.

(1) 슬픈 빛을 띠고 머물러

17절에 "두 사람이 슬픈 빛을 띠고 머물러 서더라"고 하였습니다. 그리스도 없는 삶이란 한 마디로 말해서 슬픈 인생입니다. 왜냐하면 인생의 비극은 그리스도를 떠날 때 생기기 때문입니다. 인생의 근본적 문제는 죄, 질병, 죽음, 의미의 문제입니다.

인간의 7대 죄는 대식, 음란, 탐욕, 분노, 나태, 교만, 시기입니다. Thomas Akempis에 의하면 단순한 제의. 강한 상상력, 기쁨, 동의하는 순서로 죄를 짓게 된다고 합니다. 다음으로 질병은 육체와 영혼의 부조화에서 이루어지는데 그것은 따지고 보면 아담이 선악과를 따먹은 후부터 생겨졌습니다. 또 인간이 가장 무서워하는 죽음은 죄의 결과입니다. 의미란 삶의 목적이 분명할 때 오는데 예수를 모르고는 생은 허무주의 밖에 없습니다. 따라서 인생의 사대문제는 길, 생명, 진리 되신 예수님을 통하여 해결되는데 그리스도를 떠나서는 할 수 없습니다. 따라서 그리스도 없는 인생이란 마치 오아시스 없는 사막이요, 불 없는 화로요 물 없는 우물과 같습니다.

(2) 눈이 가려져 그인 줄 알아보지 못함

16절에 "저희의 눈이 가려져 그인 줄 알아보지 못하거늘".

즉 의심의 구름으로 어두워졌다고 하였습니다. 본래 의심이란 마귀가 아담에게 넣어준 독소입니다. 그것 때문에 아담은 실패하였습니다. 그 후에도 사탄은 계속해서 이 의심의 구름을 가지고 하나님과 사람의 관계를 흐리게 하고 사람과 사람의 관계를 흐리게 하고 있습니다. 이 의심이 부부간에 들어가면 그 가정은 깨어지고 맙니다. 친구 사이에 의심이 들어가면 우정이 깨어집니다. 노사 간에도 정부와 국민 사이에도 사회에도 모든 관계를 깨뜨리는 것은 바로 이 의심이란 독소입니다.

2. 그리스도와 함께 한 삶의 모습을 보여준다.

본문에 보면 크게 세 가지로 나타나 있습니다.

(1) 평강의 위로

36절에 보면 "평강이 있을지어다" 하며 위로 해주셨습니다.

17절에서는 제자들의 문제가 무엇인지 먼저 질문하시는 것을 볼 수 있습니다. 즉 예수님은 위로해 주시는 분이시요 평강을 주시는 분이십니다. 지금 이 세상의 근본 문제는 전쟁문제입니다. 작게는 가족 간에 불화, 형제간에 이해관계, 교회 안에서의 교권 싸움, 정당간의 헤게모니 싸움, 남북 간의 이데올로그 싸움, 나라간의 싸움 등등. 그뿐 아니라 마음에도 평안이 없습니다. 왜 그런가요? 마음에 있는 욕심과 죄 때문입니다. 이것을 위해 예수님은 십자가를 지셨습니다. 그리하여 다리를 놓아 주셨습니다. 하나님과 사람, 유대인과 이방인, 남자와 여자, 종파와 종파 간에도. 롬 1;9 "하나님 우리 아버지와 주예 수 그리스도를 좇아 은혜와 평강이 있기를 원하노라." 고로 예수님을 모셔야 남북 간에도 가정에도 마음에도 평안이 있습니다.

(2) 가르쳐 주심

27절에 보면 "모세와 및 모든 선지자의 글로 시작하여 모든 성경에 쓴 바 자기에 관한 것을 자세히 설명하시니라"고 하였습니다. 사람은 모르는 게 너무 많습니다. 가깝게는 눈썹이 몇 개인지, 멀리는 우주 밖에 무엇이 있는지 모릅니다. 내일 무슨 일이 일어날지도 모릅니다. 일평생 배워도 모르는 것투성입니다. 더구나 하나님의 뜻이 무엇인지, 하나님이 기뻐하시는 것이 무엇인지 잘 모릅니다. 그러므로 사람에게는 참된 선생이 필요합니다.

(예화) 알렉산더 대왕 : 나의 부모는 나에게 생명을 주었고 나의 선생은 나에게 인생의 사는 방법을 가르쳐주었습니다. 그런데 선생은 먼저 지식이 있어야 하고 사랑이 있어야 하는데 그것은 바로 예수님밖에 없습니다.

(3) 영의 눈을 밝혀 줌

30-31절에 "떡을 가지사 축사하시고 떼어 주시매 저희 눈이 밝아져 그인 줄 알아보더니." 세상에는 세 가지의 소경이 있습니다. 육체적 소경, 글을 읽지 못하는 문맹, 영적 세계를 보지 못하는 영맹이 있습니다. 어떤 소경이든지 다 불행합니다. 그중에서도 영맹이 가장 불행합니다. 왜냐하면 하나님께서 주신 세상 중에서 하나밖에 못 보기 때문입니다.

3. 그리스도를 위한 삶의 모습을 보여줌

인간은 그 무엇인가를 위하여 살고 있습니다. 좁게는 자신과 가족, 넓게는 국가와 인류를 위해 삽니다. 사실 삶의 보람은 무엇을 위해 사느냐에 있습니다. 시계가 그 자신을 만든 주인을 위해 존재할 때 참 의미가 있듯이 사람도 그 자신을 만드신 하나님을 위해 살 때 보람 있고 가치가 있는 것입니다. 그러면 그리스도를 위한 삶은 어떤 삶인가요?

(1) 뜨거운 증인의 삶입니다

32절에 "길에서 우리에게 말씀을 풀어주실 때에 우리 속에서 마음이 뜨겁지 아니 하더냐"고 하였고, 35절에 "자기에게 알려지신 것을 말하더라"고 하였습니다. 뜨겁다는 말은 사랑, 열정, 성령의 충만, 소명을 뜻하는 말입니다. 세상에서 제일 불행한 사람은 할 일이 없는 사람입니다.

(예화) 실업자의 경험(대학 졸업 후 어느 처장의 간증) 나는 은퇴 후를 걱정하지 않습니다. 왜냐하면 나는 전도하는 일로 너무 바쁘기 때문입니다.

세상에는 어떤 직업이든지 다 정년이 있습니다. 그러나 그리스도를 위하여 사는 사람은 정년이 없습니다. 왜냐하면 죽는 날까지 그의 증인으로 살기 때문입니다. '증인'이란 말은 '말투스' 즉 순교자란 말이 있습니다. 누가 과연 증인이 될 수 있나요? 행 1:8절에 "오직 성령이 너희에게 임하시면 너희가 권능을 받고" 그 후에야 증인이 된다고 하였습니다. 그러므로 성령 충만한 생활을 해야 합니다.

(2) 빛을 내는 삶

이 세상은 비 오는 어두운 밤과 같아서 수렁에 빠지기 쉽고 넘어지기 쉽습니다.

(예화) John Henrt Jowett : 저기 불이 깜박거리는 곳이 정거장이요, 그곳까지 갈 때 이 등불을 들고 가시오(어느 농부). 사실 인생은 여행자와 같습니다. 더구나 어두운 세상이기에 빛이 꼭 필요합니다.

(예화) 영국에 Eddytone란 등대가 있습니다. 거기에 이렇게 기록이

되어 있습니다. To give light is to save life.

'빛'이란 창 1:3절에 보면 "빛이 있으라 하시니 빛이 있었다"고 하였습니다. 왜 빛을 제일 먼저 창조하셨을까요? 그것은 빛이 생명의 근원이요 에너지의 근원이기 때문입니다. 이 빛은 계시의 뜻으로, 또 하나님의 성품의 상징으로 사용되고 있음을 봅니다. 따라서 빛의 삶이란 하나님과 참을 보여주는 삶을 말하며, 사랑과 선을 보여주는 삶을 말합니다. 그래서 예수님은 마 5:14절에서 "너희는 세상의 빛이라 산위에 있는 동리가 숨기우지 못할 것이요"라고 하시면서 16절에서 "이같이 너희 빛을 사람 앞에 비취게 하여 저희로 너희 착한 행실을 보고 하늘에 계신 너희 아버지께 영광을 돌리게 하라"고 하였습니다. 인생의 목적은 하나님께 영광을 돌리는 삶입니다. 그것은 바로 빛의 삶이라고 하였습니다.

맺는말

역사는 인생이 모습을 보여주는 하나의 모형도입니다. 우리는 그것을 엠마오로 가는 길에서 볼 수 있습니다.

① 그리스도를 떠난 삶의 비참한 모습입니다.

② 그리스도와 함께한 행복한 모습입니다.

③ 그리스도를 위한 삶의 아름답고 보람 있는 모습입니다.

이제 우리 모두가 그리스도를 위한 삶이 되기를 바랍니다.

엘리야의 승리

(왕상18:30-40)

엘리야는 선지자였습니다. 이스라엘의 역사를 보면 이스라엘이 죄와 우상숭배에 빠졌을 때마다 하나님은 선지자들을 보내어 그들을 참된 신앙으로 돌아오도록 초청하였습니다. 선지자란 말은 예언자라고도 말하지만 '앞에서 말하는 사람'이란 뜻이 있습니다. 즉 대언자란 말입니다. 그런데 엘리야는 선지자로서 하나님의 심판을 알리고 백성들의 죄를 폭로한 그런 사람이었습니다. 왕상 18장에서 우리는 세 가지를 발견합니다.

1. 엘리야와 오바댜의 두 사람을 대조

본문 18:1-16절을 보면 엘리야와 오바댜의 두 사람을 대조하고 있습니다. 이것은 참 승리자와 거짓 승리자를 비교해 줍니다. 오바댜는 '야웨의 종, 혹은 예배자'란 뜻입니다. 그는 타협적인 그리스도인을 대표합니다. 그리고 그의 생애는 엘리야의 생애와는 직접적인 대조를 갖습니다. 엘리야(야웨는 나의 하나님, 혹은 나의 아버지란 뜻)는 하나님을 공개적으로 섬겼을 뿐 아니라 사람을 두려워하지 않는 사람이었으나 오바댜는 반대로 아합을 섬긴 사람(궁내대신)이었다고 했다(7-8절). 3절을 보면 오바댜는 "여호와를 경외하는 자"라고 했습니다. 즉 하나님을 은밀히 섬겼다고 했습니다. 엘리야는 영문 밖에 있었으나(히13:13) 오바다는 궁정

안에 있었습니다. 엘리야는 하나님의 뜻을 알았으나 오바다는 어떤 일이 일어날지 전혀 알지 못하였습니다. 엘리야는 그 나라를 구하기 위해서 애쓰고 있었으나 오바다는 말들과 노새를 구하기 위하여 풀을 찾고 있었습니다. 이렇게 두 사람은 서로 대조가 되는 사람이었습니다. 그런데 문제는 오늘 날도 오바다와 같은 길을 걷는 신자들이 너무 많다는 점입니다. 그러나 분명한 것은 이런 사람들은 외적으로는 승리하고 성공하는 것 같으면서도 마침내는 실패하고 만다는 점입니다. 그러므로 승리하려면 오바다와 같은 거짓 승리하지 말고 엘리야와 같이 참된 승리자가 되어야 합니다. 우리가 승리하지 못하는 가장 큰 이유는 승리가 무엇인지를 모르고 거짓된 승리에 현혹되고 있기 때문입니다.

2. 하나님의 종과 바알의 종의 차이점

엘리야와 바알(17-29), 하나님의 종과 바알의 종의 차이점.

엘리야 선지자는 절대권을 가지고 있는 아합 왕을 만나는 것을 두려워하지 않았으며 왕에게 진실을 알리는 것을 두려워하지 않았습니다. 사악한 사람들은 언제나 세상에 생기는 문제들을 남의 탓으로 돌립니다. 절대로 자신의 죄 "여호와의 명령을 버렸고 바알들을 좇았음이라" 라고 생각지 않습니다. 아합 왕이 그러했습니다. 17절에 "이스라엘을 괴롭게 하는 자여"라고 한 것을 보면 아합은 엘리야가 괜히 기근을 오게 해서 괴롭게 한다고 생각한 것 같습니다. 그러나 사실은 아합 왕이 우상인 바알신들을 섬겼기 때문이었습니다. 엘리야 선지자는 더 이상 이스라엘이 두 사이에서 머뭇거리는 것을 좌시할 수 없었습니다. 그래서 그는 하나의 모험을 한 것입니다. 하나님께서 참으로 살아 계시다면 불로 응답해 주실 것을 요구한 것입니다. 물론 엘리야는 과거에 하나님께서 '불로 응답하신 일'이 있는 것을 잘 알고 있었지만(레9:24; 대상21:26)

그러나 그것은 보통 신앙으로는 감히 할 수 없는 굉장한 모험이었습니다. 하나님은 엘리야의 신앙에 응답하신 것입니다. 반대로 바알 선지자들은 저녁때까지 몸부림치며 온갖 방법을 다 썼지만 성공을 거두지 못한 것입니다. 당시 우상으로는 바알신이 있었는데 중요한 것은 이들은 바알신전에서 창녀들과 음행을 행함으로 바알신을 흥분하게해서 바알신이 성행위를 하게 될 때 비가 오고 이때 풍년이 든다는 허망한 생각을 가지고 있었습니다. 말하자면 인간의 음란을 종교라는 이름으로 감추고 미화시키고 있었던 것입니다. 지금도 이런 것은 얼마든지 볼 수 있습니다. 통일교가 바로 그런 종교입니다. 아니 심지어 기독교란 이름을 이용해서 돈을 벌고 기독교란 이름을 악용해서 출세하고 이렇게 기독교를 우상숭배자들처럼 만들고 있는 사람들이 있습니다. 우상숭배자와 참 신앙인과의 차이점은 우상숭배자는 항상 자기가 중심이 되고 신이나 그 밖의 다른 것은 이용거리에 불과하지만 참 신앙인에게는 하나님이 중심이 되고 나는 변두리에 서서 그것을 위해서 존재한다는 목적과 수단이 서로 다릅니다. 그러므로 우리는 내 목적을 위해서 하나님을 믿는 기복신앙을 버리고 그것이 당연하고 그것이 옳고 그것이 우리의 의무이기 때문에 믿는 사람이 되어야 합니다.

3. 엘리야의 승리의 비결은?

(1) 하나님을 전적으로 의지했다는 점입니다.

좀 더 구체적으로 말하면 엘리야는 전지전능하신 하나님의 능력을 믿었습니다. 또 하나님의 약속을 믿었습니다. 그뿐 아니라 이 전능하신 하나님께서 그를 도와주실 것을 믿었습니다. 그래서 그는 승리하였습니다. 16절에 보면 믿음을 방패에 비유하고 있습니다. 사탄과 싸우는데 있어서 믿음 없이는 승리할 수 없다는 말입니다. 바로 이 믿음의 방패를 다 소유하기를 축원합니다.

(2) 기도의 사람이었습니다.

18:36절에 보면 엘리야는 하나님께 나가서 기도한 것을 볼 수 있습니다. 36절에 보면 "아브라함과 이삭과 이스라엘의 하나님 여호와여 이스라엘 중에서 하나님이 되심과 내가 주의 종이 됨과 내가 주의 말씀대로 이 모든 일을 행하는 것을 오늘날 알게 하옵소서"라고 기도하고 있습니다. 이 기도야말로 사탄과 불의와 죄악을 이기는 무기입니다. 그런데 우리는 이 무기를 사용하지 않고 그냥 썩혀 둘 때가 너무 많습니다. 기도는 하나님과 가까이 하는 비결입니다. 기도는 전능하신 하나님의 능력을 공급받는 파이프입니다. 기도는 하나님의 은혜와 도우심을 받는 비결입니다. 이렇게 엘리야가 승리한 것은 하나님의 보좌를 움직이는 기도 때문이었습니다. 그러므로 승리하기를 원하는 사람들은 기도해야 합니다.

맺는말

사람들은 다 승리하기를 원하지만 그 비결을 모릅니다. 그런데 엘리야는 승리의 두 가지 방법을 보여줍니다. 하나는 신앙이요 다른 하나는 기도입니다. 사실 이 둘은 새의 두 날개와 같습니다. 파란 창공을 훨훨 날수 있게 해 줍니다. 그러므로 승리의 하늘로 훨훨 날기를 원하는 사람들은 하나님의 권능을 믿으시기 바랍니다. 기도의 능력을 믿고 쉬지 말고 기도하셔서 성공의 열매를 주렁주렁 따기를 주님의 이름으로 축원합니다.

에녹의 신앙

(창5:18-24)

오늘은 우리가 잘 아는 대로 오순절입니다. 먼저 2000여 년 전에 임하였던 성령의 충만이 이 시간 여러분 모두에게 임하기를 축원합니다. 그래서 자신을 이기고 세상을 이기고 사탄을 이기고 승리하는 여러분들이 되시기를 축원합니다. 그러려면 우리는 에녹 같은 인물이 되어야 합니다. 구약의 많은 인물 가운데서 어느 누구보다도 에녹은 하나님과의 관계를 바로 가진 인물 가운데 하나입니다.

본래 에녹이란 말은 '창시자'란 뜻으로 그는 다른 족장과 다른 몇 가지 점이 있었습니다. 그는 아담의 7대손으로 비교적 짧은 일생을 살았으나 일 년의 날 수와 같은 365년을 살았습니다. 그는 노아처럼 하나님과 동행하며 살았고 엘리야처럼 죽지 않고 승천한 사람입니다. 그는 하나님을 중심 삼고 산 경건의 표상이라고 할 수 있습니다. 그래서 이 시간에는 에녹의 신앙이라는 제목으로 함께 은혜를 나누려고 합니다. 성경에는 에녹이 하나님과 가진 관계를 6가지로 언급하고 있습니다.

1. 하나님과 동행

창 5:22절에 보면 "하나님과 동행하며"라고 했는데 이것은 하나님과 올바른 관계를 가졌다는 말입니다. 우리가 성령의 충만을 받고 승리자가 되려면 하나님과 올바른 관계를 가져야 합니다. 그러면 누가 과연 하나님과 올바른 관계를 가질 수 있을까요? 롬 1:17절에 그 해답이 나옵니다. "오직 의인은 믿음으로 말미암아 살리라" 믿음으로 말미암아 의롭게 되고 그때에 하나님과의 관계가 바로 회복됩니다. 창 15:6절에 "아브라함이 여호와를 믿으매 여호와께서 이를 그의 의로 여기시고"

2. 하나님을 기쁘시게 하는 자

히 11:5절에 "하나님을 기쁘시게 하는 자라"고 분명하게 언급하고 있습니다. 누가 하나님을 기쁘시게 하나요? 6절에 그 해답이 나옵니다. "믿음이 없이는 기쁘시게 못하나니 하나님께 나아가는 자는 반드시 그가 계신 것과 또한 그가 자기를 찾는 자들에게 상주시는 이심을 믿어야 할지니라." 인생의 목적은 하나님을 영화롭게 하는 것이라고 하였습니다. 그것은 바로 하나님을 기쁘게 해드리는 것입니다. 그러면 어떻게 하나님을 기쁘게 해드릴 수 있나요? 첫째는 믿음이고 둘째는 하나님을 사랑하는 것이고 셋째는 하나님의 계명을 지키는 것입니다.

3. 믿음으로 에녹은 죽음을 보지 않고

히11:5절에 "믿음으로 에녹은 죽음을 보지 않고" 즉 에녹은 믿음을 가진 자입니다. 어떤 믿음인가요? 히 11:6절에는 믿음의 본질이 잘 나타나 있습니다. 영어 성경에 보면 믿는다는 말 다음에 'in'이란 전치사와 'that'이란 접속사가 나옵니다. 이것은 믿음의 대상이 한 인격에 대한 것과 교리에 대한 것임을 분명히 밝혀주고 있습니다. 여기서 믿음이란 '내어맡기는 것'을 의미하고 '꼭 붙드는 것'을 의미합니다. 이것이 바로 히 11:38절에서 "이런 사람은 세상이 감당치 못하도다"고 한 바로 그 신앙입니다. 세상을 이기기를 원하십니까? 믿음을 가지십시오. 성령받기를 원하십니까? 믿으시기 바랍니다. 지금 믿으시는 모든 분들에게 성령 충만을 축원합니다.

4. 하나님과 깊은 교제를 가짐

창 5:22절에 보면 하나님과 동행한 사람이라고 하였습니다. 여기서 동행하였다는 말은 ① 하나님과 깊은 교제를 가졌다는 말이요 ② 모든 것을 하나님의 편에서 행하였다는 말이요 ③ 하나님을 위하여 살았다는 말이요 ④ 하나님의 품성을 나타내었다는 뜻입니다.

5. 증거하는 생활을 함

유다 14절에 "아담의 7세손 에녹이 사람들에 대하여도 예언하여 이르되 "이것은 증거하는 생활을 했다는 말입니다. 우리는 매일 증인이 되어야 합니다. 그것이 바로 나 자신의 신앙을 확인하는 것이요 하나님의 영광을 나타내는 생활입니다. 반대로 증인생활을 하지 않는다는 것은 마치 병자와도 같은 것입니다.

6. 에녹은 죽음을 보지 않고 옮기웠음

히 11:5절에 "에녹은 죽음을 보지 않고 옮기웠으니." 끝으로 에녹은 죽음을 맛보지 않고 승천했다고 하였습니다. 왜 하나님은 에녹에게 죽음을 맛보지 않고 승천하게 하셨을까요? 세 가지 이유가 있었습니다. ① 에녹의 뛰어남을 보여주시기 위해서 : 에녹은 도덕적으로 당대에 뛰어난 사람이었습니다. ② 불신앙 세계를 부끄럽게 하려고. 안 믿는 사람들은 이 세상이 전부입니다. 그래서 하나님은 저들을 부끄럽게 하려고 에녹을 승천케 하셨던 것입니다. ③ 내세가 있다는 것을 증명하기 위해서.

최근에는 소위 신자들도 천국의 존재를 의심하고 있습니다. 이 얼마나 불행한 일인가요? 여러분, 믿으세요. 천국을 믿으세요. 하나님의 말씀을 어린아이처럼 액면 그대로 믿으세요. 그러면 하나님께서 에녹에게 주신 그 축복을 주실 줄로 믿습니다.

언제나 예수님과 함께

(살전5:1-11)

먼 여행을 하는 사람에게 있어서는 '어디로' 가느냐도 중요하지만 '누구와 함께' 여행을 하느냐가 더 중요합니다. 마음에 맞지 않는 사람과 함께 여행을 하면 불편하고 괴롭기 때문입니다. 그래서 길가는 나그네인 우리에게는 좋은 친구가 필요합니다. 영국 격언에 '유쾌한 길벗은 마차처럼 좋다'는 말도 있고 '친구 없는 생애는 태양 없는 생애다'라는 말도 있습니다. 이처럼 친구는 중요한 것입니다. 이솝의 우화에 이런 얘기가 있습니다. '나그네와 곰'의 이야기입니다. 친구 두 사람이 같이 먼길을 가게 되었습니다. 험한 산길을 걸어가야 하는 여행이므로 두 사람은 서로 같이 가게 된 것을 다행으로 생각했습니다. 둘은 위급한 일이 생기면 서로 도와줄 수 있으니 다행이라고 생각하면서 위급할 때는 서로 돕자고 하였습니다. 바로 이때 큰 곰이 나타났습니다. 두 사람은 놀라 어쩔 줄 모르다가 그 중에 한 사람이 혼자 재빨리 나무 위로 올라갔습니다. 놀라 쓰러진 사람은 죽은 줄 알고 곰은 나무에 올라간 사람 앞으로 왔습니다. 곰이 바로 앞까지 다가왔으므로 그 자리에 푹 쓰러져 버렸습니다. 곰은 죽은 사람은 건드리지 않는 법이므로 나그네의 얼굴에 코를 대고 냄새를 맡다가 죽은 줄 알고 그냥 가 버렸습니다. 나무위에서 이 광경을 본 사람이 내려와서 엎드려 있는 친구를 일으키며 물었습니다. '참 이상한 일도 다 있네. 곰이 자네에게 뭐라고 이야기를 하는 것 같았는데 대체 뭐라고 하던가?' '응, 곰이 내게 하는 말을 자네는 못 들었는가? 위급할 때 혼자 도망가는 친구하고는 함께 다니지 말라고 하더군.' 이 말을 듣고 나무에 혼자 먼저 올라갔던 친구는 부끄러워 얼굴을 붉혔다고 합니다. 그러면 본문의 말씀의 뜻을 살펴봅시다. 조금 전에 봉독한 말씀은 우리 그리스도인이 임박한 그리스도의 재림의 빛 가운데 어떻게 살아야 할 것인가를 교훈하신 말씀입니다. 한마디로 경계하면서 살아라, 다른 말로 말하면 언제나 주님을 기다리면서 주님과 함께 살라는 말씀입니다. 길가는 나그네인 우리에게 있어서 주님과 함께 언제나 걸어간다는 것은 대단히 중요합니다. 본문에서는 4가지의 측면에서 말씀하고 있습니다.

1. 빛 가운데서 살아야 한다고 했습니다.

세상의 관점에서 볼 때에 예수님의 재림은 갑작스럽고 전혀 기대하지 않은 때에 마치 한 밤중의 도적같이 임하게 됩니다. 그러나 우리 믿는 신자들에게는 징조가 있다고 하였습니다. 마 24장에 보면

① 민족이 민족을, 나라가 나라를 대적하여 일어나겠다고 했음(군사적 정치적 위기)

② 처처에 기근과 지진이 있으리라고 했음(천재지변),

③ 불법이 성하므로 많은 사람의 사랑이 식어지리라(도덕적 부패),

④ 많은 사람이 내 이름으로 와서 이르되 나는 그리스도라 하여 많은 사람을 미혹케 하리라. 거짓 그리스도가 많이 일어나겠다는 말입니다. 그런데 이런 징조가 실제로 지금 나타나고 있습니다.

그러나 불신자들은 어두움 가운데 있기 때문에 이런 징조가 보이질 않는다. 이들은 어두움을 더욱 사랑하면서 어두움에 의해 지배를 받으

며 어두움을 향해 나아갑니다. 그러나 신자들은 그렇지 않습니다. 빛과 연합되어 있습니다. 왜냐하면 하나님은 빛이시고 우리는 세상에 오신 빛이 되신 예수님 안에서 살기 때문입니다. 한때 우리도 어두움에 속하였으나 지금은 빛의 자녀입니다. 따라서 우리 신자들은 낮에 속하였기 때문에 빛 가운데서 살아야 하고 다시 오실 주님을 대비하여 살아야 합니다. 그러면 빛 가운데 산다는 말은 무엇인가요? ① 윤리적 생활을 말하며 ② 영적으로 주님 안에서 사는 것을 말합니다.

2. 자지 말라고 하심

여기서 잔다는 말은 밤에 육신의 잠을 도무지 자지 말라는 말이 아닙니다. 하기는 데살로니가 교회 교인들은 이 말을 문자적으로 생각하여 걱정을 했습니다. 그래서 바울은 살전 2장에서 자지 말라는 말은 영적으로 자지 말라는 뜻임을 밝혀주고 있습니다. 다시 말하면 어두움 속에서 살지 말라는 뜻입니다. 사탄은 사람들을 어두움 속에 놓아두기를 좋아합니다. 유다는 어두움 속에 있었고(요13:27~30) 아나니아와 삽비라도 어두움 가운데 있었습니다. 빛 되신 그리스도와 그의 말씀인 성경을 거절하는 사람은 다 어두움 속에 있는 사람들입니다.

(예) 러시아에서 가장 경계하는 것은 달러도 아니고 금도 아니고 성경과 테이프라고 합니다. 왜냐하면 공산주의의 거짓을 폭로해주기 때문이랍니다.

3. 재림의 주님을 기다리면서 살라고 하심

구원받지 못한 세상 사람들은 거짓된 안정에서 살고 있습니다.

(예) 얼마 전 그 비밀이 낱낱이 폭로되었지만 1922년 4월 14일 밤에 타이타닉호는 빙산에 부딪혀 침몰되고 말았습니다. 그때 사람들은 이 배는 너무 크기 때문에 절대로 가라앉지 않을 것이라고

믿고 있었습니다. 해안 경비대가 무전으로 빙산을 주의시키는 전보를 몇 차례 보냈으나 무선사는 이 경고를 무시하면서 나중에는 "나는 바빠요. 괜히 나를 괴롭히지 말아요." 하면서 전신을 보냈다고 합니다. 그러나 그로부터 한 시간이 못 되어 그 배는 가라앉고 말았습니다. 지금 세상에는 타이타닉호 같은 거짓된 것들이 많습니다. 자신의 건강, 돈, 직위, 인기 그러나 이런 것들을 의지하면서 나는 안전하다, 나는 안전하다하는 사람은 타이타닉호에 타고서 이 배는 절대로 가라앉지 않는다고 생각하는 것과 똑같습니다.

본문에 보면 바울은 그리스도의 오심을 두 가지로 묘사하고 있습니다. 첫째는 도둑의 예를 들고 있습니다. 그러므로 밤에 경비원들이 혹시 도둑이 오지 않나 하고 지키듯이 경계하는 마음으로 있으라고 하였습니다. 둘째는 해산하는 여인을 예로 들었습니다. 요즘에는 예정일이라는 것을 의사가 다 알고 있고 또 산부도 알고 있지만 그것은 최근의 일입니다. 해산의 특징은 갑자기 온다는 것과 그때에는 해산의 진통이 있다는 점입니다. 마찬가지로 주님이 재림하실 때에는 갑자기 오실 뿐 아니라 또 그 때에는 해산하는 여인같이 진통이 있을 것이라고 하였습니다. 즉 예수님이 재림하실 때에는 성도들이 환난을 당하고 고난을 당한다는 말입니다.

4. 오직 깨어 근신 할지니라고 하였다

여기서 근신한다는 말은 술 취하지 말라는 말과 동의어입니다. 즉 주의하면서 경계하라는 말입니다. 세상은 험하고 어둡기 때문에 주의를 하지 않으면 다 실족하게 되기 때문입니다. 그러면 구체적으로 깨어 근신하는 생활은 어떤 것인가요? 8절에 구체적으로 기록되어 있습니다.

① 믿음의 생활을 말합니다.
② 사랑의 생활을 말합니다.
③ 구원의 소망의 투구를 쓰고 사는 것을 말합니다.

지금 되어 가는 여러 가지의 징조를 볼 때에 분명히 주님의 재림의 시기가 가까이 온 것을 우리는 부인할 수가 없습니다. 그렇다면 믿음에 굳게 서야 합니다. 여기서 믿음이란 첫째로 주님을 꼭 붙들고 사는 것을 말합니다. 주님께 모든 문제들을 내어맡기고 사는 것을 말합니다. 둘째로 사랑의 생활이란 경천애인의 생활을 말합니다. 위로는 하나님을 공경하고 옆으로는 이웃을 내 몸같이 사랑하는 생활을 말합니다. 끝으로 무엇보다 중요한 것은 다시 오실 주님을 기다리면서 사는 것을 말합니다. 초대 교회 성도들은 만날 때마다 '마라나타'라고 인사했습니다. 발음을 말이나 타하면 안 됩니다. 주님이 다시 오신다는 히브리어입니다.

이제 설교를 마치려고 합니다. 주님의 재림의 시기는 닥쳐왔습니다. 그것은 성경을 보나 또 되어 가는 징조를 보나 분명합니다. 그러므로 언제나 주님과 함께, 주님 안에서 삶으로 주님 재림하실 때 갑자기 놀라거나 두려워하는 일 없이 깨어 근신하는 여러분이 다 되기를 축원합니다.

야곱의 발전 단계

(사44:1-5)

성경의 인물 가운데 야곱만큼 변화가 많은 사람도 없습니다.

1. 브엘세바에서 사기꾼으로서의 삶

야곱의 첫 번째 시기는 브엘세바에서 사기꾼으로서의 삶이었습니다.

창 25장과 27장 사이에 기록된 이 시기는 크게 두 가지의 사기사건으로 얼룩진 시기였습니다. 잘 아는 대로 에서가 형이기 때문에 법적으로 그에게 장자권이 있습니다. 장자권을 갖자면 두 가지 권한을 갖습니다. 하나는 부모의 유산을 상속받는다. 둘째는 그 가정에서 제사장으로서의 축복권을 가진다. 말하자면 장자는 물적 영적 축복을 받는 귀중한 자리입니다. 야곱은 그 귀중성을 알았기 때문에 그는 그것을 탐냈습니다. 사람이 축복을 사모하고 욕심을 내는 것은 나쁜 것이 아닙니다. 그러나 문제는 그 방법에 있습니다. 야곱은 그것을 순리대로 즉 하나님께서 주실 때까지 기다리지 않고 억지로 그것을 얻으려고 한 것입니다. 형이 가장 약할 때, 즉 배가 고픈 때를 이용하여 팥죽 한 그릇과 바꾸었던 것입니다. 에서의 문제점은 장자의 축복이 얼마나 귀중한 것을 몰랐다는 데 있습니다. 이런 일은 종종 우리에게 있습니다. 이미 하나님에게서 받은 것을 귀한 줄도 모르고 없는 것만 자꾸 가지려고 하고 바라는 경우가 그것입니다. 야곱은 "큰 자는 어린 자를 섬기리라"(25:23)는 예언을 하나님께서 이루어주실 때까지 기다렸어야 했습니다. 신앙이란 기다리는 것입니다. 그러나 심지어 신앙의 아버지인 아브라함도 주실 아들을 기다리지 못하고 엘리에셀을 양자로 삼으려고 했다가 거절되자 첩인 하갈을 통하여 이스마엘을 얻어 제멋대로 적자로 삼으려고 함으로써 하나님의 축복을 지연시킨 것처럼 야곱도 그러했습니다.

두 번째는 형의 축복을 도적질한 일입니다. 이삭이 관례에 따라 죽기 전에 마지막으로 자식에게 축복해 줄 때에 리브가와 야곱은 형인에서를 위장하여 아버지의 축복을 도적질한 것입니다. 교활 뒤에는 언제나 속임수가 따르는 법입니다. 야곱은 에서에게서 훔친 장자권을 아버지의 축복을 통하여 보증받기를 원했습니다. 사실 이삭과 리브가는 하나님의 뜻을 잘 알고 있었습니다. 그러나 이삭은 에서를 좋아했기 때문에 그것을 에서에게 물려주고 싶었습니다. 이렇게 하나님의 뜻보다 인간의 정에 끌렸을 때에 결과는 심각했던 것입니다. 그 결과 이삭은 아들에게 속임을 당하는 괴로움을 맛보았고 리브가는 야곱을 멀리 보내야 하는 불행을 맛보아야 했던 것입니다.

2. 밧단아람에서 종으로서의 삶

야곱의 두 번째 시기는 밧단아람에서 종으로서의 삶입니다.

형을 속인 야곱은 헤브론을 떠나 450마일 떨어진 하란으로 가서 외삼촌댁에서 종으로서 20년간을 보냈습니다. 이 시기에 그는 두 가지 경험을 합니다. 하나는 벧엘에서의 영적 경험입니다. 이것이 바로 중생의 체험이라고 할 수 있습니다. 그는 외삼촌댁으로 가는 도중 사람 없는 한적한 곳에 와서 돌을 베개로 삼고 자고 있을 때에 그는 꿈속에서 하늘과 땅이 연결되는 것을 보았고 하나님의 음성을 들었던 것입니다. 즉 하나님은 어디서나 계시다는 것을 발견한 것입니다. 특별히 "내가 너와 함께 있어 네가 어디로 가든지 너를 지키며 너를 이끌어 이 땅으로 돌아오게 할지라. 내가 네게 허락한 것을 다 이루기까지 너를 떠나지 아니하리라"는 음성은 야곱에게 있어서 하나의 중대한 체험이었습니다. 이때 야곱은 하나님 앞에서 서원을 하였습니다. 하나님의 전을 짓고 하나님만을 섬기겠다는 것과 십일조를 하겠다고 하였습니다.

그 후 야곱은 밧단아람에 머물면서 레아와 라헬을 위하여 14년 동안 외삼촌댁에서 종노릇 합니다. 당시의 관습은 장가를 갈 때는 반드시 여자의 부모에게 아내를 데려올 때 그 집에 있게 될 노동의 손실을 보상하기 위해 결혼선물을 주든가 아니면 노동으로 갚아야 하는 관습이 있었습니다. 야곱은 불행하게도 가진 것이 없었기 때문에 그는 14년간이나 종노릇을 한 것입니다. 본래 야곱은 라헬을 사랑하여 일했으나 라반은 동생을 먼저 출가시킬 수 없다고 하여 결국 14년을 종노릇하게 한 것입니다. 그러나 야곱의 종노릇은 여기서 끝나지 않았습니다. 그는 6년을 더 품팔이로 외삼촌댁에서 종노릇했습니다. 이때 야곱의 사기성이 또 나타나 외삼촌의 양들을 많이 훔쳤습니다. 결국 라반은 겉으로 얻고 속으로 잃은 것입니다.

3. 헤브론에서의 성자로서의 삶

야곱의 세 번째 시기는 헤브론에서의 성자로서의 삶입니다.

이것은 창 31-35장에 기록되어 있습니다. 이 시기에 두 가지 중요한 사건이 일어났습니다. 첫째는 야곱이 고향으로 돌아오는 길에 얍복강에서 가진 결사적 기도입니다. 얍복강은 갈릴리 바다와 사해바다 중간에 위치해 있습니다. 야곱은 여기에 남아서 천사와 밤새도록 씨름을 하였습니다. 천사가 환도 뼈를 쳤으나 "당신이 내게 축복하지 아니하면 가게 하지 아니 하겠나이다"(33:26)하면서 버티었습니다. 이때 천사는 야곱의 이름을 이스라엘이란 새 이름으로 바꾸어준 것입니다. 이것이 야곱의 두 번째 체험입니다. 지금까지 사기꾼으로 지내오던 야곱이 하나님의 왕자란 뜻을 가진 이스라엘로 변한 것입니다. 이것은 단순한 이름의 변화가 아니라 인격과 성품의 변화를 의미합니다. 벧엘에서 회개하여 중생의 역사가 나타났다면 브니엘에서는 성화의 역사가 나타난 것입니다. 이때부터 야곱은 하나님의 명령에 절대복종하는 완전한 하나님의 사람이 된 것입니다.

그러나 야곱의 연단은 끝난 것이 아니었습니다. 그가 헤브론에 돌아오던 해에 사랑하는 요셉이 애굽에 팔려갔고 그래서 그에게는 또 다른 연단이 계속된 것입니다. 여기서 우리는 인생이란 죽는 날까지 연단이 계속된다는 사실을 발견하게 됩니다.

4. 야곱의 자손들에게 한 예언

야곱의 마지막 시기는 애굽에서의 선견자 혹은 선지자로서의 삶입니다. 그는 자녀들이 후일에 당할 일을 예언하여 주었습니다. 그는 이사야나 예레미야나 호세아 같은 그런 예언자는 아닙니다. 그러나 하나님께서 야곱을 통하여 우리에게 보여주신 것은 인생에게는 누구에게나 두 가지의 상반된 성품과 모습이 있으나 그것이 중생과 성화를 통하여 새로운 삶으로 변화될 수 있다는 진리를 구체적으로 보여줍니다.

야곱의 네 번에 걸친 발전단계는 기독교에 있어서 하나의 표본이며 우리 모두가 따라야 할 단계입니다. 지금 나와 당신은 신앙에 있어서 어느 단계인가? 아직도 속고 속이는 갈등과 괴로움 속에 있지는 않은가? 이 해가 지나가기 전에 우리는 야곱의 돌단을 쌓고 하나님께서 오르락내리락 하는 환상과 음성을 듣는 그런 중생의 체험을 하지 않으면 안 됩니다. 회개의 역사 없이 이런 중생은 일어나지 않습니다. 죄를 토해 내고 세상으로 향하던 우리의 방향을 하나님에게로 전환하지 않는 한 내년에도 나와 당신의 방황은 계속될 것입니다. 이제 결단합시다. 더 이상 머뭇거려서는 안 됩니다. 시간은 기다리지 않고 흘러가기 때문입니다. 그래서 이 시간을 통하여 우리에게 야곱에게 일어난 네 가지의 변화의 단계가 일어나 내년에는 후회 없는 기쁨의 한 해가 되기를 주님의 이름으로 축원합니다.

앞이 꽉 막힐 때

(요14:1-6)

1. 절망적 상황에서의 태도

앞이 꽉 막힐 때 사람들은 흔히 다음의 두 가지의 태도를 취합니다.

(1) 자기중심적인 사람

먼저 미련한 사람은 곰처럼 밀고만 가려고 하다가 나중에는 포기합니다. 즉 세상을 자기에게 적응시키려고 하는 사람을 말합니다.

(2) 환경에 자기를 적응시키는 사람

지혜로운 사람은 무엇이 막혔는지 원인과 이유를 발견하여 그것을 시정합니다. 즉 세상을 자기에게 적응시키려고 하지 않고 자신을 세상에 적응시키려고 합니다. 참으로 우리가 세상을 이기고 승리하려면 두 번째의 태도를 가져야 합니다.

2. 앞이 꽉 막힐 때 해서는 안 될 것 세 가지

(1) 절대 낙심하거나 근심해서는 안 됨

본문에 "너희는 마음에 근심하지 말라"고 한 것은 낙심과 근심을 하면 될 것도 안 되기 때문입니다.

(2) 남의 탓으로 돌리지 말 것

자기처지를 남의 탓으로 돌리면 안 됩니다. 핑계는 아담 때부터 사용되어온 타락한 인간의 전매특허입니다. 그러나 핑계는 아무것도 해결하지 못합니다. 선악과를 따먹은 후에 아담은 자기 아내에게 핑계를 대었고 하와는 뱀에게 핑계를 대었지만 그것은 아무것도 해결을 못했습니다.

(3) 급하게 해결하려고 하지 말 것

시간이 약입니다, 시간이 모든 문제를 해결한다는 말이 있습니다. 사실 대부분의 경우 우리의 문제는 시간이 지나면 저절로 해결될 때가 많습니다. 그런데 우리는 서두르다가 그만 긁어 부스럼을 만듭니다. 그러나 따지고 보면 이 세상에 급할 것은 하나도 없습니다.

3. 문제 해결 방법의 선후를 가림

앞이 꽉 막힐 때 먼저 근본적으로 해야 할 것과 나중에 할 것이 있습니다. 그러면 먼저 해야 할 것은 무엇인가를 택해야 합니다.

(1) 고난의 발생 원인을 우선 분석

먼저 왜 앞이 꽉 막히게 되었는지 왜 이런 고난이 왔는지, 왜 이지경이 되었는지, 어디서 길을 잃었는지 그 이유를 찾아내는 것입니다.

하나님은 우리에게 다른 동물과는 달리 생각하는 이성을 주셨습니다. 이것을 활용하는 것입니다. 이때 중요한 것은 주관적으로 생각하지 말고 객관적으로 생각하는 것입니다. 나는 객관적인 관찰을 위해 다른 사람과 대화를 합니다. 이것을 우리는 상담이라고 합니다. 그러면 좋은 해결방법이 나옵니다. 사람은 자기 문제는 해결 못해도 남의 문제는 잘 해결하는 데 이것은 자기 문제는 객관적 사고를 할 수 없기 때문입니다.

(2) 믿음으로 기도하는 태도

더 좋은 것은 믿음을 가지고 기도하는 것입니다.

"너희는 마음에 근심하지 말라, 하나님을 믿으니 또 나를 믿어라". 먼저 믿고 다음은 시 50:15절에 "환난 날에 나를 부르라, 내가 너를 건지리니" 하신 말씀을 믿고 간절히 기도하면 건저 주시겠다고 약속했습니다. 그러므로 우리는 믿음을 가지고 기도해야 합니다. 조용히 묵상기도를 드리십시오. 그러면 왜 길이 막혔는가를 발견하게 됩니다. 사람과 상의해도 좋지만 하나님과 상의하면 더 좋은 해결 방안이 나오는 것은 당연한 것입니다. 왜냐하면 하나님은 전지전능하시기 때문입니다. 이 때 우리가 기도 중에 생각할 것은 이것이 나의 죄 때문인가? 아니면 나의 준비가 불충분하였는가? 이것이 하나님의 뜻인가? 인간의 뜻인가?를 발견하는 것입니다. 하나님의 뜻을 어떻게 알 수 있습니까? 바로 성경을 통해서 압니다. 신명기 8:2-3을 보면 왜 하나님께서 우리에게 고난을 주시며 길을 막히게 하는지 그 이유가 나옵니다. 첫째는 낮추기 위해, 둘째는 명령을 지키는지 알기 위해, 셋째는 사람이 떡으로만 사는 것이 아님을 알게 하기 위해서라고 하였습니다.

(3) 열린 문이 어디에 있는가를 발견하는 것입니다.

물론 열린 문이 다 하나님의 길이라고 할 수는 없습니다. 그러나 하나님은 우리가 감당할 수 없는 시험은 주시지 않습니다. 그뿐 아니라 시험당할 즈음에는 피할 길을 열어놓고 계신 것입니다. 이것을 우리가 못 보고 그냥 문이 막혔다고 우는 것입니다. 그런데 하나님이 열어 놓으신 길을 보려면 영안이 열려 있어야 합니다. 영안이 어두운 사람은 안경을 쓰면 됩니다. 안경은 믿음을 의미합니다.

4. 고난 극복의 근본적 3대 해결책

(1) 고난은 고생대학으로 알고 감사

고난의 적극적 의미를 발견하여 그것을 감사할 수 있어야 합니다.

인생은 고생대학만큼 유익을 주는 것이 없습니다. 다윗이 사울의 추격을 받는 고난 속에서 그는 구약의 시편을 쓰는 훈련을 받았고 신앙이 깊어진 것입니다. 또 요셉이 애굽의 총리대신이 되는 인격과 경영술은 그가 감옥에 갇혀 있을 때 얻은 것입니다.

(2) 예수님이 길이 되심을 믿고 따라야

본문에서 주님은 "내가 곧 길이요 진리요 생명"이라고 했습니다. 인생에게는 어디를 가나 인생이 가야 하는 길이 있습니다. 물론 이것이 눈에는 안 보입니다. 그러나 주님은 이 길을 만들어 놓으셨습니다. 즉 주님 자신이 길이 되시는 것입니다. 그의 말씀이 길이 되는 것입니다.

(3) 하나님 나라와 구원의 믿음

영원한 하나님의 나라가 우리를 위해 준비되고 있는 것을 믿고 위로를 받고 힘을 얻어야 합니다. 본문에 보면 "내 아버지 집에 거할 곳이 많도다. 그렇지 않으면 너희에게 일렀으리라. 내가 너희를 위하여 처소를 예비하러 가노니 가서 너희를 위하여 처소를 예비하면 내가 다시 와서 너희를 내게로 영접하여 나 있는 곳에 너희도 있게 하리라." 우리의 모든 것을 하나님께서는 다 준비하고 계심을 믿고 말씀에 순종하여 축복받기를 축원합니다.

암흑시대의 특징

(삿2:11-23)

인류의 역사는 하루에 비교될 수 있습니다. 새로운 문화가 시작할 때마다.

① 새벽이 있고

② 아침이 있고

③ 한 낮이 있고

④ 저녁과 밤이 있습니다.

따라서 암흑시대란 그것만으로 볼 때에는 절망적이지만 그러나 그 다음에 있을 새로운 새벽과 아침을 생각할 때에는 이것은 하나의 희망의 서곡입니다. 그것은 밤이 깊으면 새벽이 오듯이 인류의 역사도 이런 과정을 밟아서 변하기 때문입니다. 사사시대가 바로 그러했습니다. 그 자체만을 볼 때에는 암흑시대였습니다. 그러나 이것은 그 다음에 있을 통일 왕국 시대의 서곡이었던 것입니다.

1. 사사시대의 특징은 무엇이었나?

한마디로 말해서 우상숭배였습니다. 본문 11절과 13절에 보면 바알신과 아스다롯 신을 섬겼다고 하였습니다. 바알신은 페니키아의 신으로서 풍년과 힘의 신이었습니다. 그리고 아스다롯은 바알신의 아내로서 이 신들의 예배의식에는 성전 안에서의 성행위가 포함됩니다. 즉 이스라엘이 가나안에 온 후에 농사를 짓기 시작하였습니다. 그런데 당시 가나안에 살고 있던 족속들은 바알과 아스다롯을 섬기고 있었는데 그래야 비가 와서 풍년이 든다고 믿고 있었습니다. 다시 말하면 바알신전에서 남녀가 성행위를 하면 바알신이 흥분이 되어 자기 아내인 아스다롯과 성행위를 하게 되고 그때에 비가 온다고 믿었습니다. 이것이 바로 바알숭배의 방법이었습니다.

이것은 당시에 음란과 성적 타락을 가져왔습니다. 그 결과 이들은 주변에 있는 일곱 부족들에게 종노릇을 하는 하나님의 심판을 받았던 것입니다. 우리는 일제 36년의 심판과 6.25의 심판을 이미 받은 바 있습니다. 이것들은 다 우리의 우상숭배와 관련이 있습니다. 일제 36년은 조상숭배 그리고 타락한 당시의 불교와 유교가 그 근본적 원인이었습니다.

이런 우상숭배 때문에 하나님은 이스라엘을 가나안의 여러 부족들에게 종살이 하게 하듯 우리들도 일본에게 종살이하게 하신 것입니다. 6.25는 새 시대를 담당해야 할 기독교가 형식적으로 화한 것에 대한 하나님의 채찍질이었던 것입니다.

그런데 문제는 우리에게 새로운 우상들이 많이 나타나기 시작하고 있다는 점입니다. 이것은 하나의 경고신호입니다. 너희들이 이것을 극복하지 못하면 앞으로 암흑시대가 다가온다는 경고입니다.

2. 오늘날의 우상은 무엇인가?

(1) 돈

돈이 우상입니다. 이스라엘이 아론 때 황금 우상을 만들어 섬겼던 일이 있었습니다. 그 후에 북 왕국인 여로보암이 황금우상을 만들어 섬기게 한 적이 있었습니다. 그런데 이 황금우상은 오늘의 맘몬이즘(Ham monism)을 의미합니다. 자본주의 사회에 있어서 모든 가치는 돈으로 결정합니다. 따라서 돈이 모든 가치의 기준이 되고 있는데 문제는 돈이 방편적 가치가 아니라 인생의 목적으로 둔갑하고 있다는 점입니다. 더구나 요즈음은 심지어 교회 안에서까지 돈이 말하기 시작하고 있습니다. 진리가 말하고 성경이 말하는 것이 아니라 돈이 말할 때 모든 것이 변질됩니다.

영어격언에 Money talks(돈이 말합니다)는 말이 있습니다. 이것은 바로 부패된 자본주의사회의 특징입니다. 돈이란 오늘은 이 집, 내일은 저 집으로 돌기 때문에 돈인데 이것이 사람의 마음을 돌게 하면 이것이 바로 우상이 되는 것입니다. 그러나 돈 자체를 죄악시해서는 안 됩니다. 돈은 물질의 표현인데 하나님께서 세상을 다 창조하신 후에 "하나님 보시기에 좋았더라"고 하였습니다. 물질 그 자체는 좋은 것이란 말입니다. 그러나 바울 사도가 경고한 대로 "돈을 사랑함이 일만 악의 뿌리가 되나니 이것을 사모하는 자들이 미혹을 받아 믿음에서 떠나 많은 근심으로써 자기를 찔렀도다"(딤전6:10)

돈에 매이면 이것이 바로 우상이 되는 것입니다.

(2) 명예와 권력

인기와 명예욕과 권력욕이 현대의 우상이 되고 있습니다. 어떤 분은 명함에 회장직을 어디어디 하고 가득 기록하고 있는데 이것은 자신을 표출하려고 하는 방법임에는 틀림없으나, 그러나 이것은 바로 명예욕의 표현이기도 합니다. 또 신문에 보면 일 년 동안의 부흥회를 발표하여 "나는 이렇게 인기 있는 부흥사요"하고 선전하는 사람들이 있는데 이것이 바로 인기욕이요 명예욕입니다. 다시 말하면 우상인 것입니다. 그래서 자신을 우상의 대상으로 만들고 있는 것입니다.

정치가들이 정권을 놓지 않기 위해 고문을 해서라도 유지하려고 하는 것과 무엇이 다르겠습니까?

(3) 과학만능주의

과학만능주의가 과학을 빙자한 무서운 우상이 될 수 있습니다. 본래 과학이란 절대적인 것이 없습니다. 현상을 연구하는 것이기 때문에 항상 변합니다. 그런데 과학을 절대적인 것처럼 생각하고 믿으면 이것도 우상입니다. 현대인의 문제점은 특히 지식층 가운데 이런 과학만능주의자들이 많이 늘어나고 있다는 점입니다. 이것도 경계해야 합니다.

3. 부적, 점성술, 플라시보(placebo:가짜 약이란 뜻),

심령수술 등의 우상이 새롭게 부각되고 있습니다. 입시철을 앞두고 약 80%가 부적을 사서 간직하고 있다고 합니다. 비쌀수록 효과가 있다고 믿고 있습니다. 문제는 기독교 안에도 부적 신앙이 뚫고 들어와 있다는 점입니다. 또 정다운의 '인생 12진법'은 물론이고 광화문이나 터미널, 뉴코아 백화점 등 번화가에 가면 컴퓨터에 의한 점성술이 몇 천 원씩 받고 유행하고 있습니다. 기본적 성격, 직업, 질병, 주택, 연애, 섹스 등에 대해 언급되고 있습니다. 이것은 옛날에 다방에서 백 원을 집어넣으면 오늘의 운세는? 하고 돌돌 말린 성냥개비만한 종이 말이가 나오던 것을 과학이란 이름 밑에 사람들을 속이고 있는 것입니다.

플라보시란 거짓 약 즉 위약이란 뜻인데 기도원을 중심으로 하나님에게서 받은 계시에 따라 만든 약으로서 이 약을 먹으면 만병통치한다는 식의 사기가 교회를 통하여 많이 일어나고 있는 것입니다. 문제는 먹고 낫는 데 있습니다. 이것은 심리요법이라고 말하는데 인간의 육체는 정신과 밀접한 관계를 가지고 있기 때문에 내가 나았다 하고 믿으면 그렇게 되도록 되어 있는 것입니다. 이것이 최근에는 신유의 은사로 많이 둔갑하고 있습니다. 필리핀에서 일어난 심령술사인 준 라보의 사기사건은 우리나라의 어떤 여가수를 통해 작년에 부각되었습니다. 그러나 조사결과 사람의 피나 고름이 아니라 짐승의 피와 고름이란 것이 미국과학협회의 조사결과 나타났습니다. 지금 우리나라 기도원 여기저기서 시행되고 있는 소위 심령수술은 다 이런 마술 혹은 사기와 관련되어 있습니다. 하나님의 권능을 믿는다면 믿음으로 기도하고 믿는 대로 될지어다라고 말한 대로 말씀을 믿으십시오. 그러면 이루어집니다. 믿습니까?

4. 미신과 우상을 버리지 않으면 심판이 임함

이제 경계해야 할 것은 이런 미신 혹은 우상을 버리지 않는 한 하나님의 심판이 임한다는 사실입니다. 개인적으로는 물론 사회적으로 유라굴로의 광풍이 불어오는 것은 바로 하나의 경고신호인 것입니다. 그런데 지금 우리 사회에는 많은 종류의 광풍이 불어오고 있습니다. 얼마 전에 일어난 박종철 군의 고문살해사건은 우연히 일어난 사건이 아니라 우리 사회의 구조악이라는데 그 심각성이 있습니다. 만약 건망증이 심한 국민들의 기억이 사라질 때까지 다른 식으로 한다면 사람들은 잊어버릴는지 모르나 하나님의 심판은 면할 수 없다는 점을 기억해야 합니다. 이번에 고문을 한 경찰도 따지고 보면 구조악에 의한 희생자들입니다. 문제는 사회가 구조적으로 잘못되어 있다는데 우리는 정신을 차려야 합니다.

지금 민주당이 다수를 차지하고 있는 미국 의회에서는 보호무역의 장벽을 쌓기 위해 법으로 위협하고 있습니다. 이것도 유라굴로의 광풍입니다. 또 세계 어디를 가도 일 년 국민 소득의 50%가 넘는 외채를 지고 있는 나라가 많습니다. 이런 등등의 바람이 지금 자꾸 불어오는 이유는 무엇인가요? 하나님의 경고신호라는 것을 알아야 합니다. 하나님은 언제나 처음에는 우리의 양심을 통해 경고하지만 듣지 않을 때에는 여러 가지의 유라굴로의 광풍을 일어나게 해서 분명하게 경고합니다. 그러나 이것도 듣지 않을 때에는 사사시대의 이스라엘처럼 다른 나라의 종이 되게 하는 무서운 심판을 내리시는 것입니다. 북한에 있는 공산당을 왜 하나님은 그냥 두실까요? 그것은 우리를 위협하시는 심판의 몽둥이로 보관하고 있다는 점입니다. 그러므로 우리는 우상을 버려야 합니다. 정치가들은 권력욕을 버리고 나라를 먼저 생각해야 하고 기업가들은 돈 버는 것도 중요하지만 청지기의 기업윤리가 형성되어져야 합니다. 또 교육자들은 현실에 타협하지 말고 어린 생명들의 영혼을 생각하는 풍토가 이루어져야 합니다. 이런 점에서 우리 교회의 사명은 대단히 큽니다.

5. 우리나라가 사는 길은?

다른 것 없습니다. 회개하는 것만이 사는 길입니다. 본문 18절에 "슬피 부르짖으므로 여호와께서 뜻을 돌이키셨다"고 하였습니다. 지금 하나님께서 그의 뜻을 돌이키시지 않는 한 우리는 그의 심판과 그의 진노를 피할 길이 없습니다. 북괴가 금강산댐을 지금도 계속해서 쌓고 있다는 것을 왜 망각하고 있나요? 대응 댐만으로 되는 것이 아니라 온 민족이 회개해야 이 민족이 삽니다. 그러므로 성도들이여! 우리는 제사장으로서 먼저 금식하고 회개하는 기도를 해야 합니다. 다음 주간에 충현교회에서 뜻을 가진 전국 성도들이 금식성회를 가지는 것은 하나님의 음성이요 계시인 것을 우리는 기억해야 합니다. 그러나 이 주간으로만 끝나서는 안 됩니다. 계속해서 우리는 부르짖어야 합니다. 바라기는 우리 모두가 하나님께 부르짖어 우리 민족이 살고 내가 살고 교회가 사는 역사가 나타나기를 주님의 이름으로 축원합니다.

아내 된 자의 단장

(딤전2:9-15)

세상에는 여러 가지의 종교가 있지만 기독교만큼 여성과 어린 아이의 지위를 높인 종교도 없습니다. 어떤 분들은 바울이 여기서 한 말을 가지고 여성을 비하시킨 것이라고 합니다. 최근 여성 신학자들은 성경이 성차별을 하고 있다고 비판하면서 남녀는 동등하다고 주장합니다.

물론 두 말할 필요도 없이 남녀는 동등합니다. 사실 성경은 남녀의 차별을 말하는 것이 아닙니다. 다만 남자의 머리됨을 강조한 것입니다. 이것은 질서를 말하기 위해서, 또 뗄 수 없는 밀접한 유기적 관계를 말하기 위해서 한 말이지 남자가 여자보다 높다는 것은 결단코 아닙니다. 본문에는 바울의 '머리의 원리'가 나옵니다. 바울은 교회에는 삼중의 머리가 있다고 하였습니다.

① 몸인 교회에 대한 그리스도의 머리되심(골1:18)

② 양 떼에 대한 목회자의 머리 됨(행20:28).

③ 여인에 대한 남자의 머리됨(딤전2:12)

등이 있다고 하였습니다. 주님은 두 말할 필요 없이 만물 중에 가장 높으신 분입니다. 그러나 목회자가 양떼보다 높지는 않습니다. 성경은 오히려 만인제사장주의를 주장하고 있고 그래서 루터의 종교개혁이 일어난 것입니다. 따라서 본문에서 바울 사도가 우리에게 가르쳐 주려고 한 것은 크게 두 가지입니다. 하나는 둘 사이의 서로 도와야 하는 유기적 관계, 다른 하나는 창조의 원리에 의한 권위와 질서의 중요성입니다. 그러므로 여성들은 바울의 이런 가르침에 대하여 비판하거나 불평할 것이 아니라 세상은 성차별을 무너뜨리고 평등권을 회복시켜준 하나님의 말씀에 대해 감사하여야 합니다.

그러면 아내 된 자는 무엇을 가지고 단장을 해야 할까요?

1. 무엇보다도 먼저 정숙하고 아담하게 단장해야 합니다(9절).

놀라운 것은 '아담하다' '단장하다'란 단어가 세상이란 뜻을 가진 '코스모스'란 말에서 유래된 단어란 점입니다. 이 뜻은 정돈, 질서, 정리란 말입니다. 따라서 여자에게 가장 중요한 것은 질서 있고 정돈되고 정리된 사람이어야 한다는 점입니다. 즉 잘 정돈되고 어울리는 사람이어야 한다는 말입니다. 이것은 살림을 잘하는 외적인 것뿐 아니라 인격적으로도 정돈되어 있어야 할 것을 말씀한 것입니다. 옷을 입어도 어울리고 정리된 모습을 가지고 마음가짐도 어울리고 정리된 모습을 가지고, 살림도 어울리고 정리된 생활을 가져야 할 것을 말씀한 것입니다. 그러면 여자는 헌 옷이나 입고 유행에 뒤떨어진 허름한 옷이나 입고 지내야 한다는 말인가요? "땋은 머리와 금이나 진주나 값진 옷으로 하지 말라"고 했으니 금반지도 끼지 말고 머리도 땋지 말고 진주 목걸이도 하지 말라는 말일까요? 아닙니다. 물론 바울 당시는 이것을 문자적으로 경고한 것입니다. 그 당시는 이런 것이 창녀나 부도덕한 사람들의 표시였기 때문입니다. 따라서 여기서 강조한 것은 외모보다는 내적인 사람이 중요하다는 것을 강조하고 있습니다. 다만 정숙한 단장이란 극도로 몸을 단장하는 것은 몸을 강조하는 것이기 때문에 삼가야 한다는 말입니다. 따라서 여성은 항상 아름답게 자신을 단장해야 합니다. 그러나 외적인 면보다는 내적인 면을 강조하고 세상적인 면보다는 영적인 면을 더 꾸며야 한다는 말입니다. 그러므로 기독교 여성도들은 현대적이면서도 빈 깡통처럼 겉만 꾸미지 말고, 또 접대부나 창녀처럼 남자의 마음을 흥분하게만 하는 소위 섹시하게만 꾸미지 말고 주의 교양과 신앙으로 안을 단장하고 아름답게 꾸미는데 더욱 힘써야 한다는 말입니다.

2. 아내들은 경건으로 단장해야 할 것을 말씀함

2절에 보면 아내들은 경건으로 단장해야 할 것을 말씀하고 있습니다.

경건이란 말은 영어로 'godliness'라고 하는데 이것은 'godlikeness'란 말의 준말입니다. 다시 말하면 '하나님을 닮은'이라는 뜻입니다. 남자나 여자나 다 같이 하나님의 형상대로 지음을 받았기 때문에 항상 하나님을 닮아야 합니다. 그러면 하나님을 닮는다는 말은 무엇인가요? 그것은 구별된 생활을 의미합니다. 레 11:44절을 보면 이런 말씀이 나옵니다. "나는 여호와 너희 하나님이라. 내가 거룩하니 너희도 몸을 구별하여 거룩하게 하고" 이것이 바로 아내들이 해야 할 것입니다. 구별된 삶에 대해서는 롬 12:2절에 자세하게 말씀하고 있습니다.

"너희는 이 세대를 본받지 말고 오직 마음을 새롭게 함으로 변화를 받아 하나님의 선하시고 기뻐하시고 온전하신 뜻이 무엇인지 분별하도록 하라."

이것이 바로 윤리적 생활이요 경건생활입니다.

3. 아내들은 근면으로 단장해야

10절에 보면 선한 일을 실천해야 한다고 했습니다. 바울은 디모데전서의 후반부인 딤전 5:11-14절에서 여자들이 이집 저집 배회하면서 사탄에게 죄로 인도할 기회를 주는 게으른 여자들에 대해 경고하고 있습니다. 교인들의 집을 심방하여 보면 게으른 여자들은 청소도 하지 않고 사는 표시가 납니다. 목욕은 않고 그저 얼굴만 예쁘게 화장하고 눈에 보이는 데만 치우고 사는 사람들이 많습니다. 게을러서 그렇습니다. 우리 중에도 남편이 불신자인 사람들이 있습니다. 그러나 예수 믿은 지 오래되었는데도 남편을 교회로 인도하지 못하였다면 여기에는 문제가 있는 것을 알아야 합니다. 그것은 생활로써 남편에게 보여주지 못하였기 때문입니다.

4. 아내들은 겸손으로 단장해야(11절)

사탄은 항상 약점을 이용합니다. 여자들은 남자들보다 더 부드럽고 더 예민합니다. 그래서 감동도 더 빨리 받습니다. 은혜도 더 먼저 받습니다. 그러나 약점은 남의 말에 더 잘 넘어갑니다. 선한 일에도 먼저 감동되지만 유혹에도 먼저 감동됩니다. 그래서 사탄은 하와를 통해 아담을 유혹하였습니다. 이것은 오늘날 교회에도 마찬가지입니다. 사탄은 교회 안에서 발판을 굳히기 위해 여자들을 이용할 때가 더러 있습니다. 따라서 11절의 "여자는 일절 순종함으로 조용히 배우라"는 말은 겸손하라는 뜻입니다. 주일학교 교사도 하지 말고 지도자급의 일은 전혀 하지 말라는 것이 아닙니다. 12절에 남자를 주관하지 말라는 말은 원문에 보면 '지배자' 혹은 '독재군주'가 되지 말라는 뜻을 가지고 있습니다. 그러므로 여자는 이세벨이 아합을 좌지우지하였듯이 남자를 쥐고 놀면 남자가 바른 판단을 할 수 없어 결국 죄를 짓고 만다는 말입니다. 이것은 남자와 여자가 서로 의논하지 말라는 것이 아닙니다. 남자는 여자보다 유혹에 빨리 흔들리지 않는 장점이 있지만, 그러나 정서적으로 여자보다 더 딱딱하여 부드러운 면이 부족하기 때문에 그 점에서 여자의 도움이 필요한 경우가 많습니다. 예를 들면 영어에 'woman touch'라는 말이 있습니다. 가정은 여성의 손길이 필요하다는 말입니다. 그러나 그것이 전부여서는 안 됩니다. 혼란해서는 안 되며 질서가 있어야 하는데 이것이 바로 남자의 도움을 필요로 하는 것입니다. 그래서 옛 말에도 '애비 없는 자식을 후레자식'이라는 격언이 있습니다. 15절에 있는 말씀은 자칫 여자가 해산을 통하여 구원을 받는다는 뜻으로 생각하기 쉽습니다. 이것은 창 3:16절의 저주를 가리키는 말입니다. 즉 믿음과 사랑과 거룩함에 거하는 여자는 위험한 해산에서 구원을 받을 것이라는 말이지 해산을 통해 구원을 받는다는 뜻은 결코 아닙니다. 그러므로 여자는 단장을 하고 남자들은 여자들이 단장할 수 있도록 도와주시기를 축원합니다.

심방의 축복

(롬1:8-17)

심방제도는 한국교회에만 있는 특별한 제도입니다. 물론 미국이나 외국에서도 교회를 개척할 때 목사가 저들을 순회하는 경우가 없는 것은 아니나, 정기적으로 각 가정을 방문하는 제도는 한국교회의 특징입니다. 그러나 이 제도는 가장 성경적입니다. 왜냐하면 아담과 하와가 범죄했을 때 아담이 네가 어디 있느냐? 하시면서 찾아오셨던 하나님이시고 또 구약의 많은 선지자들을 통하여 찾아오셨던 하나님이십니다. 그러다가 마침내 독생자 예수님을 이 땅에 심방케 하셔서 우리의 속죄양이 되게 하셨고 또 지금도 성령을 통하여 우리 안에 내주하시고 심방하시는 하나님이시기 때문입니다. 그러므로 각 가정을 방문하는 이 심방제도는 가장 성경적인 근거를 가진 제도인 것입니다. 그뿐 아니라 이 심방을 통하여 한국교회는 세계에 그 유래를 찾아볼 수 없는 부흥과 성장을 가져온 것입니다. 따라서 이 제도는 계속되어야 하는 전통입니다.

1. 무엇이 심방인가?

본문 11절에 바울은 내가 너희 보기를 심히 원한다고 하였습니다. 그것은 일생에 한 번 갈 수 있는 그런 먼 거리였습니다. 오늘 날로 말하면 달나라에 가는 것과 같은 그런 것이었습니다. 그러나 바울은 '심히 원한다'고 하였습니다. 그냥 원하는 것이 아니라 심히 원하였던 것입니다.

이것은 바로 부모가 사랑하는 자녀를 보고 싶어 하는 심정을 말합니다. 사랑하는 연인들끼리 만나고 싶어서 그리워하는 것을 말합니다. 심방이 무엇인가요? 바로 부모가 사랑하는 자녀를 만나고 싶어 하는 심정으로 찾아가는 것이요 또 연인을 찾아가는 것을 말합니다. 목자가 양의 형편을 알기 위해서 양의 우리에 가는 것이 바로 심방입니다. 그러므로 심방하는 자의 심정은 바로 아담아 네가 어디 있느냐 하시던 하나님의 심정을 가져야 하고 이 땅에 오신 주님의 심정을 가져야 합니다. 적어도 로마 교인들을 만나고 싶어 하는 바울의 심정을 가져야 합니다. 아니 이 땅에서 부모가 자녀를 그리워하고 또 연인들끼리 만나고 싶어 하는 심정을 가져야 합니다.

그러므로 심방은 첫째로 성도간의 교제요 둘째는 하나님의 사랑의 편지를 전달하는 집배원적 사명이요 셋째는 그리스도의 편지를 전달하는 위임장 증정이요(대사가 부임하면 하는) 넷째는 의사가 그의 담당가정을 정기적으로 검진하듯 자기의 담당구역을 정기 검진하는 순회검진입니다.

2. 왜 심방하는가?

바울은 첫째로 "무슨 신령한 은사를 너희에게 나누어주어 너희를 견고케 하려 함"이라고 하였습니다. 여기서 나누어 준다는 말의 뜻은 부모가 자녀에게 음식이나 옷 같은 것을 나누어 준다는 뜻입니다. 그러나 바울이 여기서 말한 신령한 은사는 성령의 9가지 은사 같은 초자연적인 은사를 말하는 것은 아닙니다. 다만 믿음을 견고케 하는 위로요 권면을 말하는 것입니다. 그러므로 심방에서 첫째로 중요한 것은 각 가정에 성도의 위로를 주는 일입니다. 이 세상은 광야 세상이요 나그네 인생입니다. 그래서 누구나 외롭습니다.

목사가 외롭다고 말하면 기도가 부족하다고 말하겠지만 저는 갈수록 인간적으로 점점 더 외로움을 느낍니다. 아내가 없어서가 아니고 자녀가 없어서가 아닙니다. 옆에 친구가 없어서 외로운 것입니다. 우리말에도 '정상은 외롭다'는 말이 있습니다. 보통 목회자들은 노회원들이 있고 최소한 동창 목사들이 있어서 서로 위로하고 기도하고 도와줍니다. 그러나 학자인 나에게는 그런 것이 있을 수 없습니다. 항상 혼자서 진리를 찾아 투쟁해야 합니다. 더구나 일을 만들기를 좋아하기 때문에 더욱 그렇습니다. 남에게서 비난을 받아야 하고 물론 세월이 지나면 이해하지만 그때까지는 외로운 것입니다. 그래서 저희 집사람은 저를 보고 외로운 투쟁의 사나이라고 말합니다. 사실 남의 뒤를 따라가는 것은 외롭지 않습니다. 남과 함께 가는 것도 외롭지 않습니다. 그러나 남의 앞에 가는 것은 정말 외로운 것입니다. 어떤 분야든지 앞서 가는 사람은 다 외로운 것입니다. 어디 저 한 사람뿐이겠습니까? 다 외로운 것입니다. 더구나 산업사회가 된 이후에는 심지어 친척도 가족도 자주 만나기가 어렵게 되었습니다. 이웃도 없어져 가고 있습니다. 이런 외로운 나그네들에게 무엇인 필요한가요? 사랑의 교제입니다. 성도의 교제요 말씀의 위로요 함께 기도해주는 심방의 눈물인 것입니다.

목회자로서 또 심방하기를 원하는 다른 이유가 있습니다. 그것은 양들의 상태를 정기 검진하려는 목회적 이유 때문입니다. 혹 양떼들 가운데 세상의 나쁜 죄악의 병에 감염되지는 않았을까? 혼자서 고민하는 어떤 근심거리는 없을까? 그래서 구역권찰은 마치 간호사 같은 입장에서 함께 심방하고 다니는 것입니다. 목회자가 다 할 수 없는 손과 발이 되어 정규심방 외에도 매주 심방을 하는 심방을 하는 것입니다. 그런데 권찰들 가운데 이 심방을 게을리 하여 양떼들이 병들어도 보고가 없고 돌보지 않아서 마귀에게 빼앗기는 경우도 있습니다. 따라서 교회의 성장 비결은 바로 권찰들의 움직임에 따라 결정됩니다. 이들은 군대에서 소위처럼 최일선의 지휘자인 것입니다.

3. 어떻게 심방할 것인가?

(1) 적어도 자기의 구역에 대해서는 책임을 져야 합니다.

대개 10-20가정 정도가 될 터인데 이 사람들에 대해서는 내가 목회자와 같다는 생각을 가지고 매주 심방하고 보살펴야 합니다. 교회 출석은 잘하나? 교회에서는 출석부를 부르지 않으니 잘 알 수가 없습니다. 요즈음 잘 안 보인다는 정도밖에 알 수가 없습니다. 그러나 근방에 사는 구역장이나 권찰은 쉽게 알 수가 있습니다.

(2) 폐가 되지 않도록, 그 가정에 사랑의 편지가 되도록 방문하여야

어떤 권찰은 각 가정에 가서 쓸데없는 얘기를 많이 합니다. 해서는 안 될 얘기가 있는 법인데 호기심에서 말하게 되면 그 가정에 폐를 끼치게 됩니다. 의사는 자기의 환자의 비밀을 지켜주고 상담자는 심지어 자기의 생명을 다해서 그 상담자의 비밀을 지켜줍니다. 이것을 함부로 퍼뜨려서는 안 됩니다.

그러면 사랑의 편지가 되려면 어떻게 해야 하나요? 교회의 공적인 많은 기쁜 소식이 있습니다. 그것을 전달하고 또 교회 안에서의 아름다운 많은 간증을 전달하는 것입니다. 이것이 바로 사랑과 위로의 편지가 되는 것입니다.

(3) 함께 기도해주는 일

혼자 기도해도 하나님은 들어 주십니다. 그러나 남을 위해서 하는 기도는 역사하는 힘이 큽니다. 그리고 이 축복기도는 많은 경우 자신에게도 돌아오기 때문에 남을 위해서 기도하는 사람은 누구보다도 많은 축복을 받습니다.

(4) 성도의 가정에 어떤 도움을 주어야 할지를 살피는 것

교회가 그 성도의 가정에 어떤 도움을 주어야 할지를 살피는 것입니다. 구제의 대상이 되지는 않는가? 목회자의 특별 심방이 필요한 가정은 아닌가? 기도의 지원이 필요한 것은 없는가? 등등.

4. 심방자가 받는 축복은?

심방하는 구역장, 권찰, 집사들에게 하나님이 주시는 많은 복이 있다는 것을 기억하십시오. 물론 시간적으로 물질적으로 손해가 있을 것은 말할 것도 없지만 그러나 눈에 보이지 않는, 또 돈으로 계산할 수 없는 유익이 있는 것입니다. 그것은 첫째로 사랑을 나누고 함께 기도할 수 있는 친구를 갖습니다. 둘째 주는 마음을 통해서 항상 마음에 여유가 생깁니다. 주는 것이 받는 것보다 복이 있다는 것은 바로 이것을 두고 하는 말씀입니다. 셋째는 남을 이해하는 폭넓은 마음이 생기고 신앙인격이 성장합니다. 끝으로 무엇보다도 하나님을 기쁘시게 하는, 하나님 중심의 생활을 하게 되고 기도의 제목이 많아집니다. 그러므로 심방을 통해 하나님이 주시는 축복을 넘치도록 받기를 축원합니다.

승리의 비결

(고전15:57-58)

예수를 구주로 영접한 순간부터 우리는 천국으로 인도하는 길을 걸어가게 됩니다. 이 길을 걸어가면 많은 다른 성도들을 만나면서 무엇보다도 "아이구, 예수 믿는다는 것이 쉽지 않구나"하는 것을 깨닫고 실망을 하게 될 것입니다. 왜 예수를 믿는 것이 어려운가요? 많은 원수들이 있기 때문입니다. 그러나 저는 여러분 모두가 다 승리자가 되기를 주님의 이름으로 축원합니다. 그러면 이런 가운데서 우리는 어떻게 승리할 수 있는지 그 비결을 살펴보면서 함께 은혜를 나누려고 합니다.

1. 원수의 정체를 아는 것이 승리의 비결

손자병법에 '지피지기는 백전백승'이란 말이 있습니다. 싸움에서 먼저 적을 알고 나를 알면 백번 싸워 백번 이길 수 있다는 말입니다. 이것은 성경적으로 사실입니다. 그러면 우리의 원수는 누구일까요?

(1) 세상이 바로 원수

성경에는 '세상'이란 말이 여러 가지 다른 뜻으로 사용되고 있습니다. 처음에는 하나님이 창조하신 '이 땅'을 가리키는 말이었습니다. 그때 성경은 "하나님 보시기에 좋았더라"고 하였습니다. 즉 이 물질로써 세상자체는 아름답고 선하였다는 말입니다. 둘째로 요 3:16절에서 "하나님이 세상을 이처럼 사랑하사"라고 했을 때는 '이 세상에 사는 사람들'을 뜻하기도 하였습니다. 그러나 세 번째는 나쁜 의미로 사용되고 있습니다. 요일 2:15절에 "이 세상이나 세상에 있는 것들을 사랑치 말라"고 하였습니다. 이때의 세상이란 말은 '우리를 하나님에게서 떼어 놓으려고 하는 세상의 매혹적인 것들'을 세상이라고 하였습니다. 그러면 우리를 하나님에게서 떼어 놓으려고 하는 것들이 무엇인가요? 돈, 사업, 쾌락, 스포츠, 텔레비전, 여러 가지의 취미 등입니다. 이런 것들은 그 자체가 죄는 아닙니다. 그러나 이런 것들이 우리를 하나님에게서 떼어 놓도록 사용되는 경우가 많습니다. 그것을 조심해야 합니다. 그래서 요일 2:15절에서 "이 세상을 사랑치 말라"고 경고를 한 것입니다. 그러나 주님은 갈 1:4절에 보면 "그리스도께서 '이 악한 세대에서 우리를 건지시려고' 자기 몸을 드리셨다"고 하였습니다.

우리 위해 죽으신 예수님을 믿으면 우리는 승리할 수 있다는 말입니다. 그러므로 우리는 그리스도를 사랑함으로써 세상을 이겨야 합니다. 세상에 있는 이런 것들이 매력이 있는 것은 사실이지만, 그러나 우리에게 참 만족을 주지는 못합니다.

그런데 예수님을 사랑하게 되면 골 3:2절의 말씀처럼 "위엣 것을 생각하고 땅엣 것을 생각지 말라"는 말씀대로 우리를 주님에게서 떼어 놓으려고 하는 것들을 버리고 주님을 생각하고 주님만을 따르게 됩니다

(2) 육신이 우리의 두 번째 원수

이 육신이란 자기 방식대로 살려고 합니다. 이기적이고 자기중심적입니다. 자기보다 뛰어난 다른 사람들을 미워합니다. 변명하기를 좋아하고 잘 삐집니다. 이 육신이 이렇게 말합니다. "내가 나의 주인입니다. 나는 내가 하고 싶은 대로 할 것입니다." 그러나 성경은 말하기를 "육신의 생각은 하나님과 원수가 되나니 이는 하나님의 법에 굴복치 아니할

뿐 아니라 할 수도 없음이라"(롬8:7). 다시 말하면 육신이란 옛 사람을 말합니다. 이것을 이기려면 예수님과 함께 십자가에 못 박아야 합니다. 롬 6:6절에 "우리가 알거니와 우리 옛 사람이 예수와 함께 십자가에 못 박힌 것은, 다시는 우리가 죄에게 종노릇하지 아니하려 함이니"라는 말씀대로 예수님과 함께 옛 사람을 십자가에 못 박아야 육신을 이길 수 있습니다.

(3) 우리의 최대 원수는 마귀

벧전 5:8절에 "너희 대적 마귀가 우는 사자같이 두루 다니며 삼킬 자를 찾나니"라고 하였습니다. 엡 6:12절에는 우리의 싸움의 대상이 정사와 권세와 이 어두움의 세상 주관자들이라고 하였습니다. 우리가 예수를 믿게 되었을 때 마귀는 분해서 "오냐, 두고 보자"하면서 기회를 기다리며 우리로 하여금 죄를 범하여 다시 자기의 종이 되게 하려고 합니다.

사탄은 우리를 어떻게 유혹 할까요?

첫째로 나쁜 생각을 넣어 줌으로써 유혹합니다.

둘째는 부도덕한 것과 성적인 것으로 우리를 유혹합니다.

세 번째 유혹의 방법은 의심을 통해서 합니다. 아담과 하와를 의심케 하여 범죄하도록 하는 방법을 사탄은 아주 좋아 합니다. 그러나 주님에게만은 이 방법이 들어먹지 않았습니다. "네가 만일 하나님의 아들이어든"이라고 두 번이나 의심을 불러일으키려고 하였습니다.

네 번째 교만과 낙심을 통해 우리를 유혹합니다. 이것이 앞으로 잡아채기(교만)와 뒤로 넘어지게 하기(낙심)의 전략입니다.

2. 신자가 범죄하면 어떤 일이 일어나는가?

한마디로 해서 하나님과의 교제가 끊기고 맙니다. 물론 신자가 범죄한다고 해서 하나님의 자녀로서의 신분을 잃는 것은 아닙니다. 그러나 하나님과의 사귐이 끊어지고 맙니다. 마치 자녀가 부모에게 잘못을 했다고 해서 "야, 이놈아 나는 내 새끼가 아니다"라고 해도 부모와의 관계가 끊어지는 것은 아닙니다. 그러나 사귐이 멀어지고 그 관계가 서먹서먹해지는 것은 사실입니다. 바로 이것이 하나님과 우리 사이에 일어나는 것입니다. 이렇게 죄는 무섭습니다. 하나님과의 사귐을 끊어지게 만듭니다.

그러므로 이 사귐을 다시 회복하는 것이 중요합니다. 어떻게 할 수 있을까요? 요일 1:9절에 그 해답이 나옵니다. "만일 우리가 우리 죄를 자백하면 저는 미쁘시고 의로우사 우리 죄를 사하시며 모든 불의에서 우리를 깨끗케 하실 것이요." 이 말씀의 뜻이 무엇인가요? 우리가 죄를 회개하면 하나님은 용서해주신다는 말입니다. 다시 말해서 거짓말을 했다면 자백해야 한다는 말입니다. 그때 하나님은 용서해주십니다. 화를 내었을 때에도 자백해야 합니다. 잠언 28:13절에 "자기의 죄를 숨기는 자는 형통하지 못하나 죄를 자복하고 버리는 자는 불쌍히 여김을 받으리라"고 하였습니다.

3. 승리의 생활을 위한 실제적 제안

(1) 자신의 생각에 자물쇠를 잠그고 단속

인간에게 정결한 마음을 갖는다는 것은 대단히 중요합니다. 우리가 더러운 것을 읽고 불결한 것들을 보면 순수한 마음을 지닐 수 없기 때문입니다.

'생각'은 '행동'을 낳고 그 행동은 '습관'을 만들고 그것은 다시 그 사람의 '인격을 형성'합니다. 그러므로 바른 생각을 하는 것이 매우 중요한 것입니다.

(2) 하나님의 말씀으로 채우라.

시 119:11절에 분명히 말하기를 "내가 주께 범죄치 아니하려 하여 주의 말씀을 내 마음에 두었나이다"라고 했습니다. 예수님께서 마귀에게 시험을 받을 때에 무엇으로 이겼습니까? 바로 하나님의 말씀입니다. 그렇다면 우리가 어떻게 하나님의 말씀 없이 승리할 수 있을까요?

(3) 자기 약점을 알고 있어야

인간은 누구나 약점이 있습니다. 마음이 부드러운 사람은 남의 말을 잘 듣는 약점이 있고, 그래서 친구를 잘못 사귀면 그때는 끝납니다. 또 마음이 강한 사람은 쓸데없이 고집을 부리는 약점이 있습니다. 이렇게 사람은 누구나 다 약점을 가지고 있습니다. 따라서 우리는 자신의 약점을 알고 그것에 빠지지 않게 조심해야 합니다.

(4) 안좋은 친구와 안 좋은 장소를 피해야

안 믿는 친구들을 피하고(잠1:10) 또 있어서는 안 될 장소에 가서는 안 됩니다. 물론 전도를 위해서는 만나고 가까이해야 합니다. 그러나 예수님이 재림하실 때 "너 왜 거기에 있니?"하고 꾸짖기 전에 예수님이 원치 않으시는 곳에 가서는 안 된다는 말입니다.

(5) 유혹에서 구원해 주시는 주님을 바라봄

시 25:15절에 "내 눈이 항상 여호와를 앙망함은 내 발을 그물에서 벗어나게 하실 것임이로다"라고 하였습니다. 무엇을 보느냐가 중요합니다. 요 3:14절에 주님은 민 21:9절의 말씀을 인용하면서 십자가를 보아야 구원을 받는다고 하셨습니다.

이 세상에서 승리자는 엄격한 의미에서 예수님 한 분뿐이십니다. "다 이루었다"고 주님 외에 누가 말씀하실 수 있습니까? 그래서 어떤 분이 고백하기를 이 세상에서 생각하는 사람에게는 희극이요 느낌에 의존하는 사람에게는 비극이요 믿음으로 사는 사람에게는 승리라고 하였습니다. 그렇습니다. 주님을 믿을 때만 우리는 승리합니다.

(6) 부득이 죄를 범했을 때

피하려고 애를 썼는데도 부득이 죄를 범하였을 때는 어떻게 해야 하겠습니까? 그때는 즉시 자백하고 실수한 것에 계속 머물러 있어서는 안 됩니다. 즉시 돌이켜야 합니다. 그것은 바로 자백하는 것입니다. 왜냐하면 죄는 우리를 종으로 삼기 때문에 종의 자리에서 빨리 빠져나오려면 빨리 자백해야 합니다. 그래야 고통이 적어집니다. 그러나 기억할 것은 유혹받는 것 자체가 바로 죄는 아니라는 점입니다. 왜냐하면 주님도 유혹을 받으셨기 때문입니다. 히 4:15절에 예수님은 "모든 일에 우리와 한결같이 시험을 받은 자로되 죄는 없으시니라." 예수님도 시험을 받으셨다고 했으니 시험받는 것을 이상하게 생각지 말아야 합니다.

맺는말

요일 4:4절에 "너희 안에 계신 이(그리스도)가 세상에 있는 이(사탄)보다 크심이라"고 했습니다. 우리가 믿는 예수님은 우리를 유혹하는 사탄보다 더 능력이 있으시기 때문에 우리가 그 주님을 의지하면 다 승리한다는 말입니다. 이것이 바로 승리의 비결입니다. 여러분 모두에게 새해에는 승리의 한 해가 되기를 축원합니다.

사탄을 이기는 세 가지 비결

(벧전5:8-11)

디모데후서 2:3절을 보면 신자들을 군인에 비유하고 있습니다. 또 디모데전서 6:12절에는 "믿음의 선한 싸움을 싸우라"고 권면하고 있습니다. 언뜻 보면 싸우는 것은 신자와는 거리가 먼 것처럼 보일지 모르나 사실은 싸우는 것이 신자의 본질에 속한다는 것을 우리는 디모데서에서 볼 수 있습니다.

사실 우리는 먼저 자신과 싸우고 있고 세상과 싸우고 있고 무엇보다도 사탄 마귀와 싸우고 있는 것입니다. 에베소서 6:12절에는 우리의 싸움의 대상을 아주 극명하게 말씀하고 있습니다. "우리의 씨름은 혈과 육에 대한 것이 아니요 정사와 이 어두움의 세상 주관자들과 하늘에 있는 악의 영들에게 대함이라"고 하였습니다. 그러면 이제 본문에 기록된 대로 사탄을 이기는 세 가지 비결을 함께 살펴보면서 은혜를 나누려고 합니다.

1. 8절에 "근신하라 깨어라"고 함

이 말은 정신을 바짝 차리고 깨어 있으라는 뜻입니다. 왜 우리는 깨어 있어야 합니까? 그 질문의 답은 다음에 그 이유가 나옵니다. "너희 대적 마귀가 우는 사자같이 두루 다니며 삼킬 자를 찾나니." 우리는 베드로가 예수님을 세 번이나 부인한 것을 알고 있습니다. 그러나 이 사건 이전에 주님은 베드로에게 몇 번이나 사탄이 그를 따라다닌다고 경고를 했으나 그는 이것을 마음에 간직하지 못하였던 것입니다.

마 13장에 보면 예수님께 가라지 비유를 말씀하셨는데 가라지는 우리 신자들이 잠을 자고 있을 때 사탄이 뿌리고 가는 것이라고 했습니다. 이것은 그리스도인들이 잠에 빠짐으로써 사탄에게 역사할 기회를 주는 경우가 많다는 것을 말해주는 것입니다.

예수님께서 잡히시기 전에 감람산에서 기도할 때에 예수님께서 제자들에게 깨어 있으라 말씀하시고 피땀 흘리는 기도를 했습니다.

"만일 할 만하시거든 이 잔을 내게서 지나가게 하옵소서. 그러나 나의 원대로 마옵시고 아버지의 원대로 하옵소서."

그러나 주님이 그들에게 왔을 때는 깊이 잠이 들어 있었습니다. 이때 베드로에게 "나와 함께 한 시 동안도 이렇게 깨어 있을 수 없더냐?" 하시면서 "시험에 들지 않게 깨어 있어 기도하라"고 말씀했습니다. 딤후 2:26절에 보면 "깨어 마귀의 올무에서 벗어나"라고 하였습니다. 잠자면 마귀의 올무에 걸린다는 말입니다. 그러면 여기서 잠을 잔다는 말은 무엇인가요? 성경에서는 잠을 성도들의 죽음에 비유할 때도 있고 또 육체의 잠, 죄악의 잠, 즉 영적 죽음을 말할 때도 있습니다. 여기서 깨어 있으라는 말은 바로 이런 영적 잠에서 깨어나라는 말입니다. 전쟁에서는 잠을 자면 죽습니다.

(예화) 전방에 근무하고 있을 때 한 주일에 두어 번 보초를 서는 일이 있습니다. 그때마다 지휘관이 꼭 하는 말이 있었습니다. '졸면 죽는다.' 아닌게 아니라 보초병 가운데 자다가 북괴 무장간첩에게 목이 잘린 사람도 없지 않았습니다.

(예화) 여러 해 전 일이었습니다. 북극을 탐사하기 위해서 존 후렝크린 경이 인솔자가 되어 북극을 탐험하고 있었습니다. 영하 70

> 도의 추위로 많은 사람들이 동상에 걸렸습니다. 게다가 추위로 잠에 빠지는 사람들이 적지 않았습니다. 더러는 잠에 빠져 뻣뻣하게 얼어 죽었습니다. 그때 탐험 대장은 소리를 질렀습니다. '잠자지 마라 자면 죽는다.' 그러면서 대원들을 깨워서 살렸다고 합니다. 마찬가지로 우리도 잠자면 사탄에게 당합니다. 그러므로 우리는 정신을 바짝 차리고 깨어 있어야 합니다.

그러면 어떻게 깨어 있을 수 있나요? 예수님께서 제자들에게 분명히 말씀하셨습니다. 시험에 들지 않게 깨어 있어 기도하라. 즉 기도하는 것밖에는 아무것도 우리의 영적 잠을 깨게 하는 방법이 없습니다. 벧전 4:7절에서도 "만물의 마지막이 가까웠으니 그러므로 너희는 정신을 차리고 근신하여 기도하라."고 하였습니다. 다른 깨는 방법이 없는 것입니다.

2. "너희는 믿음에 굳게 하여", 사탄을 이기는 두 번째 비결

마 4장에 보면 예수님께서 세 가지 시험을 당한 것을 볼 수 있습니다. 그때마다 마귀가 예수님을 유혹한 내용은 "네가 만일 하나님의 아들이어든"이란 말로 그의 메시야 의식을 의심케 하고 흐리게 하려고 하였습니다. 다시 말하면 사탄은 의심을 우리 마음속에 넣어주어 우리를 유혹합니다. 따라서 이것을 이기려면 믿음밖에는 없습니다. 루터는 신자를 신자 되게 하는 것은 믿음밖에는 없다고 하면서 믿음이란 살든지 죽든지 하나님에게 자신을 내어 맡기는 것이라고 하였습니다. 신자라는 말 자체가 믿는 사람이란 말이 아닌가요?

그러면 무엇을 믿어야 합니까? 적어도 세 가지를 믿어야 합니다.

첫째는 창조신앙. 즉 하나님께서 세상을 창조하셨고 나도 하나님이 만드셨다는 신앙을 가져야 합니다.

둘째는 구원에 대한 신앙. 즉 예수님이 나를 위해 십자가에 못 박히심으로 나의 죄는 이제 사하심을 받았다는 신앙을 가져야 합니다.

셋째는 재림신앙. 주님은 말씀하신대로 다시 오셔서 만물을 회복하신다는 신앙을 가져야 합니다. 그런데 이 신앙에는 세 가지의 요소를 갖추어야 합니다. 첫째는 지식이고 둘째는 동의이고 셋째는 신뢰가 있어야 합니다. 이 세 가지 중에 어느 한 가지라도 없으면 그것은 참 신앙이 될 수 없습니다. 문제는 이런 신앙을 어떻게 가질 수 있느냐입니다.

(예화) 무디는 신앙 때문에 고민한 적이 있습니다. 어떻게 하면 시카고를 뒤집는 신앙을 가질 수 있을까? 그러던 어느 날 로마서를 읽다가 그 해답을 발견했습니다. 롬 10:17절에 "그러므로 믿음은 들음에서 나며 들음은 그리스도의 말씀으로 말미암느니라." 마침내 무디는 성경을 연구하고 많이 읽는 가운데 세계에서 가장 유명한 부흥사가 되었고 시카고를 뒤집는 것이 아니라 전 세계를 뒤집어엎는 사람이 되었습니다. 결국 나에게서 힘이 나오는 것이 아니라 주님에게서 나오는 것입니다.

(예화) 자석에는 두 가지 종류가 있습니다. 하나는 강철자석이고 다른 하나는 연철자석입니다. 강철자석은 그 자력을 천연자석에서 가져온 것으로 영구적입니다. 바늘을 집어 올린다든지 여러 가지 일을 합니다. 그런데 연철자석은 연철에다가 동선 코일을 감아서 만든 것으로서 강철자석보다 20배 힘이 더 있어서 유선통신에서 사용되는 계전기, 수화기, 가속기 등 여러 가지에 사용되고 있습니다. 그러나 이 연철자석은 회로를 끊

어버리면 자석의 힘은 금방 없어지고 마는 게 그 특징입니다. 믿음의 힘은 바로 연철자석과 같아서 그 힘이 주님에게서 옵니다. 주님과 끊어지는 순간 우리는 아무것도 아닌 것이 되고 맙니다. 그러나 주님에게 연결이 되어 있는 한 연철자석처럼 무한한 힘이 나오는 것입니다. 믿음의 힘을 보여주는 재미있는 일화가 있습니다.

(예화) 샌프란시스코에 가면 금문교라는 다리가 있습니다. 1930년에 건축한 것인데 세계에서 가장 높고 긴 다리입니다. 두 기둥사이에 매달아 놓은 것입니다. 길이가 일 마일 이상 되는 높은 다리가 가운데 기둥도 없이 공중에 매달려 있습니다. 이 다리를 공사할 때 일인데 기술자들이 마음이 불안해서 밑을 보다가 현기증을 일으켜 추락해서 5명이나 죽었다고 합니다. 시에서 생각다 못하여 밑에다가 철사로 그물을 만들어 깔게 하였습니다. 그런데 이상하게도 그 후에는 한 사람도 추락하여 죽는 사람이 없었다고 합니다. 밑에 있는 그물을 사람들이 믿었기 때문에 떨어지지 않았던 것입니다. 믿음도 마찬가지입니다. 하나님이 나와 함께 계시고 나를 인도하시는 믿음의 그물을 의식할 때 그 어떤 고난이나 역경도 극복할 수가 있다는 말입니다. 이것이 바로 믿음이고 이것을 가질 때 사탄을 이길 수가 있습니다.

3. "너희는 믿음을 굳게 하여 적을 대적하라"(9절)

"세 번째 비결은 사탄과 대적하는 것밖에는 없습니다. 요즘 유행하는 말 가운데 '데탕트'라는 말이 있습니다. 미소 간에 대적하지 않고 서로 양보하면서 평화를 유지하는 외교 방법을 말한 것입니다. 그러나 사탄과는 데탕트란 있을 수 없습니다. 여기서 대적하라는 말은 무슨 뜻인가요?

(1) 사탄과 타협을 하지 말라

예수님의 세 번째 시험도 타협하자는 시험이었습니다. 왜 그러면 사탄과 타협을 해서는 안 되는가? 그것은 사탄은 본질적으로 속이는 자이기 때문입니다.

(2) 사탄을 대적하라는 말은 사탄과 싸우라는 말

사탄은 우리보다 더 지혜 있고 더 강하기 때문에 많은 사람들은 내가 어떻게 사탄과 싸울 수 있느냐고 말합니다. 사실 우리 힘만으로는 사탄을 이길 수 없습니다. 그러나 우리의 대장 되시는 예수님께서 십자가에서 "다 이루었다"고 하셨습니다. 전쟁에서는 자기는 약해도 어느 편에 서느냐에 따라 승리가 결정됩니다. 그러므로 우리는 사탄을 이기신 예수님의 편에 서서 싸우면 비록 우리는 약해도 승리는 이미 우리의 것이 되는 것입니다. 내 힘으로 자신을 이기지 못합니다. 내 힘으로 세상을 이기지 못합니다. 더구나 내 힘으로 사탄을 이기지 못합니다. 그러나 주님께서 이겨주십니다. 그러므로 우리는 정신을 바짝 차리고 믿음에 굳게 서서 사탄과 대적하면 주님께서 우리에게 승리를 주신다는 것을 믿으시기 바랍니다.

사업에 성공하려면

(잠16:1-9)

나는 사업가도 아니고 또 사업을 해본 경험도 없습니다. 그렇다고 경영학을 전공한 것도 아닙니다. 그러나 하나님의 말씀 속에는 사업에 성공하는 비결이 원리적으로 기록되어 있기에 이 시간에는 그것을 중심으로 말씀드리려고 합니다. 혹 어떤 분은 나는 사업을 하지 않으니 나와는 관계가 없다고 생각할지 모릅니다.

그러나 그렇지 않습니다. 세상만사가 다 사업이란 범주 안에 속합니다. 심지어 선교도 사업이고 복음도 사업입니다. 가정에서 주부 노릇하는 것도 일종의 주부사업입니다. 그러므로 사업의 성공비결은 우리 모두에게 관계되는 말씀입니다.

1. 마음가짐을 바르게

사업에 성공하려면 무엇보다도 중요한 것은 마음가짐을 바로 가지는 것입니다. 즉 일에 대한 바른 생각을 가져야 한다는 말입니다. 사람은 누구나 일을 합니다. 일을 해야 합니다. 그러나 일하는 사람들을 보면 일하는 목적이 각각 다릅니다. 어떤 사람은 돈을 벌기 위해서, 또 어떤 사람은 사명감 때문에, 또 어떤 사람은 할 수 없어서 일합니다.

최근 공산주의 국가가 경제적으로 발전하지 못하여 그 이유를 조사해 본 결과 이윤추구의 목적이 저들에게는 없기 때문이라는 사실을 알게 되었습니다. 자본주의가 발전하는 것은 이윤추구를 근본 목적으로 하기 때문입니다. 그러나 가장 건전한 것은 사명감과 이윤추구가 함께 갈 때입니다. 호랑이가 배고플 때는 사납지만 배부를 때는 늘어지게 자는 것처럼 인간도 이윤추구만을 목적으로 할 때는 어느 정도 목적을 이루게 되면 그만 딴 생각이 듭니다. 그래서 잘못된 길로 가고 맙니다. 입에 풀칠이라도 해야 한다는 이유 때문에 억지로 일하는 사람들을 보면 피로가 심하고 정신적으로도 기운을 잃어버리고 맙니다.

우리는 일에 끌려 다녀선 안 됩니다. 그것이 무슨 일이든지 사람이 일을 지배해야 합니다. 억지로 끌려다니는 부속품처럼 되지 말고 스스로 움직이는 엔진이 되어야 합니다. 이것은 사명감에서 나옵니다. 인간의 가치는 그가 어떤 일을 했느냐에 있고 어떤 일을 하느냐 하는 것은 그가 어떤 사명감을 가지고 있느냐와 직결됩니다. 그러므로 돈을 위해 일하지 말고 또 억지로 죽지 못해 일해서도 안 됩니다. 일 자체에 기쁨을 가져야 합니다.

2. 하나님과 관계를 바로 가져야 성공

하나님과의 바른 관계는 두말할 필요도 없습니다.

첫째는 믿음을 가져야 합니다. 롬 1:17에 "오직 의인은 믿음으로 말미암아 살리라." 의인이란 하나님과의 관계가 바로 된 사람을 말하는데 그것은 믿음으로 된다는 말입니다.

둘째는 "사람이 마음으로 자기의 길을 계획할지라도 그 걸음을 인도하는 자는 여호와시니라"는 말씀대로 하나님만이 주권자라는 것을 알고 무슨 일을 하든지 하나님께 결재를 받고 해야 합니다. 하나님의 결재 없이 하는 일은 성공한 것 같으면서도 결국은 실패하고 맙니다.

셋째는 그러므로 나는 단순히 청지기에 불과하다는 것을 깨달아 주인의 뜻에 순종해야 합니다. 하나님과의 관계가 깨어지는 이유는 내가 주인이 되고 하나님은 단순히 내 뜻을 성취해주는 종이 되기 때문입니다. 그러나 인간관계도 대단히 중요합니다. 신앙이 있다는 사람 가운데 실패하는 이유는 인간관계를 잘못 가지기 때문입니다. 직장에서 사직서를 제출하는 사람들의 내용을 보면 가사형편, 개인사정 운운하고 있으나 따지고 보면 직장에서의 인간관계 때문에 그만두는 경우가 많습니다. 그러면 어떻게 하면 바른 인간관계를 가질 수 있을까요? 인생이란 하나의 연극입니다. 이 연극에는 가정, 직장, 사회가 무대가 되고 연습도 없이 직접 출현합니다. 게다가 이 세상은 여러 가지 복잡한 조직으로 둘러싸여 있기 때문에 여기서 가장 중요한 것은 개인의 능력보다는 팀워크입니다.

(예화) 88올림픽 축구팀이 강한 이유는 개인중심이 아닌 팀워크에 있었습니다. 일류대학 출신이 직장에서 성공 못하는 이유는 개인플레이 때문입니다. 그럼 어떻게 해야 하나요? 팀워크를 위해서는 마 7:13의 말씀대로 내가 대접을 받고자 하는 대로 남을 대접하는 생활 자세를 가지면 됩니다. 아랫사람을 대해서 우쭐하는 것도 아니고 불손하게 대하는 것도 아니고 윗사람을 대하여 쩔쩔매며 비굴해져서도 안 된다는 말입니다. 이 두 개의 극단적 태도는 따지고 보면 한 뿌리에서 나온 두 줄기와 같습니다. 결국 인간경시에서 나온 결과인 것입니다.

3. 남이 나를 좋아하도록 힘써야

세상에 남이 싫어하는 사람이 되고 싶은 사람이 어디 있겠습니까?

'날 건드리지 말아요' 하며 가까이 오지 못하게 하는 사람도 없는 것은 아니나 그러나 그것이 본심은 아닙니다. 잠시 혼자 있고 싶다는 표현일 뿐입니다. 그러면 어떻게 하면 남이 나를 좋아하도록 할 수 있을까요? 그것은 내가 얼마나 남을 좋아하는가에 달려 있습니다. 내가 남에게 얼마나 관심을 가지는 가에 달려 있습니다. 가는 말이 고와야 오는 말이 곱다는 말도 있고, 가는 정이 있어야 오는 정도 있다고 했습니다.

예수님께서 네 이웃을 내 몸같이 사랑하라는 말씀은 남이 나를 좋아하게 하는 영원한 진리입니다. 사랑 없이 어떻게 남이 나를 좋아하게 만들 수 있나요? 친구가 많은 사람을 보면 항상 남의 일을 돕는 사람입니다. 무슨 일이 일어났다 하면 항상 돕기를 좋아하는 사람은 친구가 많습니다. 이런 사람이 바로 좋은 인간관계를 유지하는 사람입니다.

4. 계속 자기개발에 힘쓰는 사람이 성공

엡 4:13에 "그리스도의 장성한 분량이 충만한 데까지 이르라"는 말씀은 인격의 성숙, 신앙의 성장을 말씀한 것이지만 또 자기개발을 말씀한 것이기도 합니다. 자기개발을 위해서는 적어도 다음 4가지를 해야 합니다.

(1) 업무 파악 후 도전

자기의 업무를 파악한 뒤에 도전할 목표를 세운다. 그러기 위해서는 현재 자기에게 부족한 것이 무엇인가? 어떤 기능, 어떤 지식이 필요한가를 알아야 합니다.

(2) 문제의식을 가지고 업무분석

문제의식을 가지고 자기의 업무를 살피라. 왜 이렇게 하는가? 개선점은 무엇인가? 하고 내 일처럼 생각하면 새로운 아이디어가 많이 생깁니다.

(3) 배움을 중단하지 말라

계속해서 배우고 또 배워야 합니다. 세상에 배우는 것만큼 무서운 것이 없습니다.

(예) 아이들의 교육을 보면 하루하루가 다릅니다. 그러므로 평생교육에 힘쓰지 않으면 얼마 안 되어 시대에 뒤떨어지는 사람이 되어 낙오자가 됩니다.

(4) 경험의 지식 비축

경험을 쌓아 자기의 지식을 비축하는 것이 바로 성공의 힘이 됩니다.

5. 십일조 생활을 잊지 말라

미국 노던 일리노이대학의 교수로 있는 김영진 박사가 쓴 글에 '한탕주의와 향락주의의 뿌리'를 밝힌 글을 읽은 적이 있습니다. 그는 두 가지의 이유를 들고 있습니다.

하나는 우리의 시야가 너무 좁기 때문이라고 하였습니다. 그것을 그는 시간 지각의 근시화라고 표현하였습니다. 사실 해방이 되면서 위치가 반대로 바뀜, 6.25때도 마찬가지. 남북이 대치함으로 항상 불안하여 내일을 계획하기가 어렵습니다. 우리나라는 국민들의 생활의 근본이라고 할 수 있는 헌법이 지난 40년 동안 8번이나 바뀌었습니다. 언제 또 바뀔지 모릅니다. 한 번도 평화적으로 정권이 바뀌지 않았습니다. 항상 혁명에 의해서 바뀌었습니다. 그래서 언제 무슨 변화가 생기기 전에 한탕 해야 한다는 생각이 팽배해지고 있는 것입니다. 여기서 향락주의가 생긴 것입니다.

둘째는 가치관의 물질주의화에 있습니다. 위에 것을 보지 못하고 항상 동물처럼 땅만 보고 삽니다. 그러나 십일조생활은 바로 이런 인생들에게 새로운 변화를 가져다줍니다. 십일조생활은 무엇보다도 우리를 청지기정신으로 살게 합니다. 검소하고 저축하는 생활을 하게 합니다. 그뿐 아니라 방탕한 생활을 방지해 주고 돈을 바로 쓰는 법을 가르쳐줍니다. 인간이 가난해지는 것은 꼭 그럴 수밖에 없는 이유가 있습니다. 게으르거나, 방탕하거나, 사치하거나 그것도 아닐 경우에는 삶의 태도에 무언가 문제가 있는 것입니다.

물론 몸에 병이 들거나, 갑자기 가정에 문제가 생길 수도 있으나 그것은 금방 극복하게 됩니다. 가장 중요한 것은 삶의 태도에 문제가 있는 경우입니다. 십일조 생활은 바로 건전한 생활태도를 갖게 해줍니다. 즉 청지기정신을 갖게 해줍니다. 그러므로 십일조 생활을 잊지 말기 바랍니다.

(예) 74년 엑스플로 때 미국실업인 스탠리 탐이란 분이 참석한 일이 있습니다. 그는 4번이나 도산한 플라스틱 회사를 인수하려 했으나 역시 망하였습니다. 기도하는 중에 "다시 한 번 해봐라. 이번에는 주님을 사장으로 모시고 해봐라"는 음성을 들었습니다. 그래서 변호사를 찾아가서 주식의 51%를 주님께 드리기로 하고 사사건건 예수님에게 기도로 결재를 받아가면서 했더니 매년 순이익이 200만 불(22억 원)이나 되었다고 하였습니다. 십일조 생활이란 사업의 주인은 하나님이시고 나는 다만 청지기라는 생각으로 사는 신앙생활을 말합니다.

이제 바라기는 우리 모두가 사업에 성공하여 부자 신자, 하나님의 영광을 나타내는 신자들이 다 되기를 축원합니다.

세 종류의 바보

(시14:1, 눅12:16-21)

이 세상에는 세 종류의 바보가 있습니다.

1. 하나님이 없다고 하는 바보

시 14:1절에 나오는 하나님이 없다고 하는 바보입니다. "어리석은 자는 그 마음에 이르기를 하나님이 없다 하도다." 우리는 이런 사람들을 무신론자라고 부릅니다. 무신론자는 크게 두 종류가 있습니다. 첫째는 이론적 무신론자요, 둘째는 실제적 무신론자입니다.

(1) 이론적 무신론

가장 대표적인 이론적 무신론은 공산주의와 진화론입니다. 공산주의 신조 제1항에 "인생은 무덤에서 끝난다. 신은 존재하지 않으며 종교는 아편이다."라고 하였습니다. 공산주의는 아편이라고 부정하였지만 그 자신이 종교가 되었습니다. 종교가 되려면 4가지(교조, 경전, 신(神), 내세)가 있어야 하는데 공산주의는 그것을 다 가지고 있습니다. ① 교조(마르크스) ② 경전(공산당 선언서) ③ 신(지도자의 우상화) ④ 내세(공산사회). 그러므로 공산주의는 일종의 종교입니다.

그밖에도 에덴동산(원시 공산주의), 지옥(부르조아), 여호와(변증법적 유물론), 교인(프로레타리아), 교회(공산당), 최후의 심판(혁명), 구세주(마르크스) 이렇게 공산주의는 종교적 요소를 가지고 있는 거짓 종교입니다. 그러므로 자본주의나 민주주의 가지고는 공산주의를 절대로 못 이깁니다. 참 종교인 기독교만이 공산주의를 이길 수 있습니다. 우리나라에서 반공을 국시로 삼고 승공하겠다고 야단이지만 이 민족이 복음화되지 않고는 절대로 공산주의를 못 이깁니다.

(2) 이론적 무신론은 진화론

신자들 가운데 진화론을 과학적 사실로 믿는 사람들이 있습니다. 그러나 진화론은 입증된 사실이 아니라 선험적 신념입니다(무신론 철학). 최근 한국 창조과학회에서는 「진화는 과학적 사실인가?」라는 책에서 진화론이 비과학적이라는 것을 3가지로 증명하고 있습니다.

첫째 열역학법칙=제1법칙(에너지 보존법칙)에서 볼 때 에너지는 자연적으로 생성될 수 없다(아인슈타인의 E=MC자승에서 에너지와 물질은 같다는 것이 증명되었다). 제2법칙은 시간의 흐름에 따라 질서도 감소된다고 하는데(팽이의 예) 진화론에서는 반대로 가르침(무기물에서 유기물, 다시 생명체로 발전하려면 그 법칙과 모순된다).

둘째 생물학적 고찰 : 획득형질론(진화론의 뼈대)은 멘델, 바이스만에 의해 부정되었습니다. 즉 유전은 그 종의 유전인자에 포함된 정보 내에서만 되지, 절대로 새 종이 생겨날 수 없다는 것입니다.

셋째 화석학적 고찰 : 중간 형태의 화석이 발견되지 않았다는 점입니다..

(3) 실제적 무신론

입으로는 하나님을 인정하지만 생활로는 하나님 없이 사는 사람들을 말합니다.

2. 시한부 인생을 모르는 바보

두 번째 바보는 눅 12:16-21에 나오는, 날을 계수할 줄 모르고 이 땅에서 영원히 살 것으로 생각하는 바보가 있습니다. 세상에서의 성공은 죄가 아닙니다. 미래를 위해 저축하고 준비하는 것도 죄가 아닙니다. 문제는 물질을 바로 쓰지 못하고 많이 소유하는 데만 열중한 것이 죄입니다. 어리석은 부자의 잘못은 날을 계수할 줄 모르는 데서 왔습니다. 그래서 시편 기자는 90:10,12절에서 "우리의 년 수가 70이요 건강하면 80이라도 그 년 수의 자랑은 수고와 슬픔뿐이요 신속히 가니 우리가 날아가나입니다." "우리에게 우리 날 계수함을 가르치사 지혜의 마음을 얻게 하소서."라고 고백했던 것입니다. 그런데 이 어리석은 부자는 나그네 인생이라는 이 평범한 진리를 깨닫지 못했던 것입니다. 어쩌면 그는 설마 했을 것입니다.

엄벙덤벙 20년, 이것저것 20년, 아차아차 20년, 설마설마 꼴깍합니다.

그렇다고 바쁘다 바빠 하며 뛰기만 하는 것도 어리석은 일입니다. 그러면 어떻게 해야 하나요? 눅 19:1-10절에 나오는 삭개오처럼 해야 합니다.

① 예수를 보기 위해 뽕나무 위에 올라감(관심의 문제)

② 예수를 집으로 초청(영접)

③ 내 소유의 절반을 가난한 자에게 주겠사오며(주는 삶).

3. 미련한 바보

세 번째 바보는 고전 4:10절에 나오는 "우리는 그리스도의 연고로 미련하되" 이 말씀은 역설적인 표현입니다. 하나님의 눈에는 지혜입니다.

저는 우리 모두가 바울처럼, 초대교회 성도들처럼 세상 사람들에게 바보처럼 살기를 원합니다. 오늘날 신자들의 문제는 너무 약고 타산적이라는데 있습니다. 말하자면 꿩 먹고 알 먹자는데 있습니다. 세상에서도 쾌락을 누리고 죽은 뒤에는 천국가려는 사람들이 너무도 많습니다. 천국과 세상을 다 가지려고 합니다. 그러나 성경은 말합니다. "내가 지혜 있는 자의 지혜를 멸하고 총명한 자들의 총명을 폐하리라."

그러면 바울은 어떤 바보였는가?

(1) 학문을 버린 바보

그의 가르침 : 세상에서는 신학 한다면 '에이'하고 무시합니다. 당시 바울은 가말리엘문하에서 배운 유명한 랍비였습니다. 그런데 당시 유대인 세계에서 인정받는 그 학문을 버리고 그는 무시당하는 복음을 전하였습니다.

(2) 온유한 바보

그의 태도 : 세상에서는 힘, 권력을 숭상합니다. 그러나 바울은 겸손과 온유를 생활의 기본으로 삼았습니다. 권력자와 가까이 하기보다는 가난하고 힘없는 자들을 가까이 했습니다.

(3) 명예와 인기를 외면한 바보

그의 목적 : 명예와 인기보다는 희생, 고난, 수고, 십자가, 하나님의 영광을 추구했습니다. 그러나 세상은 소위 지혜자에 의해 변화되지 않습니다. 소위 바보들에 의해 이루어집니다. 사실 개척자들은 다 바보처럼 보였던 것입니다. 그러므로 우리는 사람들에게는 바보처럼 보여도 하나님 앞에서 진짜 지혜 있는 자가 되시기 바랍니다. 그러려면 첫째 하나님을 모시고 살고, 둘째 날마다 날 계수하는 지혜를 가지며. 셋째 사람들에게 바보 취급받는 것을 두려워 말고 하나님의 사명에 충성하며 사는 바보가 됩시다.

승리를 가져온 찬양의 힘

(대하20:20-30)

성경에는 찬양을 통해 놀라운 기적이 일어난 경우가 많이 있습니다. 가장 유명한 것 두 가지만 말씀드리면 먼저 신약에 기록된 것으로 행 16:25절 이하에 보면 바울이 빌립보 감옥에 갇혀 있을 때 바울과 실라가 감옥에서 기도하며 찬미를 부를 때에 큰 지진이 나서 옥문이 열리고 매인 오랏줄이 풀리는 역사가 나타났습니다. 두 번째는 오늘 저녁에 살펴볼 것으로 대하 20:20 이하에 기록된 말씀으로 찬양을 통하여 전쟁에서 승리한 기적을 볼 수 있습니다. 그래서 이 말씀을 중심으로 찬양의 힘이 얼마나 큰가를 살펴보면서 우리 모두가 찬양하는 생활을 습관화하여 승리하는 생활을 하시기를 축원합니다.

1. 찬양으로 승리한 기적

대하 20장에 찬양으로 승리한 기적을 살펴보겠습니다. 모압과 암몬이 연합하여 유다를 침략하여왔습니다. 이때 유다의 4대 왕인 여호사밧이란 사람이 있었습니다. 이때 여호사밧은 하나님께 기도하고 온 백성에게 금식을 선포하였습니다. 12절에 보면 "우리를 치러 오는 이 큰 무리를 우리가 대적할 능력이 없고 어떻게 할 줄도 알지 못하옵고 오직 주만 바라보나이다"라고 기도했습니다. 이때 예언자 야하시엘이 큰 구원을 예언합니다.

"이 전쟁이 너희에게 속한 것이 아니요 하나님께 속한 것이니라"(15절). "너희는 두려워하며 놀라지 말고 내일 저희를 마주 나가라. 여호와가 너희와 함께 하리라"(17절).

다음날 여호사밧은 찬양대를 조직하여 행렬 맨 앞에 서게 하였습니다. 이것은 몇 가지 의미가 있습니다.

① 전쟁의 성격을 제시=하나님의 전쟁(오직 하나님에 의해서만 제거될 수 있습니다.)

② 하나님의 승전에 대한 감사

③ 하나님의 전쟁개입을 환영(찬양이 시작될 무렵 복병으로 적대세력을 공격, 더구나 자중지란이 일어나 진멸됨)

④ 하나님을 신뢰하는 최상의 표현

2. 우리가 하나님을 찬양하는 이유

한 마디로 말해서 입술의 열매이기 때문입니다. 세상의 모든 것은 다 열매를 맺어야 합니다. 입술도 열매를 맺어야 하는데 그것이 바로 찬양입니다. 여기에는 세 가지 중요한 이유가 있습니다. 첫째는 하나님을 경배하기 위해서(대하12:18). 둘째는 기쁨을 나타내기 위해서(마26:30). 셋째는 다른 사람에게 증거하기 위해서(행16:25)입니다. 그러나 이것이 전부는 아닙니다.

웰시는 두 가지 중요한 목적이 더 있다고 했습니다. 첫째로 하나님께서는 모든 회중이 같은 일을 동시에 생각할 수 있게 하기 위하여 사람의 마음을 한 곳으로 모으시기를 원하십니다. 이것을 위해 찬송은 최고의 방법입니다. 성령의 역사가 일어나기 위해서는 마음이 하나 되는 것은 불가결의 조건입니다. 둘째로 찬송을 통하여 하나님께서는 우리의 마음을 부드럽게 하십니다. 씨를 뿌리기 전에 밭을 갈아 흙이 부드럽게 하듯이 하나님의 말씀을 듣기 전에 찬송으로 마음밭을 갈 필요가 있습니다. 사실 인생에게는 마음의 문을 여는 두 개의 열쇠가 있습니다. 하나는 기도요 다른 하나는 찬송입니다.

위의 이유 중에서도 하나님을 찬양하고 경배하는 것이 가장 귀합니다. 왜냐하면 하나님께서 우리를 창조한 이유가 바로 여기에 있기 때문입니다. 하나님을 찬양해야 할 일곱 가지 이유가 시 47편에 기록되어 있습니다.

① 그는 우리의 왕(6절)

② 하나님은 온 땅에 왕(7절)

③ 하나님이 열방을 치리하시며(8절)=치리자가 되심

④ 그 거룩한 보좌에 앉으셨음(8절)

⑤ 열방의 방백들(통치자들)이 모임이여(9절)

⑥ 세상의 모든 방패는 여호와의 것임(9절)

⑦ 저는 지존자시도다(9절)

48편에도 몇 가지 이유가 나옵니다.

3. 하나님을 찬양할 때 주시는 축복

(1) 찬송은 기도의 연장

찬송은 기도의 연장이기 때문에 하나님과 깊은 교제를 갖게 하여 깊은 신앙이 생깁니다. 그래서 요한 웨슬레는 숨을 거두기 전에 다음과 같이 고백하였습니다.

"숨 쉬는 동안 나를 지으신 이를 찬양하리
또한 내 목소리가 죽음 속으로 사라지는 때에도,
나의 숭고한 힘을 다하여 찬양하리.
생명과 생각과 존재가 계속되는 한,

영원히 죽지 않는 시간 속에서도
내 찬양의 날은 끝나지 않으리"

(2) 마음에 참 기쁨과 위로를 줌

(예화) 한스 앤더슨이 비판을 많이 받았던 젊은 날을 회상하면서 "비난은 나의 마음을 상하게 하고 베어주지만 찬송은 나를 고무해주고 하나님께 매달리게 해주었다"고 고백하였습니다. 사실 찬송 없는 인생은 마치 오아시스 없는 사막과도 같습니다.

(3) 기적을 가져옴

생활에 기적적인 승리를 가져옵니다. 바울의 경우와 여호사밧의 경우가 바로 그 예입니다. 다윗이 승리자가 될 수 있었던 것도 바로 이 찬양에서 온 것입니다.

이제 바라기는 오늘 저녁 여러분 모두에게 찬양을 통하여 귀한 축복의 소유자가 다 되시기를 주님의 이름으로 축원합니다.

사울이 망한 이유

(삼상15:17-23)

성경에는 좋게 시작했다가 나쁘게 끝난 사람들이 많이 있는데 가장 대표적인 사람이 구약의 사울 왕이고 다른 하나는 신약의 가룟 유다입니다.

이 시간에는 사울의 경우를 살펴보면서 우리는 사울처럼 되지 않기를 바라는 마음으로 함께 은혜를 나누려고 합니다. 사울의 죄는 삼상 13-15장에 자세히 나옵니다.

1. 사울의 죄

먼저 삼상 13장의 죄부터 살펴보겠습니다. 13장의 죄는 인내하지 못한 죄입니다. 사울은 사무엘과 몇 달 전에 합의한 대로(10:8) 길갈에서 모였습니다. 당시 그는 블레셋과의 전쟁을 앞두고 먼저 하나님 앞에서 제사를 드리기로 하였는데 사무엘이 제 날짜에 오지를 않았습니다.

이것은 인간적인 면에서 볼 때에 사울에게는 큰일이었습니다. 왜냐하면 전쟁을 안 하고 기다리면 기다릴수록 불리했기 때문이었습니다. 기다리면 기다릴수록 블레셋의 힘이 더 강대하여져서 승리하기가 어렵기 때문이었습니다. 여기서 우리는 사울의 사고방식이 얼마나 인간적이고 비신앙적인가를 알 수 있습니다.

마침내 사울은 사무엘 없이 제사를 지냈습니다. 11-12절에 보면 사울의 핑계가 나옵니다. "내가 부득이하여 번제를 드렸나이다." 사울은 사무엘에게 거짓말로 핑계하였으나 선지자는 진실을 알고 있었습니다. 이 거짓말, 인내심의 부족이 사울의 종말의 시작이 된 것입니다.

사람이 참지 못한다는 것은 신앙의 부족에서 오는 것입니다. 또 고전 13장에 보면 "사랑은 오래 참고"라고 하였고 갈 5:22절에 보면 성령의 열매 중 네 번째는 '오래 참음과'라고 하였습니다.

2. 이기적이고 기회주의적 사고

두 번째 죄가 삼상 14장에 나옵니다. 14장을 보면 사울의 아들 요나단은 다윗의 진실한 친구요 경건한 사람이라고 하였습니다. 그는 하나님의 도움으로 블레셋을 이기고 승리를 하였습니다. 사울은 관망만 하고 있다가 이길 때가 되어서야 그의 군대를 풀어서 승리에 참여케 하였습니다. 이 얼마나 이기적이고 기회주의적인 술책인가요? 그런데 사울은 그날 그의 군대에게 어떤 음식도 먹지 말라는 어리석은 서원을 하였다. "저녁 곧 내가 내 원수에게 복수하는 때까지 아무 식물이든지 먹는 사람은 저주를 받을지어다."

이것은 희생의 서약을 통해 하나님의 축복을 받으려고 하는 얄팍한 이유 때문이었습니다. 그러나 요나단은 그의 말을 듣지 못하였습니다. 그래서 그는 서원을 어기고 먹었고 백성들은 심지어 피 째 양과 소와 송아지를 먹었습니다. 그러나 하나님의 뜻이 아닌 요나단을 죽일 수는 없었습니다. 여기서 우리는 중요한 것을 배웁니다.

(1) 서원의 중요성

잘못된 서원을 해서는 안 된다는 것입니다.

(2) 교만의 대가

사울의 두 번째 죄는 바로 그의 교만에서 나왔다는 것을 보여줍니다.

사울은 초기의 겸손(9:21)을 잃었던 것입니다. 교만하면 영적으로 목이 뻣뻣해지는 것인데 그러면 영적 고혈압에 걸려 누구나 죽습니다.

3. 물질에 눈이 어두울 때

그러나 하나님은 사울이 자신을 증명해 줄 기회를 한 번 더 주었습니다. 이번에는 이스라엘의 옛 원수인 아말렉을 철저하게 진멸하는 일이었습니다. 그것들을 보관해 두었으며 아각 왕을 죽이지 못하였습니다. 9절에 이렇게 기록하고 있습니다. "사울이 가장 좋은 것을 남기고 진멸키를 즐겨 아니하고 가치 없고 낮은 것만 진멸하니라." 결국 사울은 순종하는 척만 하였고 물질적인 것에 눈이 어두워 하나님에게 불순종하였던 것입니다. 그러나 하나님은 사울의 한 일을 사무엘에게 알렸고 마음에 근심이 된 사무엘은 밤새 기도하였습니다. 다음 날 사무엘이 사울에게로 나아가 왕은 거짓말을 하였고 하나님의 명령에 불순종하였다고 책망하였습니다. 바로 그때 사울의 죄가 드러났습니다. 동물들이 소란을 피웠기 때문이었습니다. 여기서 우리는 죄의 성격을 봅니다.

(예화) 어떤 사람이 살인을 하여 눈 속에 묻어두었으나 봄이 되어 눈이 녹자 그것이 발각되었습니다. 바로 이것이 죄의 속성입니다. 그런데 사울은 한 번 더 핑계를 대었습니다. "백성들이 하나님께 제사하려 하여 가장 좋은 것을 남기고 그 외의 것은 우리가 진멸하였나이다." 이 사울의 불순종은 사울에게 돌이킬 수 없는 죄를 짓게 만든 것입니다. 24-27절을 보면 사울은 '내가 잘못 하였습니다.'라고 고백을 하였으나 이것은 진정한 의미에서의 회개는 아니었습니다. 불성실한 뉘우침이었습니다.

① 어쩔 수 없는 환경에서 한 것이고

②) 안하면 무서운 결과가 올 것이라는 두려움에서 억지로 한 것이고

③) 더구나 죄의식 없이 한 것이기 때문입니다

참 회개는 뉘우치는 것만이 아니라 한 걸음 더 나아가서는 방향의 전환, 목적의 전환이 있어야 하는 것입니다. 사울의 뉘우침은 가룟 유다의 뉘우침과 같이 참 회개가 아니었습니다.

그런데 사울의 경우는 그렇지 않았습니다. 그래서 사무엘이 용서하지 않고 '여호와께서 왕을 버렸나이다.'라고 예언하였습니다. 이때 사울이 사무엘의 겉옷자락을 붙잡으매 찢어졌습니다. 사무엘 선지자가 말하였습니다. 그러자 사무엘은 이것이 왕국을 찢겨서 다른 사람(다윗)에게 주실 것에 대한 예언으로 삼았습니다. 30절에 보면 사울이 하나님보다 사람들이 어떻게 생각할 것을 더 중하게 생각하였다는 것을 보여줍니다. "제가 범죄하였을지라도 청하옵나니 내 백성의 장로들의 앞과 이스라엘의 앞에서 나를 높이사 나와 함께 돌아가서 나로 당신의 하나님 여호와께 경배하게 하소서." 사무엘은 사울과 함께 제사를 드렸고 여호와께서 명하신 대로 아각을 죽였습니다. 이것이 사무엘과 함께 행한 마지막 일이 되었습니다. 사무엘이 죽으면서 사울은 하나님의 축복도 잃었고 그의 왕국도 잃는 비극을 맛보아야 했습니다. 삼하 1:13절을 보면 사울은 후에 그가 진멸하지 않은 아말렉에게 죽임을 당하였으니 이 얼마나 아이러니컬한 역사인가요? 그러므로 우리는 하나님의 명령에 무조건 순종해야 합니다. 영원한 그의 섭리 속에서 모든 것을 보시고 말씀하시는 것이기 때문입니다.

15장이 보여주는 교훈은 하나님이 기뻐하시는 제사는 순종의 제사이지 물질만 드리는 제사는 아니라는 점입니다. 롬 12:1절에 보면 하나님이 기뻐하시는 제사가 나옵니다. "너희 몸을 하나님이 기뻐하시는 산제사로 드리라." 요 4:24절에는 "하나님은 영이시니 신령과 진정으로 드

릴지니라"고 하였습니다. 두 번째로 중요한 것은 불순종은 자신의 멸망을 가져온다는 것입니다. 아말렉을 진멸하라고 했을 때 안 하자 그들에게 죽임을 당했다는 것은 중요한 교훈을 줍니다. 아담과 하와가 범한 원죄란 따지고 보면 교만이요 불순종이었습니다. 이것이 사울에게서 또 나타난 것입니다.

맺는말

우리는 사울이 왜 망하게 되었는가를 살펴보았습니다. 가장 중요한 것은 크게 세 가지 이유 때문이었습니다.

① 인내심이 부족해서 그가 해서는 안되는 교만을 범하였습니다. 교만은 멸망의 시작입니다.

② 제사보다 순종을 하나님이 더 기뻐하십니다. 형식적인 예배만으로 하나님이 기뻐하실 줄로 믿으면 그것은 큰 잘못입니다.

③ 하나님께 불순종으로 결국 진멸하지 않은 아말렉에게 나중에 죽임을 당하여 자신도 죽고 아들도 함께 죽고 그의 왕국도 끝나는 결과를 가져왔습니다.

성숙한 신자가 되려면

(고전3:6-7)

교인 가운데는 3가지 종류의 사람들이 있습니다

① 앉은뱅이 교인

목사가 업어주어야 움직이는 앉은뱅이 교인이 있습니다.

② 절름발이 교인

절름발이 교인이 있습니다. 목사나 가족, 친구가 목발처럼 도와주어야 움직이는 교인입니다. 대부분이 여기에 속합니다. 이들은 기분 나쁘다고 안 나오고 바쁘다고 안 나오는 사람들입니다. 스스로 평신도가 아니라 병신도가 되어가고 있습니다.

③ 온전한 교인

온전한 교인이 있습니다. 자기의 신앙의 발로 걷는 사람을 말합니다. 봉사를 기쁨으로 하는 교인, 앨매 맺는 교인이 여기에 속합니다. 이들이 바로 성숙한 신자입니다.

우리는 성숙한 신자가 되어야 합니다. 그렇지 않으면 예수 믿는 것이 괴롭다, 마치 장애물 경기를 하는 것처럼 힘들다고 억지로 믿는 열매 없는 신자가 됩니다. 열매가 없으니 재미가 없습니다. 그러면 어떻게 하면 성숙한 신자가 될 수 있을까요?

1. 하나님께서 나를 사랑하고 있다는 것을 믿어야

70억이나 되는 사람 가운데 하나님께서 나를 사랑하고 계시다고 여러분은 믿고 계십니까? 사람인지라 의심이 날 때가 전혀 없지 않겠지요. 그러나 그래도 믿어야만 합니다. 어린아이의 인격성장에 있어서 제일 먼저 생기는 것은 부모의 사랑에 대한 신뢰입니다. 부부간에 있어서도 마찬가지입니다. 아내가 나를, 남편이 나를 사랑한다는 믿음이 없이는 가정의 행복은 오지 않습니다. 아름다운 저녁노을, 가을의 하늘, 봄의 꽃향기, 자연을 바라보면 하나님께서 나를 사랑하고 있다는 것을 발견할 수 있습니다. 그러나 우리가 하나님의 사랑을 확신하는 것은 성경을 통하여 알 수 있습니다. 롬 5:8절에 뭐라고 했습니까?

"우리가 아직 죄인되었을 때 그리스도께서 우리를 위하여 죽으심으로 하나님께서 우리에게 대한 자기의 사랑을 확정하셨느니라."

다음은 십자가를 바라볼 때마다 우리는 날 위하여 죽으신 주님을 볼 수 있습니다. 이처럼 하나님께서 나를 사랑한다는 믿음이 중요하기 때문에 마귀는 우리를 유혹할 때에 바로 이것을 역으로 이용합니다. 그래서 '야, 하나님이 너를 사랑한다면 어떻게 물질을 안 주시냐? 왜 시험이 그렇게도 많으냐?' 하면서 의심하도록 만듭니다. 그러므로 내가 존재하고 있는 사실을 의심할 수 없는 것처럼 하나님이 나를 사랑하고 있다는 것을 우리는 의심해서는 안 됩니다. 그리고 의심이 나면 기도하세요. 의심이 나면 찬송하세요. 그러면 의심 구름이 안개처럼 사라질 것입니다.

2. 자기 문제를 솔직히 시인해야

우리의 가장 큰 문제는, 문제가 있다는 데 있는 것이 아니라 문제를 숨기고 감추는 데 있습니다. 세상에 문제가 없는 사람은 하나도 없습니다. 다 문제를 가지고 있습니다. 그러니 자신의 문제를 감추려고 하지 말고 솔직히 시인하십시오. 미국 사람들은 하루에도 몇 번씩 죄송하다는 말을 많이 합니다. 영어로 말하면 'I am sorry'인데 이 말을 주저하지 말아야 합니다. 세상의 문제는 잘못을 범해서가 아니라 잘못이 없다는 고집을 부리기 때문에 일어납니다. '미안해요, 내가 잘못 했어요.'라고 말하면 아무도 시비하지 못합니다. 하나님이 하실 수 없는 것이 무엇인지 아십니까? 거짓말을 하실 수 없고 회개하는 죄인을 지옥에 보낼 수 없습니다. 그래서 야고보 선생은 "이러므로 너희 죄를 서로 고하며"(5:16)라고 말씀하신 것입니다. 물론 하나님은 우리가 고백하지 않아도 다 아십니다. 그러나 문제는 우리가 자신의 잘못을 시인하기까지는 하나님께서 해결해 주시지 않는다는 점입니다. 성경은 우리에게 말씀하십니다. "만일 우리가 죄를 자백하면 저는 미쁘시고 의로 우사 우리 죄를 사하시며 불의에서 우리를 깨끗케 하실 것이요"(요일1:9).

3. 모든 책임은 나에게 있다는 것을 알아야

그런데 사람은 그렇지 않습니다.

(예화) 아담과 하와가 선악과를 먹고 범죄했을 때 하나님이 불러 물으심 : 내가 너더러 먹지 마라 명한 그 나무 실과를 왜 먹었느냐? 아담 : 하나님이 주신 여자가 주어서 먹었나이다. 하와에게 : 네가 어찌하여 이렇게 하였느냐? 여자의 대답: 뱀이 나를 꾀므로 내가 먹었나이다. 이 책임전가가 인간의 심리입니다. 서대문교도소에 있는 죄수들에게 물어보면 아 내가 잘못을 한 게 아니고 사회가 그렇게 만들고 누가 이렇게 만들었다고 대답할 것입니다. 그러나 하나님 앞에서 문제가 생겼을 때에는 '제가 잘못했습니다. 다 저에게 책임이 있습니다'라고

인정할 때 문제가 해결됩니다.

4. 나도 변화될 수 있다는 것을 믿어야

할 수 없다는 운명론적인 태도는 비신앙적 태도입니다. 우리는 성경에서 많은 사람들이 예수를 믿고 그 인격이 변화된 것을 볼 수 있습니다. 가장 대표적인 예가 사도 바울입니다. 예수님의 열두 제자가 바로 그 좋은 예입니다. 고후 5:17절에 "그런즉 누구든지 그리스도 안에 있으면 새로운 피조물이라. 이전 것은 지나갔으니 보라 새 것이 되었도다." 복음서에 보면 예수님께서 많은 환자들을 고쳐주셨습니다. 그때 예수님은 많은 경우에 네가 이것을 믿느냐고 질문하셨습니다. 그리고 예 그렇습니다라고 대답했을 때 "네 믿음대로 될지어다"라고 말씀하신 것을 볼 수 있습니다. 그러므로 나도 변화될 수 있다는 것을 믿으십시오.

5. 진실한 기도를 드려야

성경에는 기도의 인물이 셀 수 없이 많습니다. 기도는 그 사람의 신앙의 척도입니다. 기도란 하나님과의 대화입니다. 솔직하게 드리면 됩니다. 하박국 1:2절에 보면 "여호와여 내가 부르짖어도 주께서 듣지 아니하시니 어느 때까지니이까?"라고 하나님께 고백한 구절이 나옵니다. 이것이 바로 참된 기도입니다. 마음에 있는 그대로를 하나님께 기도하는 것이 중요합니다. 기도하면 하나님께서 4가지 방법으로 반드시 응답합니다. 그래, 안 된다, 기다려라, 내 방법대로 해주마라고. 기도에 있어서 가장 중요한 것은 확신을 가지고 기도하는 것입니다. "구하라 주실 것이요, 찾으라 그러면 찾을 것이요, 문을 두드리라 그러면 너희에게 열릴 것이니 구하는 이마다 얻을 것이요 찾는 이가 찾을 것이요 두드리는 이에게 열릴 것이니라."(마7:7-8). 기도할 때 줄 태면 주고 말테면 말라는 식으로 해서는 안 됩니다.

6. 사랑하고 용서할 때 큰 변화가 일어남

성숙한 신자란 결국 사랑을 실천할 줄 아는 신자를 말합니다. 그런데 이 사랑은 용서에서 나타납니다. 아내를 용서하십시오. 그러면 아내가 변화될 것입니다. 남편을 용서하십시오. 남편이 변화될 것입니다. 이웃을 용서하십시오. 그러면 이웃이 변화될 것입니다. 한두 번도 아니고 어떻게 자꾸만 용서한다는 말인가? 하고 말할지 모르겠습니다. 그러나 나 자신은 어떻겠는가? 잘못을 얼마나 자주 범하고 범했는가? 내가 하나님 앞에서 용서받은 것의 절반만 남을 용서하십시오. 그러면 그는 그 사랑에 의해 변화될 것입니다. 결국 이 세상을 변화시키는 열쇠는 바로 사랑입니다. 용서입니다. 과거의 잘못에 얽매이고 있으면 앉은뱅이 교인으로 머물게 됩니다. 기껏해야 절름발이 교인으로서 끝나고 맙니다.

맺는말

이 시간 나는 어떤 교인인가 한 번 손을 가슴에 얹고 생각해 보십시오. 앉은뱅이인가? 아니면 절름발이인가? 아니면 성숙한 신자인가? 하나님은 여러분을 사랑하고 있습니다. 여러분은 분명히 변화될 수 있습니다. 그러므로 이 시간 주여 내가 변화되지 못하고 앉은뱅이처럼, 절름발이처럼 지내는 것을 하나님 앞에서 통회자복하고 성령의 뜨거운 역사로 말미암아 이 시간 새로운 피조물이 되게 해달라고 기도하십시오. 문제는 지금까지 내 인격을 변화되게 해달라고 기도하지 않는 데 있습니다. 구하라, 찾으라, 두드려라, 분명히 주신다. 네 믿음대로 될지어다. 주님은 말씀하십니다. 그러므로 믿음의 사람들이 다 되시기를 축원합니다.

시험의 유익

(약1 : 1-5)

제가 공부를 하는 동안 제일 괴로웠던 것은 시험 보는 것이었습니다. 미국에서 공부할 때 어떤 교수는 매시간 시험을 보았는데 그때마다 얼굴에 미소를 띠면서 "여러분 이 시험은 여러분들을 괴롭게 하거나 골탕 먹이려는 목적이 아니라 단순히 여러분들의 아는 것이 무엇인지 테스트 하는 것이고 이 경험을 통해 여러분들에게 좀 더 공부하도록 하는 목적이 있습니다."라고 했습니다.

지금 나는 그 시험 문제를 기억하지 못합니다. 다만 기억나는 것은 쓰지 못한 것, 내가 실패한 것만 기억에 남습니다.

야고보는 바로 이런 선생의 심정으로 영적 시험에 대하여 설명하고 있습니다. 야고보는 우리들에게 시험에 빠지지 않도록 열심히 기도하라고 말씀하십니다. 여기서 우리는 학생들이 시험을 통해 성장하고 운동 선수들이 피나는 연습과 실패를 통해 훌륭한 선수로 자라듯이 신자들도 영적 시험을 통해 성숙된다는 것을 발견하게 됩니다. 즉 시험은 우리의 신앙을 연단시키고 우리를 깨끗하게 만들어 줍니다. 그러면 시험의 유익을 세 가지 면에서 살펴보려고 합니다.

1. 시험은 우리의 신앙을 깨끗하게 만들어 줌

(1) 야보고의 신앙

야고보는 시험을 통해 신앙이 깨끗하게 되어가는 과정을 2-4절에서 생생하게 그리고 있습니다. 오늘날 쇠는 열을 가해 그것을 순도 높게 만듭니다. 쇠는 녹고 물처럼 흘러서 나오면 그 속에 있던 모든 불순물들이 제거되고 쇠는 좋은 것이 됩니다. 우리의 믿음도 불같은 시험을 만나게 될 때 마치 용광로에 들어가 쇠처럼 이런 과정을 거쳐 순도가 높아집니다. 이처럼 시험의 불은 뜨거워도 우리에게 유익을 준다는 것을 잊어서는 안 됩니다. 왜냐하면 시험은 불처럼 괴롭고 어려워도 불순물이 제거되는 방법이 되기 때문입니다. 그러므로 시험은 유익이 된다는 말입니다.

(2) 시험이 올 때 어떻게 해야 하는가?

60년대 말에 아카데미 여주연상에 올랐던 여배우 가운데 Patricia Neal(페트리샤 닐)이란 배우가 있었습니다.

그 영화제목이 〈The subject was roses〉란 것이었습니다. 이 영화에서 배우의 얼굴이 크게 확대되면서 나타났을 때가 이 여인에게는 인생의 최고절정이었습니다. 1960년 페트리샤가 뉴욕에서 유모차에 아기를 태우고 길을 건너갈 때 자동차가 지나가면서 사고를 냈습니다. 어린 애는 중상을 입고 병원에 여러 달 입원을 했고 이 년 후에 딸아이 하나는 홍역에 걸려 죽고 말았습니다.

1965년 페트리샤 자신도 유출형병에 걸려 거의 죽게 되었습니다. 심지어 말도 어눌해지고 시력도 나빠져서 잘 볼 수 없고 마음의 상처는 말할 수 없을 정도였으나 이 여인은 참고 참아 마침내 회복되었습니다. 마침내 배우로서는 최고의 명예인 오스카상을 받았습니다. 이때 신문기자가 그녀에게 용기의 열쇠가 무엇이냐고 물었습니다. 그러자 펱트리샤는 방안에 있는 액자를 손으로 가리켰습니다. 거기에는 이렇게 쓰여 있었습니다.

'두려움이 문을 두드릴 때 하나님께 대한 신앙이 대답을 했습니다. 그러나 밖에는 아무도 없었습니다.'

즉 시험이 올 때 신앙으로 대답을 하면 시험은 도망간다는 말입니다.

2. "믿음의 시련이 인내를 만들어내는 줄 너희가 앎이라"(3절)

즉 시험은 인내를 만들어 준다는 말입니다.

(1) 시험 중에 가장 큰 문제

시험에서 가장 큰 문제는 참지 못하는 것입니다. 언제인가는 좋은 일이 온다는 것을 우리는 알고 있습니다. 문제는 지금 이 순간이 괴롭고 참기 어려운데 있습니다. '시간이 모든 문제를 해결한다'는 말이 있듯이 시간이 지나면 해결되는데 우리는 참지 못하는 것이 문제입니다. 그런데 이 시험은 우리에게 참을 줄 아는 인내력을 길러줍니다. 마라톤선수도 처음에는 우리와 마찬가지로 조금만 뛰면 숨이 차고 통증이 왔습니다. 그러나 계속해서 피땀을 흘리며 연습을 반복함으로써 인내력이 생기고 마침내 면류관을 쓰게 됩니다. 시험도 마찬가지입니다.

(2) 인내는 시험의 두 번째 열매

그런데 이 인내는 그냥 참는 것이 아니라 문제를 해결하는 꿋꿋함을 말합니다. 그냥 막연하게 무엇이 일어날 것을 기다리는 것이 아니고 그것을 헤쳐 나가는 힘을 말합니다. 이 힘은 시험의 연단을 통해 나타나는 것입니다.

(3) 인내는 순교자들에게 생명을 바치는 힘

그뿐 아니라 인내는 순교자들에게 생명을 바치는 힘을 주었습니다. 심지어 화형을 당하면서도 불을 보면서 두려워한 것이 아니고 그 속에서 주님의 영광스러운 얼굴을 보면서 승리할 수 있었던 것입니다. 스데

반 집사의 경우가 바로 그것입니다. 행 7장에 보면 스데반은 하늘이 열리고 인자가 하나님의 우편에 서신 것을 보면서 순교했다고 하였습니다. 그 힘이 어디서 생겼을까요? 그것은 두 말할 필요도 없이 평소에 많은 시련과 고통을 통해 연단된 것입니다.

그러므로 우리는 시험이 오는 것을 불평하지 말고 나를 연단하여 귀한 존재를 만들려는 하나님의 축복임을 잊지 마시기 바랍니다.

3. 시험은 인격을 온전케 함

시험은 인내를 가져오고 이 인내는 우리에게 두 가지를 준다고 하였습니다. 4절에 "인내를 온전히 이루라 이는 너희로 온전하고 구비하여 조금도 부족함이 없게 하려 함이라."

(1) 인내와 시련은 우리를 온전케 함

먼저 인내는 우리를 온전케 해준다고 하였습니다. 이 말은 죄가 없게 만든다는 말이 아닙니다. 성숙을 의미합니다. 사람은 하나님에게서 창조함을 받았을 때 목적이 있었습니다. 이것에 도달하는 것을 말합니다. 사실 남을 이해하려면 그 사람의 입장에 서봐야 합니다. 그래서 괴테는 눈물젖은 빵을 먹어보지 않고는 인생을 알 수 없다고 하였습니다. 많은 경험을 가진 사람이 모든 일에 원만하고 인격적으로 성숙한 것을 야고보는 언급하고 있는 것입니다. 많은 시련을 통해 연단된 사람만이 남을 이해하고 원만해집니다.

(2) 시험은 한 단계 증진

운동선수가 많은 훈련을 통하여 높은 장대에도 오르고 넓이 뛰기나 높이뛰기를 하는 것처럼 시험은 우리에게 구비하여 조금도 부족함이 없게 만들어 줍니다. 사실 시험이 없이는 내가 무엇을 모르는지도 모릅니다. 시험을 통해서 내 실력의 정도를 알고, 모르는 것은 좀 더 공부해서 좋은 학생이 되듯이 영적 시험도 마찬가지입니다. 시험이 올 때 비로소 '아이구, 내 기도가 부족하구나, 내가 성경을 너무 모르고 있구나' 하고 깨닫게 되고 그래서 그것을 보완하도록 힘쓰게 됩니다.

4. 시험이 올 때 우리는 어떻게 해야 하나?

소가 왜 담 너머로 고개를 들고 보는지 아십니까? 그것은 담에 가려서 안 보이기 때문에 그런 겁니다. 우리도 시험을 당할 때 앞이 안 보입니다. 그때 우리는 담 너머, 즉 위를 바라보는 믿음을 가져야 합니다. 이것만이 시험을 이기는 비결입니다. 시험에는 두 가지가 있습니다. 하나는 하나님의 시험이요 다른 하나는 사탄의 시험입니다.

트랩(Trapp)의 설명 : '그리스도는 부채로 부치고 사탄은 체로 거른다.' 즉 그리스도는 나쁜 것만 날아가게 하고 좋은 것은 남게 하지만 마귀는 좋은 것은 몰아내고 나쁜 것만 남게 한다는 말입니다.

맺는말

시험을 통하여 하나님은 우리 생애에 놀라운 일을 이룩하십니다. 이 시험을 통하여 우리는 내 자신을 의지하지 않고 하나님의 은혜에 의지하게 되고 섬기는 일에 적합한 사람이 됩니다. 이 시험을 통해 온전히 성장하게 되고 모든 것을 구비하게 되고 부족함이 없게 됩니다. 그러므로 우리는 시험이 왔을 때 하나님께 의지해서 그에게서 힘을 얻고 승리하여 영광의 면류관을 얻는 우리가 다 되기를 축원합니다.

사후의 생명

(벧전1:3-4)

인간은 다 사후에 대한 어떤 본능을 가지고 있습니다. 우리의 본능은 인간은 인격의 본질상 즉 육체와 영혼으로 구성되었기에 죽음으로 끝나지 않는다는 믿음을 갖게 합니다. 공의를 위해서라도 사후의 세계는 있어야 한다고 우리의 본능은 말합니다. 보상되지 못한 선이 너무 많고 또 전달되지 않은 진리가 많이 있을 뿐 아니라 징계되지 않은 불의가 너무 많기 때문에 사후의 세계는 반드시 있어야 한다고 우리의 본능은 말합니다. 한국의 전통사상인 유교에서는 인간은 혼과 백으로 되어 있어서 죽으면 혼은 공중으로 떠돌고 백은 땅에 흙으로 변한다고 말합니다. 그런데 공중으로 떠돌아다니는 혼은 컴컴한 곳을 찾아다니다가 자기가 죽은 날(기일)이 되면 자기 집을 찾아와서 제사상의 음식을 먹어야만 계속 존속할 수 있다고 믿었습니다.

또 우리는 다 사후에 대한 어떤 직관을 가지고 있습니다. 예를 들어 칸트는 신자는 아니었지만 그는 그의 「실천이성비판」에서 윤리를 가능케 하기 위해서는 적어도 세 가지가 요청되어야 한다고 하였습니다.

첫째는 도덕적 책임을 물을 수 있어야 하기 때문에 자유가 있어야 한다고 하였습니다.

둘째는 이 땅에서 선악의 판결이 다 나지 않기 때문에 영혼불멸이 요청된다고 하였습니다.

셋째는 그 심판을 하실 주권자로서 하나님이 요구된다고 하였습니다. 이것이 바로 그의 직관의 결과였습니다. 또 사람마다 사후의 세계에 대한 어떤 상상력을 가지고 있습니다. 요한 밀톤의 「실낙원」이나 유명한 복음송을 들을 때 우리는 천국에 대한 깊은 상상을 합니다. 그러나 우리의 본능이나 직관이나 상상력이 천국에 대한 아무런 정보도 주지 못합니다. 그렇다고 과학이 사후의 삶에 대해 말해주지도 않습니다. 철학이나 종교학이나 다른 아무런 학문도 우리에게 천국에 대한 지식을 주지 못합니다. 그러나 복음은 사후의 생명에 대해 우리에게 아주 정확하고 자세한 지식을 주고 있습니다. 그것은 바로 예수 그리스도께서 그의 생애를 통하여 인간은 죽음으로 끝나는 것이 아니고 사후에 생명이 계속된다는 것을 증명해 주었습니다. 다시 말하면 그의 죽으심과 부활 그리고 승천을 통하여 사후의 세계인 천국이 있다는 것을 증명해주신 것입니다. 우리는 천국에 갔다 왔다는 어떤 목사의 간증을 통하여 믿는 것이 아니라 하나님의 말씀인 성경을 통하여 믿는 것입니다.

1. 죽은 뒤에도 생명이 있는가?

욥은 욥기 14:14절에서 참으로 심각한 질문을 하였습니다. "사람이 죽으면 어찌 다시 살리이까?" 그런데 이 질문에 대하여 주님은 요한복음 11:25-26절에서 대답을 하고 계십니다. "나는 부활이요 생명이니 나를 믿는 자는 죽어도 살겠고 무릇 살아서 나를 믿는 자는 영원히 죽지 아니하리니"라고 말씀하셨습니다. 베드로는 이 사후의 생명이 너무 놀라워 '찬송하리로다' 다시 말해서 '할렐루야'라고 찬양을 하였습니다. 그렇습니다. 천국은 너무 좋은 곳입니다. 그래서 김활란 박사는 그의 유언에서 '나를 위해 장송곡을 부르지 말고 승리의 개선가를 불러주시오'라고 유언을 했던 것입니다. 인간은 죽음으로서 모든 것이 끝나는 것이 아니고 죽은 후에도 생명은 계속된다는 것입니다. 그러나 이것은 과학이나 철학이나 경험을 통해서 아는 지식이 아니라 믿음으로 아는 지식입니다.

2. 사후의 생명은 어떤 것인가?

(1) 사후의 생명은 영광스럽기 때문에 '기업'이라고 부름(4절).

3절에서 베드로는 이 기업을 이렇게 찬송하였습니다.

"찬송하리로다 우리 주 예수 그리스도의 아버지 하나님이 그 많으신 긍휼대로 예수 그리스도의 죽은 자 가운데서 부활하심으로 말미암아 우리를 거듭나게 하사 산 소망이 있게 하시며"(3절).

이것은 분명히 하나의 생명입니다. 질적 생명입니다. 신자들에게 주시는 생명입니다. 여기서 '기업'이란 말은 상속자에게 주시는 소유물을 말합니다. 벧전 3:7절에서는 '유업'이란 말로 번역이 되어 있습니다. 이처럼 하나님은 사후의 영광스러운 생명을 우리를 위하여 준비하여 두셨다가 유업으로 주신다고 하였습니다.

(2) 자녀를 위하여 준비하시는 하나님

성경은 하나님께서 그의 자녀들을 위하여 준비하고 계시다고 말씀하고 있습니다. 시 23편에 "원수의 목전에서 내게 상을 베푸신다"고 하였고 31편 19절에서는 "주를 두려워하는 자를 위하여 쌓아두신 은혜 곧 인생 앞에서 주께 피하는 자를 위하여 베푸신 은혜가 어찌 그리 큰 지요"라고 하였습니다. 신약성경을 보면 예수님은 하나님 나라를 잔치에 비유하고 있는 것을 볼 수 있습니다. 예를 들면 마태복음 22장에 보면 "천국은 마치 자기 아들을 위하여 혼인잔치를 베푼 어떤 임금과 같으니 그 종들을 보내어 그 청한 사람들을 혼인잔치에 오라 하였다"고 했습니다. 다시 말하면 성경에는 분명히 하나님을 사랑하는 자를 위하여 많은 축복을 준비하고 계시다고 약속을 하고 있습니다. 예수님은 우리가 죽은 뒤에 하늘나라의 유업을 주시기 위하여 준비하고 계십니다.

그래서 말씀하시기를 "너희는 마음에 근심하지 말라 하나님을 믿으니 또 나를 믿으라 내 아버지 집에 거할 곳이 많도다. 그렇지 않으면 너희에게 일렀으리라 내가 너희를 위하여 처소를 예비하러 가노니 가서 너희를 위하여 처소를 예비하면 내가 다시 와서 너희를 내게로 영접하여 나 있는 곳에 너희도 있게 하리라"고 제자들을 위로 하셨던 것입니다. 바울도 고전 2:9절에서 "하나님이 자기를 사랑하는 자들을 위하여 예비하신 모든 것은 눈으로 보지 못하고 귀로도 듣지 못하고 사람의 마음으로 생각지 못하였다 함과 같도다"라고 하였습니다. 그렇습니다. 하나님은 우리를 위하여 유업으로서 천국을 준비하시고 계신다, 이 얼마나 감사한 일인가? 저는 결혼을 하고서 사랑하는 아내를 위하여 부엌도 없는 남의 집 방 하나를 전세로 겨우 준비하고 기다렸으나 온 세상을 창조하신 하나님은 영원한 하나님 나라를 준비하고 우리가 올 때를 기다리고 계십니다.

3. 이 기업은 어떤 성격의 것인가?

(1) 본문에 사후의 생명은 '썩지 않고'라고 함

이 세상의 생명은 병들고 죽고 고통을 당하는 성격을 가지고 있습니다. 우리는 젊은 나이에 혹은 어린 나이에 세상을 뜬 많은 사람들을 알고 있습니다. 그 옆에서 목매어 울고 있는 어머니의 슬픔을 봅니다. 그러나 사후의 생명은 썩지 않습니다. 즉 죽음이 없고 영원한 생명인 것입니다. 그래서 계시록 21:4절에는 "모든 눈물을 그 눈에서 씻기시고 다시 사망이 없고 애통하는 것이나 아픈 것이 다시 있지 아니하리니 처음 것들이 다 지나갔음이라"고 하였습니다.

(2) 사후의 생명은 '더럽지 않은' 생명

이 세상처럼 더럽고 악이 가득한 것이 아니라 죄가 없고 거룩하고 깨끗한 생명이라는 말입니다. 우리는 이 세상에 살면서 인간의 악함과 더러운 것을 보면서 얼마나 실망을 해 왔습니까? 그러나 사후의 생명은 이런 죄로부터 해방된 생명이요 시험도 악함도 사탄의 유혹도 받지 않는 생명입니다.

(3) 사후의 생명은 '쇠하지 아니하는 생명'이라고 함

이 세상의 생명은 젊어서 한때 아름답기는 하지만 금방 주름살이 생기고 추해지고 조금 나이를 먹으면 마치 중고품처럼 망가지는 생명입니다. 그러나 사후의 생명은 항상 아름답고 쇠하지 아니한다고 하였습니다.

(4) 사후의 생명은 우리를 위하여 예비 되고 예약 된 것

본문에 보면 "곧 너희를 위하여 하늘에 간직한 것이라"고 하였습니다. 우리는 고급식당에 가면 테이블 위에 영어로 'reserved'라는 팻말을 볼 수 있습니다. 거기에는 아무도 앉을 수가 없습니다. 이미 예약된 곳이기 때문입니다. 하나님은 우리를 위하여 하늘에 예약해 두셨다는 말입니다. 여기서 '하늘에'라는 말은 거룩하고 영광스러운 곳, 하나님이 계시는 곳을 의미합니다. 하나님은 우리를 위하여 이런 장소를 예비하시고 우리를 기다리고 계시는 것입니다. 그러므로 우리는 영원한 사후의 생명이 유업으로 준비된 것을 보며 이 땅에 사는 동안 비겁하게 죄지으면서 살 것이 아니라 하나님의 자녀답게 떳떳하고 당당하게 그러면서 미래의 소망을 가지고 의롭게 사는 우리가 되기를 축원합니다.

세상의 소금

(마5:13)

로마시대에는 군인들에게 봉급을 소금으로 주었습니다. 그처럼 소금이 귀했습니다. 지금도 아프리카의 어떤 지역에서는 소금이 화폐 대신 사용됩니다.

여기(salt:소금)에서부터 봉급(salary)이란 말이 유래되었습니다. 놀라운 것은 예수님께서 신자들을 소금으로 비유하셨다는 점입니다. 그러면 소금의 하는 일은 무엇인지 살펴보면서 우리의 사명을 찾아보려고 합니다.

1. 소금의 4가지 역할

(1) 소금은 부패를 방지

더운 지역에서는 생선이 빨리 상합니다. 채소도 빨리 부패하고 맙니다. 그래서 소금을 사용합니다. 이처럼 소금은 다른 물질에 혼합되어 부패를 방지하는 일을 합니다. 라틴 교회에서는 세례식 때 물에 소금을 넣어 세례를 베풀었는데 그것은 소금처럼 죄악된 세상에서 부패를 방지하는 일을 하라고 그렇게 하였다고 합니다.

(2) 소금은 맛을 내게 함

세상에 아무리 맛있는 음식도 간이 맞지 않으면 맛이 없습니다. 음식 솜씨 좋다는 말은 결국 소금의 양을 적당하게 넣는 기술입니다. 한국에서는 주부가 직접 간을 맞추어 주지만 미국에서는 본인이 직접 간을 맞추어야 합니다. 그래서 처음 미국에 유학 갔을 때 기숙사에서 고생을 많이 했습니다. 왜냐하면 간을 맞출 줄 몰랐기 때문입니다.

(3) 소금은 모든 것을 깨끗케 함

요즘에는 치약을 쓰지만 옛날에는 소금을 사용했습니다. 치약을 사용하는 현대인보다 소금을 사용하는 옛날 사람들이 이빨이 덜 썩었다는 사실은 소금이 깨끗케 하는 일을 한다는 것을 증명해줍니다. 또 부인들이 소금으로 은수저를 닦는 것도 소금이 깨끗케 하는 역할을 하기 때문입니다.

(4) 소금은 갈증이 나게 함

목마를 때 바닷물을 마시지 않는 것은 마실수록 더 목이 마르기 때문입니다. 물론 땀을 많이 흘렸을 때는 일부러 소금을 넣어 먹는 데 그것은 땀으로 나간 소금기를 보충하기 위해서입니다. 그렇게 해서 일사병을 방지합니다. 그러나 목마르다고 소금을 먹으면 갈증이 더 심해집니다. 이처럼 소금은 4가지의 역할을 합니다.

2. 왜 '세상의 소금'이 되어야 하는가?

여기서 중요한 것은 '세상의 소금'이란 말입니다. 천국의 소금도 아니고 교회의 소금도 아닙니다. 세상의 소금입니다. 왜 세상의 소금인가요? 거기에는 4가지의 이유가 있습니다.

(1) 부패를 막기 때문

세상은 썩고 부패된 곳이기 때문입니다. 그래서 소금이 없이는 부패를 방지할 수 없습니다.

(2) 맛을 내기 때문

세상은 무미건조하고 맹물처럼 맛이 없기 때문입니다. 그래서 소금인 성도가 돌아가서 맛을 내야 합니다.

(3) 더럽기 때문

세상은 더러워서 그냥은 살 수 없기 때문입니다. 그래서 소금이 들어가 깨끗케 해야 합니다.

(4) 갈증을 막기 때문

세상은 위엣 것을 목말라하지 않기 때문에 소금이 들어가 목마르게 해야 합니다.

3. 그리스도인의 소금적 사명이란?

예수는 그리스도인들을 소금에 비유함으로써 그리스도인의 위치와 의무를 말씀해주셨습니다.

(1) 부패 방지를 위해

이 사회 속에서 부패를 방지해야 할 것을 가르쳐 주십니다. 최근 사회정화란 말이 자주 나옵니다. 그러나 사회정화란 정치적으로 되는 것이 아닙니다. 인간개조 없이는 사회정화는 불가능합니다. 그런데 인간개조는 교육으로도 안 됩니다. 수양으로도 안 됩니다. 성령으로 거듭나야 합니다. 그런데 문제는 교회로 인해 부패 방지가 되고 있느냐 입니다. 그러나 통계는 교회의 증가에 비해 사회가 정화되지 않고 있다는데 있습니다. 그것은 맛을 잃은 교회들이 많이 있다는 말입니다.

왜 맛을 잃었을까? 두 가지 이유가 있습니다.

(2) 성도가 화합하지 못해서

소금은 두 가지 요소로 되어 있는데 즉 chlorine(염소)와 sodium(나트륨)으로 되어 있는데 이것이 분리될 때 맛을 못 냅니다. 염소는 나트륨과 함께 있을 때는 부패를 방지하지만 나누어지면 오히려 무서운 독가스가 됩니다. 다시 말해서 신앙이 행함과 함께 있을 때는 소금 맛을 내어 부패를 방지하지만 행함이 없는 죽은 신앙이 될 때는 오히려 사회에 독이 됩니다.

(3) 소금이 녹지 않을 때

소금이 녹지 않을 때는 있으나 마나입니다. 즉 자기희생이 없을 때는 부패를 방지하는 능력이 없습니다. 그러므로 신자는 자신을 위한 삶이 아니라 타인을 위한 삶을 살아야 합니다.

(4) 맛 잃은 소금은 무가치

신자의 두 번째 소금적 사명은 맛을 내게 하는 것입니다. 많은 사람들은 허무주의와 좌절감 속에 살고 있습니다. 가나 혼인잔치의 맹물처럼 인생의 맛을 모르고 삽니다. 이들에게 포도주처럼 맛있는 인생이 되게 하는 것은 신자들이 누룩처럼 그 속에 들어가 변화시키는 삶을 살아야 합니다. 맛을 낸다는 말은 구체적으로 무엇을 말하나요? 그것은 신앙적 삶을 통하여 인생은 무엇이며 왜 살아야 하는지, 또 어떻게 사는 것이 바른 삶인지 보여주는 것입니다. 인생이 맛이 없는 것은 목적이 없고, 소망이 없고, 사랑과 희생이 없기 때문입니다.

(5) 소금의 사명을 잃을 때

신자의 세 번째 소금적 사명은 사회를 깨끗케 하는 것입니다. 부상당한 부분에 소금을 바르면 따갑다. 그러나 치유된다. 신자는 단순히 부패를 방지하는 것으로 끝나지 않고 적극적으로 깨끗케 해야 합니다. 그러려면 피차 따갑다. 그러나 그것을 두려워해서는 안 된다.

(6) 하늘의 것에 갈급해야

끝으로 신자의 소금적 사명은 하늘의 것을 갈급케 해야 합니다. 세상 사람들은 동물처럼 땅의 것만을 갈급해합니다. 한의사는 환자에게 입맛이 어떠냐고 묻습니다. 맛을 잃으면 병든 증거이기 때문입니다. 그런데 세상 사람들은 하늘의 것을 목말라하지 않습니다. 배부르기 때문이 아니라 병이 들었기 때문입니다. 하늘의 것을 목말라하고 갈급해하는 사람은 건강한 사람입니다. 시편을 보면 사슴이 시냇물을 찾으려고 갈급해하는 것을 봅니다. 왜냐하면 인생의 참 기쁨과 행복은 위로부터 오기 때문입니다. 그래서 약 1:17에 "각양 좋은 은사와 온전한 선물이 다 위로부터 내려오나니"라고 한 것입니다.

끝으로 맛 잃은 경건과 종교의 최후에 대한 주님의 경고를 기억해야 합니다. 사람에게 밟힌다고 하였습니다. 제정 러시아, 남베트남, 앙골라 등이 그 예입니다. 바라기는 우리 모두가 세상의 소금이 되라는 사명을 감당할 수 있기를 축원합니다.

감사의 시

(시 100:1-5)

이 시를 기록한 저자가 누구인지는 분명치 않으나 시기는 바벨론 포로 이후에 기록된 것으로 보입니다. 시편 95-100편까지가 다 한 묶음으로 된 감사의 시인데 그중에서도 100편은 그 결론이 되는 부분입니다. 이 찬송은 회중과 성가대가 서로 교차해서 불렀습니다. 즉 1-3절까지는 회중이 불렀고, 4-5절은 성가대가 불러 하나의 화답식으로 부른 찬송이기도 합니다. 시편 100편은 제목이 감사의 시인데 '온 땅이여'라는 말로 시작합니다. 이것은 우리 모두에게 감사와 찬양에 참여할 것을 권면한 말씀입니다.

1. 우리 성도들이 해야 할 일은?

(1) 즐겁게 찬양

"여호와께 즐거이 부를지어다"(1절). 왜 우리는 즐거이 불러야 할까요? 그것은 하나님은 기쁨의 근원이시고 그에게 속하는 우리도 즐거움으로 그를 찬미하는 것을 기뻐하시기 때문입니다. 성도의 특징은 기쁨, 즐거움입니다. 그것은 우리가 다 천국잔치에 초대를 받았기 때문입니다. 그래서 바울은 항상 기뻐하라고 권면한 것입니다. 과연 우리는 찬송을 부를 때 기쁨으로 즐거이 부르고 있나요? 잔칫집에 참여한 사람이 우울해한다면 어떻게 될까요? 그러므로 우리는 즐거움으로 찬송해야 합니다.

(2) 기쁨으로 섬김

"기쁨으로 여호와를 섬기며"(2절). 인생은 섬기기 위해서 태어났습니다. 주님은 인자의 온 것은 섬김을 받으려 함이 아니요 섬기려 함이라고 하였는데 우리는 반대로 섬김을 받기를 원합니다. 그러나 우리는 하나님을 먼저 섬겨야 합니다. 그 후에 사람들을 섬겨야 합니다. 아내는 남편을 섬기고 아이들을 섬김으로 참 행복과 기쁨을 누릴 수 있습니다. 인생의 행복과 기쁨은 바로 하나님을 섬기고 타인을 섬기는 데서 옵니다.

(3) 주 앞에 나아감

"그 앞에 나아갈지어다"(2절 하). 부모가 원하는 것은 온 형제가 함께 부모 앞에 찾아오는 것입니다. 나이가 많아지면 더욱 그렇습니다. 한국이 낳은 위대한 역사가인 김성식 박사는 은퇴 후에 그를 찾아온 제자들을 대접을 하면서 정말 사람이 그리워져 하는 말을 했다고 합니다. 예수님도 제자들을 택할 때 첫째 이유가 함께 있기 위해서였습니다. 하나님도 우리와 함께 있는 것을 기뻐하시고 원하십니다. 자주 그를 찾아주기를 원하십니다. 그 이유는 우리를 위해서입니다. 하나님을 만나면 세상의 모든 문제가 다 해결되고 만사형통해지기 때문입니다.

2. 왜 하나님을 찬송하고 섬기고 그 앞에 나아가야 하나?

(1) 여호와는 하나님이심을 믿기 때문

첫째는 "여호와가 우리 하나님이신 줄 너희는 알지어다" 즉 우리 하나님이시기 때문입니다. 여기서 중요한 단어는 '알지어다'란 말입니다. 소크라테스는 '네 자신을 알라'(헬라어로는 코기토앨고줌)라는 유명한 말을 남겼습니다. 왜냐하면 인생은 자신을 알지 않고는 사람다운 생활을 할 수 없기 때문입니다. 그런데 칼뱅 선생은 자신을 알려면 먼저 하나님을 알아야 된다고 하였습니다. 그렇습니다. 하나님을 알아야 자신이 하나님의 형상대로 지음 받은 피조물이며 죄인이라는 것을 깨닫게 됩니다. 왜 우리는 하나님을 찬양하고 섬기고 그 앞에 나아가야 하는가? 여호와가 우리의 하나님이시기 때문입니다.

(2) 우리의 창조주이심을 알기 때문

"그는 우리를 지으신 자시요 우리는 그의 것이니"(3절). 즉 우리는 하나님의 피조물이요 그의 소유물이기 때문에 하나님을 찬양하고 섬기고 그 앞에 나아가야 한다는 말입니다. 인생의 존재 근원이 어디에 있습니까? 바로 하나님에게 있습니다. 그는 바로 우리의 존재의 근원이십니다. 따라서 우리 인생의 목적은 그가 원하는 것을 하는 것입니다.

(3) 그의 기르시는 양이기 때문

"그의 백성이요 그의 기르시는 양이로다"(3절). 즉 하나님은 우리의 왕이시요 우리의 목자가 되기 때문에 우리는 그를 섬겨야 한다는 말입니다. 백성은 왕에게 절대적으로 순종해야 합니다. 양은 목자의 인도와 보호 없이는 살 수가 없습니다. 그래서 우리는 순종해야 하는 것입니다.

(4) 그의 인자하심이 영원하기 때문

네 번째 이유가 5절에 나옵니다. "대저 여호와는 선하시니 그 인자하심이 영원하고 그 성실하심이 대대에 미치리로다." 본문에는 세 가지로 하나님에 대해 언급하고 있습니다. 첫째는 선함입니다. 우리가 하나님께 불의를 행하고 망령되이 그의 이름을 일컬어도 그는 선하셔서 우리를 악하게 대하지 않으십니다. 둘째는 인자하십니다. 우리를 눈동자 같이, 혹은 암탉이 병아리를 날개 아래 품음과 같이 우리를 사랑하십니다. 셋째는 성실하십니다. 우리와 맺은 언약을 우리가 배반하고 어겨도 그는 끝까지 지키시는 분이란 말입니다. 그러니 우리는 하나님을 찬송하고 섬기고 그 앞에 나아가야 합니다.

3. 우리가 감사를 바로 드리려면 어떻게 해야 하나?

(1) 감사를 방해하는 요소를 제거

먼저 감사를 방해하는 모든 요소들을 제거해야 합니다. 우리의 감사를 방해하는 것에 무엇이 있는가? '소극적 사고방식'에 문제가 있습니다. 열 가지 중에서 아홉 가지가 잘되고 한 가지가 안 되어도 우리는 불평하고 괴로워합니다. 바로 여기에 문제가 있습니다. 둘째는 죄가 있습니다. '죄'는 우리를 우울하게 만들고 불평을 하게 만듭니다. 셋째는 믿음이 없기 때문입니다. 모든 것을 합력하여 선을 이루시는 하나님을 믿지 못하기 때문입니다.

(2) 적극적 사고를 해야

다음은 적극적 사고를 해야 합니다. 즉 밝은 면을 보도록 하라는 말입니다. 인생을 살다 보면 구름이 낀 날도 있고 비가 오는 날도 있고 바람이 부는 날도 있으나 그러나 밝은 날이 더 많습니다.

(예화) 나막신과 짚신 장수의 사위를 둔 장모의 사고방식을 버려야 합니다.

맺는말

아무리 밝은 날도 구름 한 점 없는 날은 없고 순풍이 부는 날도 한두 번은 바람이 세게 불어옵니다. 이것이 인생입니다. 성도들이여, 그러므로 우리는 밝은 면을 보면서 하나님께 감사하는 삶을 삽시다. 찬송과 섬김의 생활을 합시다. 그러면 하나님은 영광을 받으실 것이요 또 우리는 행복한 성도가 됩니다. 여러분 모두에게 이런 귀한 축복이 함께하시기를 축원합니다.

삭개오의 신앙

(눅19:1-10)

'삭개오'란 말의 뜻은 의롭다는 뜻입니다. 또 다른 뜻은 선을 행하는 자란 말입니다. 유대인들에게 있어서 이름은 대단히 중요합니다. 한국도 이름에 따라 성공과 실패를 한다고 믿어 성명철학을 연구하기도 합니다. 그러나 유대인들은 이름을 생명처럼 귀히 여깁니다. 예를 들어,

'모세'=물에서 건져 낸 자, 이스라엘을 홍해에서 건져 냈다.

엘리야=여호와는 나의 신, 갈멜산 기도의 제단에서 바알신을 몰아냄으로 승리하여 모든 백성에게 하나님은 참 하나님이심을 나타냈다.

베드로=반석, 그의 신앙고백 위에 교회를 세움으로 반석 역할을 하였다.

예수=구원자, 십자가로 말미암아 그의 백성을 구원하였다.

그러나 우리는 이름만 잘 지으면 성공한다고 오해를 해서는 안 됩니다. 이제 삭개오의 신앙에 대하여 함께 은혜를 나누려고 합니다.

사실 삭개오는 인간적으로 보면 첫째로 그는 세리장, 즉 계급이 높은 사람이었습니다. 둘째로 부자라고 하였습니다. 그러나 그는 행복하지를 못했습니다. 그렇습니다. 인간은 직위가 높고, 돈이 많아도 그것만으로 행복할 수는 없습니다. 바로 삭개오가 그런 처지였습니다. 그러면 이제

그의 신앙이 어떠했는지 살펴보려고 합니다.

1. 그는 키가 작았다(19:3)

여기서 작다는 본문의 뜻은 낮은, 겸손한 이란 뜻이 있습니다. 우리는 어떤 면에서 너무 영적으로 키가 커서 문제입니다. 우리는 영적으로 키 줄이기 운동을 해야 합니다. 영적으로는 겸손해야 천국에 갈 수 있습니다. 그러면 키 줄이기 운동은 어떤 것인가?

첫째로 작은 책(계10:10-11)을 먹는 것입니다.

둘째로 추수할 신실한 작은 종이 되는 것입니다(마9:36-38).

셋째로 좁은 문으로 들어가는 사람이어야 합니다(마7:13-14).

넷째로 팔복에서 말하는 작은 자가 되는 것입니다(마5:3-12).

2. 삭개오는 앞으로 달려가는 신앙의 소유자였다(19:4).

여기서 '앞으로 달려가'란 말은 전력을 다하여 질주하는 것을 말합니다. 뒤를 돌아보지 않고 달려가는 것을 말합니다. 오늘날 우리의 문제점이 무엇인지 아십니까? 갈 5:7절에 "너희가 달음질을 잘하더니 누가 너희를 막아 진리를 순종치 않게 하더냐?"라고 했습니다. 예를 들면, '그리스도의 신부론 이라는 별명을 가진 룻기서의 오르바는 중도에서 포기(1:14)했습니다. 그러나 룻은 끝까지 따라갔습니다(1:16-17). 다음은 민수기 13장과 14장에 보면 열 사람의 가나안 정탐꾼은 앞으로 달려가는 적극적인 신앙을 갖지 못했습니다. 삼상 17:10-11절에 보면 블레셋 군대 앞에선 사울과 이스라엘 백성들은 놀라고 두려워하였습니다. 이것은 골리앗 앞에 우뚝 선 다윗과는 큰 차이가 있습니다.

그러면 우리의 달려갈 푯대는? 빌 3:10-14절에 보면 그리스도와 하늘의 상급이라고 하였습니다. 그러면 달려가는 방법은 무엇인가요? 고전 9:24절에 보면 목표지점을 향하여 달리는 것이라고 하였습니다. 그러려면 행 20:24절에 생명을 조금도 귀한 것으로 여기지 않아야 한다고 하였습니다. 그러나 달려가면서도 해야 할 일이 있습니다. 그것은 읽는 것(합2:2)입니다.

3. 삭개오는 뽕나무에 올라가는 신앙을 가졌다(19:4)

왜 올라갔나요? 예수님을 보려고 올라갔습니다. 바로 이런 신앙이 우리들에게 필요합니다. 여기서 말하는 뽕나무는 무화과나무의 일종으로 이스라엘의 열매라는 뜻을 가지고 있습니다. 삼하 5:22-25절에 보면 뽕나무 이야기가 나옵니다. 블레셋 군대가 두 번째로 다윗왕의 군대를 치려고 르바임 골짜기에 편만하게 진을 치고 있었을 때 다윗이 기도하였습니다. 그때 하나님이 비결을 가르쳐 주었습니다.

뽕나무 수풀 맞은편에서 역습하기로 하되 뽕나무 꼭대기에서 들려오는 하나님의 걸음 소리를 듣고 그 소리를 신호로 하여 공격을 시작하라는 것이었습니다. 이것은 십자가의 승리로 말미암아 들려준 복음의 소리요 주님의 재림직전에 나타날 하나님의 나팔소리를 모형적으로 보여주신 것입니다.

특별히 우리는 이 사건에서 높은 곳으로 올라가는 신앙을 배워야 합니다. 땅 차원에 머물러서는 안 됩니다. 그러나 우리는 육적 믿음, 내려가는 믿음에 거할 때가 많습니다. 이제 중요한 것은 하늘 하원으로 올라가야 합니다. 이것이 바로 독수리의 믿음입니다.

그러나 이 세상에는 내려가는 신앙도 있습니다. 요 21:3-4절에 보면 제자들은 과거의 직업으로 다시 돌아갔습니다. 눅 10:30-37절에 보면 여리고로 내려가는 신앙이 나옵니다. 이것은 잘못입니다.

4. 삭개오는 예수님을 영접하는 신앙을 가졌다(5-6)

우리가 예수님을 영접하려면 먼저 예수님의 음성을 들어야 합니다.

5. 삭개오의 회개(8-9)

'회개'란 마음의 변화에서 끝나는 것이 아니라 방향의 변화까지 포함합니다. 왜 우리가 회개합니까? 첫째는 죄 사함을 얻기 위해서(행5:31)이고 둘째는 구원시키기 위해서입니다(고후7:10).

6. 삭개오가 얻은 결과

(1) 예수님이 그의 집에 유하는 축복을 받음

"내가 오늘 네 집에 유하겠다 하시니" 바로 이 축복이 우리에게 필요합니다.

(2) 회개의 열매를 맺음(8)

토색한 것의 4배나 갚겠다고 하였습니다. 또 소유한 것의 절반을 가난한 자들에게 나누어주었습니다.

(3) 구원의 축복을 받음(9-10)

그러면 여기서 말하는 구원은 어떤 것인가요?

첫째로 죄에서 구원받은 것입니다.

둘째는 진노에서 구원받은 것입니다.

셋째는 영원한 멸망에서 구원받은 것입니다.

넷째는 풍파에서 구원받은 것입니다.

다섯째는 환난에서 구원받은 것입니다.

7. 구원받은 백성의 생활은 어떤 것인가?

첫째로 기쁨의 생활(시9:14).

둘째는 하나님께 영광을 돌리는 생활(시21:5).

셋째는 빛의 자녀 된 생활(엡5:8-9).

넷째는 세월을 아끼는 생활(엡5:16).

다섯째는 성령으로 충만한 생활(엡5:17-18).

여섯째는 위엣 것을 생각하고 찾는 생활(골3:1-2).

끝으로 감사와 찬양의 생활을 합니다(엡5:19-20).

맺는말

삭개오는 외모로는 부끄러울 정도로 키가 작고, 또 세리라는 직책 때문에 유대인들에게서 소외당하였지만, 그러나 예수님을 영접함으로 큰 축복을 받았습니다. 주님이 그의 집에 유하는 복을 받았습니다. 회개의 열매를 맺었습니다. 구원을 받았습니다. 이제는 행복하게 되었습니다.

저와 여러분들도 삭개오가 가졌던 '앞으로 달려가는 신앙, 뽕나무에 올라가는 신앙, 예수님을 영접하는 신앙'을 소유하여 삭개오처럼 큰 축복을 받기를 주님의 이름으로 축원합니다.

십자가의 예수를 자랑하자

(사53:10-12; 갈6:13-14)

성경에 보면 사람들의 자랑을 13가지로 구별하고 있습니다. 계급, 재산, 사회적 지위, 외모, 명예, 소유물, 지식, 남보다 우월함, 성공, 능력, 자기의지, 많이 배운 것 등을 자랑한다고 하였습니다. 그런데 문제는 우리가 무엇을 자랑하느냐에 따라 그 관심과 장래가 결정된다는 점입니다. 그래서 어거스틴은 두 개의 자랑이 두 개의 나라를 이룩한다고 하였습니다. 자기를 자랑하는 사람은 지상의 나라를 세우고 하나님을 자랑하는 사람은 하나님 나라를 세운다는 것입니다. 그래서 우리는 자랑을 하되 자랑해야 할 것을 자랑하고 사랑해야 할 것을 사랑해야 합니다. 그러면 무엇을 자랑할까요? 한마디로 말해 우리는 우리를 위해 십자가를 지신 예수님을 자랑해야 합니다.

1. 왜 십자가의 예수님을 자랑해야 하나?

(1) 십자가의 예수님은 나의 힘이 되시기 때문입니다.

시 20:6-7절에 "그 오른손에 구원하는 힘으로 저에게 응락하시리로다"고 하면서 "하나님의 이름을 자랑하리로다"고 다윗은 고백하였습니다. 그렇습니다. 예수는 나의 힘이 되십니다. 주님은 내가 넘어질 때에 나를 일으켜주시고 내가 연약할 때에 나를 붙들어 주십니다. 그런데 바울은 "내가 부득불 자랑할진대 나의 약한 것을 자랑하리로다"(롬11:30)고 하였습니다. 왜요? 내가 낮아질 때 주님이 높아지시기 때문입니다.

(2) 십자가의 주님을 자랑하면 마음에 즐거움이 넘치기 때문입니다.

시 105:3절에 "그 성호를 자랑하라. 무릇 여호와를 구하는 자는 마음이 즐거울지로다"라고 하였습니다. 돈 자랑하면 방탕해지고 권력 자랑하면 잔인해지고 지식자랑하면 교만해집니다. 그러나 십자가의 주님을 자랑하면 마음에 항상 기쁨이 넘칩니다. 우리말에 '꽃노래도 한두 번'이란 말이 있습니다. 세상 자랑 자주 하면 사람들이 싫어합니다. 본인도 싫증이 납니다. 그러나 주님 자랑은 할수록 듣기 좋고 할수록 기쁨이 옵니다.

(3) 주님 재림의 날에 자랑할 수 있는 유일한 것이기 때문입니다.

빌 2:16절에 "바울은 주님의 재림의 날에 세상의 다른 모든 것은 무가치하게 되지만 주님의 십자가를 위해 일한 것만은 영원히 남기 때문에 참된 자랑이 된다고 고백하고 있습니다. 그렇습니다. 인간이 죽으면 가진 것은 다 놓고 갑니다. 가진 것으로는 자랑거리가 못됩니다. 그 때는 주님밖에 아무것도 남는 것이 없습니다. 그래서 바울은 갈 6:14절에서 "그러나 내게는 우리 주 예수 그리스도의 십자가 외에 결코 자랑할 것이 없으니"라고 하였습니다. 찬송가에도 '…십자가 무한 영광일세, 요단강을 건넌 후 무한 영광일세'라고 하였습니다. 이 찬송은 장님으로 9000곡이나 작곡한 크로스비가 기도 중에 작사한 것입니다.

(4) 나의 죄의 문제를 해결해주시고 또 나를 죽음에서 건져주시고 이 땅에서의 삶의 의미를 있게 해주셨기 때문입니다.

본문 11절에 보면 "많은 사람을 의롭게 하며"라고 하였고 12절에는 "그가 많은 사람의 죄를 지며"라고 하였습니다. 인간의 삼대 문제는 죄, 죽음, 의미의 문제입니다. 이것을 아무도 지금까지 해결한 사람이 없습니다. 그래서 성경은 말합니다. 행 4:12절에 "다른 이로서는 구원을 얻을 수 없나니 천하인간에게 구원 얻을 만한 다른 이름을 우리에게 주신 일이 없음이니라." 그런데 주님은 십자가로 말미암아 해결하신 것입니다. 따라서 십자가는 바로 우리에게 자유와 삶과 보람을 가져온 것입니다. 왜 바울이 "자랑하는 자는 주안에서 자랑하라"고 하였나요? 그것은 다른 것은 다 무가치하지만 주님께서 하신 일들은 영원한 것이기 때문에 그래서 주님이 하신 일만 자랑하라고 한 것입니다. 사실 우리의 자랑도 따지고 보면 다 주님께서 이루어주신 것입니다. 그러므로 주님 외에는 아무것도 자랑할 것이 없습니다.

(5) 십자가의 예수님은 하나님의 목적을 다 이루셨기 때문입니다.

본문 10절에 "여호와의 뜻을 성취하리로다"라고 하였습니다. 즉 예수님은 하나님께서 인간의 모든 문제를 해결하기 위한 속건제물이 되고 중보자가 되게 하신 것입니다. 그래서 요 14:6절에 예수님은 "내가 곧 길이요 진리요 생명이니 나로 말미암지 않고는 아버지께로 갈 자가 없느니라"라고 하였습니다.

2. 어떻게 주님을 자랑할까?

(1) 찬송은 하나님이 기뻐하시는 자랑의 시작입니다.

시 22:3절에 보면 하나님은 이스라엘의 찬송 중에 거하신다고 하였습니다. 그래서 천지를 만드시기 전에 천사를 만드셨고 찬송을 받기 위하여 인간을 만드셨습니다. 주님을 자랑하려면 음성으로 찬송하고 마음으로 찬송하고 영혼으로 찬송해야 합니다.

(2) 간증과 전도는 주님을 자랑하는 최고의 방법입니다.

(예화) 보스턴의 어느 건물에 들어가면 벽에 이런 글이 붙어 있습니다. 〈이 방에서 디엘 무디가 회개하였다〉라고. 한 번은 킴볼이라는 무명의 교인이 어떤 구둣방 앞을 지나다가 그 구둣방

안의 어떤 젊은 양화직공에게 전도를 할까 말까 망설이다가 끝내 용기를 내어 담대한 마음으로 그에게 전도를 하였습니다. 그런데 그 양화공이 그 자리에서 회개하고 예수를 믿게 된 것입니다. 그가 바로 후에 수천 수만 명을 구원해낸 위대한 사람 디엘 무디였던 것입니다.

(3) 신자의 성공은 주님을 구체적으로 자랑하여 준다.

(예화) 93개의 메달 중 70%인 65개가 신자들에 의해 딴 것입니다. 사격의 박정아, 탁구로 강가량을 이기고 세계를 재패한 유남규, 사랑의 교회의 양영자, 양궁의 양창훈, 김진호, 체조의 권순성, 축구의 13명, 유도의 안병근 모두가 주님을 자랑하는 구체적인 모범을 보여주었습니다. 그러나 신자가 실패하고 빌빌거리고 쩨쩨하면 하나님의 이름에 욕이 되고 똥칠을 하게 됩니다.

맺는말

자랑 없는 인생은 무의미합니다. 어떤 면에서 인간은 자랑하는 재미로 삽니다. 여러분은 어떤 자랑거리가 있습니까? 자랑거리가 많아도 세상의 자랑은 오래 가지 못하고 또 자랑거리가 사라지면 닭 쫓던 개처럼 멍하니 어리석은 사람이 되고 맙니다. 그러므로 우리는 십자가의 예수님을 자랑해야 합니다. 그는 우리에게 힘을 주시고 그는 우리의 마음에 기쁨과 즐거움을 주십니다. 더구나 주님 재림하실 때 자랑할 수 있는 것은 십자가밖에는 없습니다. 그리고 십자가는 천국의 문을 여는 열쇠입니다. 인생의 근본 문제인 죄와 사망과 의미의 문제를 해결해주기 때문에 우리는 이 십자가의 예수님을 자랑해야 합니다. 이제 쓸데없는 세상 자랑 말고 십자가의 주님만 자랑하다가 주님 오라하시는 날 생명의 면류관을 얻는 우리 모두가 되기를 주님의 이름으로 축원합니다.

승리의 생활

(롬 8:31-39)

우리가 이 세상에서 산다는 것은 하나의 계속적 투쟁입니다. 성공자란 여기서 승리하는 자만을 의미합니다. 그러므로 우리는 날마다 승리하는 생활을 해야 합니다. 이제 여러분 모두에게 승리하는 축복이 함께 하시기를 먼저 축원합니다. 그래서 이 시간에는 승리의 생활이란 주제를 놓고 저와 여러분 모두가 승리자가 되는 비결을 찾아보려고 합니다.

1. 승리해야 한다고 했는데 '승리'란 무엇을 말하는가?

먼저 승리의 개념부터 살펴보려고 합니다. 승리의 개념은 구약과 신약이 서로 강조점이 다릅니다. 구약성경에는 외적인 면에 강조점을 두고 있습니다. 그래서 원수의 나라를 이기고 육체적으로 평안을 누리고 사회적으로 안정을 누리는 것을 승리라고 했습니다. 그러나 신약에 와서는 이런 외적인 것보다는 내적인 데 더 강조점을 두면서 말씀하고 있습니다. 무엇보다도 악의 세력인 사탄과의 싸움에서 승리하는 것을 말합니다. 이것은 다른 말로 해서 죄를 이기고 세상을 이기고 나 자신을 이기고 불의를 이기고 죽음을 이기는 것을 말합니다.

사실 우리 예수님은 구약적인 면에서 보면 실패자입니다. 그의 정치적 원수인 바리새인들과 서기관들과의 헤게모니 쟁탈전에선 패한 분이기 때문입니다. 심지어 십자가 위해서 억울하게 사형을 당한 분입니다.

사실 당시 십자가란 낭패의 표식이었습니다. 그런데 주님은 오히려 이 십자가를 지심으로 승리하셨습니다. 왜냐하면 그것이 바로 하나님의 뜻을 이루는 것이었기 때문입니다. 그러므로 성경이 말하는 승리란 세상이 말하는 승리와 전혀 다르다는 것을 말합니다.

우리는 세상에서도 이런 승리자들을 볼 수 있습니다. 흑인들을 해방한 아브라함 링컨 대통령은 남부 백인에게 암살당함으로써 실패한 것같이 보였으나 그는 영원히 남는 위인이 되었고, 또 케네디 대통령도 달라스에서 오스왈드에게 저격되어 죽었지만 그는 미국의 프론티어 정신의 기수로서 영원히 남게 되었습니다. 또 흑인 지도자 말틴 루터 킹 목사는 암살되어 죽었으나 그의 비폭력운동은 지금도 계속되고 있습니다. 한 알의 씨앗이 땅에 떨어져 죽으면 많은 열매를 맺는다는 말씀대로 죽음으로 더 많은 결실을 거두게 되었다는 말입니다. 21일자 신문에 아키노 피살 3주기를 맞아 무덤에 헌화하는 코라손 여사의 사진이 났습니다. 사실 아키노가 암살되었을 때 그는 외적으로 보면 정치적으로 마르코스에게 진 것입니다. 그러나 지금 누가 마르코스가 승리자요 아키노가 실패자라고 말할 수 있습니까?

따라서 무엇이 승리요 무엇이 실패인지는 역사가 지난 다음에야 판정이 나고 주님의 재림 때라야 완전히 드러나는 것입니다. 그래서 구약의 신명기 11:26-28절에 보면 하나님의 명령을 들으면 복이 되고 그 명령의 도에서 떠나면 저주가 된다고 하였습니다. 즉 자신과 죄악을 물리치고 세상을 이기고 의롭게 사는 것이 승리요 축복이라는 말입니다.

2. 우리는 누구와 싸우는가?

우리의 원수는 누구인가요? 손자의 병법에 지피지기는 백전백승(知彼知己는 百戰百勝)이라고 하였습니다. 우리는 먼저 누가 원수인지, 누구와 싸우고 있는지를 알아야 합니다. 모르고는 싸울 수 없기 때문입니다.

(1) 정사와 권세와 세상 주관자들과 하늘의 악령과 싸움

엡 6:12절에 "우리의 싸움의 대상을 분명히 밝혀주고 있습니다. 우리의 씨름은 혈과 육에 대한 것이 아니요 정사와 권세와 이 어두움의 세상 주관자들과 하늘에 있는 악의 영들에게 대함이라." 무슨 말인가 하면 악의 세력과 우리는 싸우고 있다는 것입니다.

(예화) 21일 도창의 낚시터에서 두 시간 동안 낚시를 했습니다. 먼저 깻묵 등 고기가 좋아하는 냄새나는 것을 중심으로 떡밥을 만듭니다. 그리고 그것을 밤톨 크기로 만들어 그 주변에 낚싯대를 대여섯 개 달아서 던지면 고기가 떡밥을 먹다가 결국 낚시에 걸리게 됩니다. 겉으로 보기에는 고기는 낚시와 싸우고 있는 것 같지만 사실을 따지고 보면 낚싯대를 잡고 있는 사람과 싸우고 있는 것입니다. 마찬가지로 우리도 겉으로 보면 혈과 육에 대하여 싸우고 있는 것처럼 보이나 사실은 그 뒤에서 조종하는 악의 세력, 즉 사탄 마귀와 싸우고 있다는 말입니다.

(2) 생활전선에서 싸우고 있습니다.

요즈음 직장생활을 보면 이것은 그야말로 싸움이란 말이 정확합니다. 그래서 요즈음에는 경제 전쟁이란 말이 나오고 있을 정도입니다. 지금 보호무역의 장벽은 높아만 가고 여기저기서 산업스파이들이 새로운 정보를 얻으려고 혈안이 되고 있습니다. 우리의 수출의 40%를 점하고 있는 미국은 국회에서는 법안으로 위협을 하면서 한미통상회담에서 우리의 일방적 양보를 가져오더니 이번에는 일반 특혜관세 적용협의에서도 협의내용과 상관없는 추가 시장개방을 요구하고 있습니다. 이것은 글자 그대로 무역전쟁입니다. 어디 무역에만 그런가요? 직장 모두가 다 그렇습니다. 저녁 9시까지

일하는 직장이 하나 둘이 아닙니다. 주일까지 반납해야 된다고 합니다. 금년에 경제성장이 10%가 넘는다니 기쁘기는 하지만 여기에 종사하는 사람들에게는 이것은 그야말로 전쟁 그 자체인 것입니다.

(3) 세상과 싸우고 있습니다.

본래 세상은 하나님이 창조한 아름다운 동산이었습니다. 그러나 아담과 하와가 범죄한 후부터 세상은 변하기 시작하였습니다. 가인의 후손에 의해 바벨탑은 만들어지기 시작하였고 심지어 흩어진 후에도 계속해서 탕자의 문화를 만들고 있습니다. 그래서 할리우드에서 만들고 있는 섹스나 폭력의 문화는 지금 우리의 각 가정을 다 점령해가고 있습니다. 이번 역삼동 룸살롱에서 일어난 장진석 마피아들의 살인 사건은 세계제일을 자랑하는 이태리 사람들을 뺨치는 것이었습니다. 이미 소돔과 고모라가 되어버린 강남 일대는 이제 회개하지 않으면 하나님의 유황불이 언제 내릴는지 모르는 형편에 처해 있습니다.

(4) 나지신과 싸우고 있습니다.

왕양명이 홍건적을 물리치고 와서 자신을 환영하는 사람들에게 '산속에 있는 도적을 물리치기는 쉬우나 마음속에 있는 도적을 잡기는 어렵다.'고 했습니다. 바울은 로마서 7:19-20절에서 말하기를 "내가 원하는 바 선은 하지 아니하고 도리어 원치 아니하는바 악은 행하는도다. 만일 내가 원치 아니하는 그것을 하면 이를 행하는 자가 내가 아니요 내 속에 거하는 죄리라"고 하였습니다. 즉 내 안에는 죄가 자리를 잡고 있기 때문에 우리는 이 참 내가 아닌 죄에게 지배되는 거짓 나와 싸우고 있다는 말입니다.

3. 날마다의 싸움에서 승리하려면 어떻게 해야 하나?

(1) 하나님의 전신 갑주로 무장을 해야

첫째는 에베소서 6장에서 말씀하고 있는 하나님의 전신 갑주로 무장을 해야 합니다. 진리의 허리띠, 의의 흉배, 복음의 신발, 구원의 투구, 믿음의 방패, 말씀의 검 등으로 무장해야 합니다.

(2) 대장되시는 주님과 함께 싸워야

그러나 무장보다 더 중요한 것은 누구와 함께 싸우느냐 이므로 우리의 대장되시는 주님과 함께 싸워야 합니다. 롬 8:37절에 "우리를 사랑하시는 이로 말미암아 우리가 넉넉히 이기느니라"고 하였습니다. 나는 약하지만 주님은 이미 사탄과 싸워 이기신 분이기 때문에 그와 함께 싸우면 반드시 승리합니다. 30절에 보면 우리를 부르시고, 의롭다하시고 마침내는 영화롭게 하신다고 하였는데 왜 우리는 이 세상의 고난에서 무기력한가요? 왜 우리는 날마다의 생활에서 실패하며 넘어지나요?

주님과 함께 하는 한 우리의 승리는 결정난 것입니다. 우리는 주저하고 절망하지 말고 과감히 악령을 대적해야 합니다.

맺는말

"만일 하나님이 우리를 위하시면 누가 우리를 대적하리요?"라고 했습니다. 그렇습니다. 하나님이 우리의 지지자가 되고 협력자가 되시는데 누가 감히 우리를 대적하겠습니까? 본문에 4번이나 '누가'란 말이 나옵니다. 만일 하나님이 우리를 위하시면 '누가' 대적하리요, '누가' 종사하리요, '누가' 정죄하리요, '누가 끊으리요'라고 못 박고 있습니다. 그렇습니다. 이 능력의 하나님, 권능의 하나님이 지금 우리와 함께 하고 계십니다. 그러므로 여리고 성도 무너질 것이요 홍해나 요단강도 우리를 가로막을 수는 없습니다. 왜냐하면 "우리를 사랑하시는 이로 말미암아 우리가 넉넉히 이기느니라"고 성경은 선포하고 있기 때문입니다. 그러므로 믿으십시오. 승리를 확신하십시오. 그러면 여러분 모두에게 승리의 축복이 함께하실 것입니다.

시편 1편 두 가지 길

(시편 1편)

성경의 시 1편은 전 시편의 서론이요 요약이라고 할 수 있습니다. 저자는 불분명하며 자체의 제목도 없습니다. 시편 1편은 시의 형식보다는 교훈적 성격을 더 띠고 있고 대중 앞에서 노래로 사용했다기보다는 스스로 살피며 생각하는 그런 시입니다. 시편 1편은 크게 두 가지로 나눌 수 있습니다.

① 1-3절은 의인의 모습을 묘사하고 있고

② 4-6절은 불경건한 자의 모습을 묘사하고 있습니다.

그러면 이제 그 내용을 살펴보겠습니다.

1. 하나님이 축복하시는 의인(1-3)

창조 때부터 하나님은 인간을 축복하셨습니다(창1:28). 저주라는 말은 인간이 불순종한 후에 세상에 들어온 것입니다(창3:14-19). 그러나 하나님은 지금도 인간이 축복을 누리기를 원하고 계십니다. 그러면 누가 이런 축복을 누릴 수 있습니까? 본문에는 동의적 대구법의 형식으로 세 가지로 묘사하고 있습니다.

(1) 세상과 분리된 사람(1절)

복 있는 사람은 부정적 면에서 다음과 같은 사람이 아니라고 하였습니다. 구체적으로 '좇고' '서고' '앉는' 행동으로 표현하고 있습니다. 같은 불경건한 사람을 세 가지 양태로 표현하면 '악인' '죄인' '오만한 자'라고 하였습니다. 좇다, 서다, 앉다는 말은 인간의 사고와 행동을 구체적으로 표현한 것입니다.

그러면 복 있는 사람은 어떤 사람인가요?

첫째로 악인의 꾀를 좇지 않는 사람입니다. 인간은 누구나 그 무엇인가를 좇는 것입니다. 여기에는 두 가지가 있습니다. 하나는 하나님을 좇는 사람이요 다른 하나는 악인을 좇는 사람입니다. 그러나 복 있는 사람은 하나님을 좇습니다. 악인이란 개념은 불경건한 사람이나 이방인들을 의미합니다.

둘째로 죄인의 길에 서지 않는다고 하였습니다. 여기서 죄인이란 하나님의 목표에서 벗어나는 사람을 의미합니다(잠1:10-19; 렘23:18). 이런 사람의 길에 서있지 말아야 합니다.

셋째로 오만한 자(하나님을 경멸하고 조롱하는 사람 : 교만하여 스스로 만족하는 사람)와 함께 자리를 같이하지 말아야 합니다. 우리는 베드로에게서 이 세 가지 형태를 볼 수 있습니다. 요 18:15 = 예수를 따라감, 요 18:18 = 그릇된 군중들과 함께 서 있음, 눅 22:55 = 불 곁에 앉아 있음. 그 후 그는 유혹을 향해 걸어갔으며 예수님을 세 번이나 부인하였습니다.

(2) 복있는 사람은 말씀으로 가득 채워져 있는 사람(2절).

하나님이 기뻐하시는 사람은 항상 말씀 안에서 기뻐하는 사람입니다. 여기서 여호와의 율법이란 계시라는 넓은 의미로 사용되고 있습니다. 우리 영혼에 있어서 '묵상'은 몸의 '소화기능'과 같고 소의 되씹음과 같은 것입니다. 주야란 말은 '계속적으로'라는 뜻입니다. 그러므로 복 있는 사람은 하나님의 말씀을 연구하고, 암송하고, 읽을 뿐 아니라 묵상하는 사람입니다. 이때 말씀은 우리의 양식이 되고 인격의 일부가 됩니다.

(3) 복있는 사람은 물가에 있는 사람(3절).

구약에 경건한 자를 표시할 때 흔히 사용하는 은유입니다(렘11:10; 17:8; 겔17:5-10, 22이하, 19:10). 요 7:37-39절에 보면 마실 물이란 성령에 비유하고 있음을 볼 수 있습니다. 여기서 그리스도인은 마른 땅 밑 깊숙한 곳에 숨겨진 샘으로부터 물을 얻는 나무에 비유하고 있습니다. 사실 이 세상은 사막과 같아서 결코 참 만족을 줄 수 없습니다.

그러면 여기서 말하는 복 있는 사람의 모범은 누구인가요? 두말할 필요도 없이 예수 그리스도이십니다. 왜냐하면, 그는 길(1절)이요 진리요(2절) 생명이기(3절) 때문입니다. 그러면 이런 사람들에게 주시는 복은 무엇인가? 본문(3절)의 내용을 보면 물질적인 면에서 언급하고 있으나 이것은 구약의 특징입니다. 신약으로 넘어오면 영적인 면에서 더 강조하고 있음을 볼 수 있습니다. 그러나 이것은 강조의 차이점일 뿐입니다.

축복의 내용은

① 첫째로 과실을 맺는 복입니다. 세상의 모든 것이 나름대로 다 과실을 맺습니다. 인간도 이 과실을 맺기 위해 사는 것입니다.

② 잎사귀가 마르지 않습니다. 이것은 생명의 활력소, 확고부동함을 표시합니다.

③ 그 행사가 다 형통합니다(수1:8).

2. 하나님이 저주하는 불경건한 자는 누구인가(4-6).

5절에는 미래에 있을 심판(의인과 악인을 가려내는 일)을 말씀하고 있습니다. 그러나 주님을 믿는 사람에게는 심판이 없습니다(요5:24;롬8:1). 그러면 악인이 심판대에 서지 못한다는 말은 무엇인가요? 심판이 없다는 말일까요?

어떤 분들은 궐석재판에서 심판을 받을 것이라고(Briggs) 해석하기도 하나 일반적으로는 이 심판을 견디지 못한다는 뜻으로 해석하고 있습니다. 불경건한 자들을 바람에 나는 겨에 비유한 것은 불경건한 사람들의 운명을 언급하기 위해서입니다. 이 말의 뜻은 영원하지 못하다, 혹은 기반이 없다는 뜻과 내용이 없습니다. 텅 비어 있다는 뜻으로 사용하고 있는 것입니다.

6절은 그 결론입니다. 여기서 인정하신다는 말은 원문에는 '안다'=히브리어로 '야다'란 말로 되어 있습니다. 딤후 2:19에 보면 "주께서 자기 백성을 아시며"라고 하였고, 요 10:14-15절에서는 "내가 내 양을 알고 … 아버지께서 나를 아시고 내가 아버지를 아는 것같이"라고 하였고 마 7:23절에는 잃어버린 자들에게 "나는 너를 알지 못한다"고 하였습니다. 따라서 여기서 안다는 말의 뜻은 '선택과 관심'을 의미합니다. 6절은 산상수훈의 결론과도 같습니다(마7:13이하).

그러면 우리는 어떻게 하나님의 복을 받는 사람이 될 수 있을까요?

첫째로 매일 매일을 주님께 양도하므로, 둘째로 세상에서 분리된 생활(고립이 아니라 더러움에서 분리)을 하므로, 셋째로 하나님의 숨겨진 자원들을 빨아들이는 뿌리를 가진 생활을 함으로 우리는 복된 삶을 살게 됩니다. 이제 바라기는 우리 모두 다 시편 1편의 말씀처럼 다 복이 있는 사람이 되기를 축원합니다.

심판하러 오시리라

(맘25:31-40)

대부분의 사람들이 심판이라는 말을 싫어합니다. 더 싫어하는 말은 지옥이란 말입니다. 사실 목사도 교인들이 듣기 싫어하는 이런 말을 하는 것이 참 싫습니다. 그러나 성경 말씀이고 근본교리이기에 말씀드리지 않을 수 없습니다.

우리가 잘 아는 대로 이 사도신경은 초대교회에서 세례를 줄 때 기독교의 근본 교리를 가르치기 위해서 만든 것입니다. 따라서 "저리로서 산 자와 죽은 자를 심판하러 오시리라"는 말씀은 대단히 중요합니다. 여기서 저리라는 말은 '저 곳'이라는 말입니다. 즉 하나님의 보좌가 있는 '거룩한 곳'이라는 뜻입니다.

이 고백에서 가장 중요한 것은 주님이 심판자라는 것입니다. 그러면 주님이 어떻게 심판을 하십니까? 양과 염소를 나누듯이 구별한다고 했습니다. 양은 믿는 성도를 상징하고, 염소는 믿지 않는 불신자를 상징합니다. 본래 심판한다는 말은 '크리노' 즉 구별한다는 뜻입니다.

그러면 무엇이 표준이 됩니까? 바로 진리이신 주님이 표준입니다. 이 말은 민주주의 사회인 오늘날 기분이 나쁜 말입니다. 다수결도 아니고 독재자인가? 자기 마음대로 심판하게 하고 라고 말할지 모릅니다. 왜냐하면 '내가 법이다'라고 말하는 전제군주식의 말이기 때문입니다. 그래서 불공평하다고 말합니다. 그러나 그것은 하나님과 사람을 같은 차원에 놓고 보기 때문입니다.

1. 언제 심판합니까?

두 번 합니다.

하나는 부활의 처음(눅14:14), 다음은 그리스도의 재림시(마16:27)에 합니다.

2. 심판에는 일곱 가지가 있습니다.

(1) 우리 위해 당하신 골고다에 내려진 주님에 대한 심판.

(2) 믿는 자의 자기 심판(고전11:31), 예컨대 성도들은 성찬식 때, 매일 자기 자신을 심판.

(3) 심판대 앞에서 믿는 성도들이 한 일에 대해 상급에 대한 심판.

(4) 이방 나라들에 대한 심판(마25:32).

(5) 시련 후에 이스라엘에 대한 심판(겔20:30-32), 회개하고 그리스도를 메시야로 받아들이면 구원받음.

(6) 타락한 천사들에 대한 심판.

(7) 사악한 망자에 대한 심판(계20:12), 즉 믿지 않고 죽은 자에 대한 심판

3. 성도들에게 주시는 영광과 보상

믿는 자들에게는 미래의 영광이 있습니다.

(1) 그리스도와 함께 있습니다.

(2) 하나님과 대면합니다.

(3) 그리스도의 영광을 봅니다.

(4) 그리스도와 함께 영광을 봅니다.

(5) 그리스도와 함께 다스립니다.

(6) 모든 좋은 것을 상속받습니다.

(7) 별처럼 빛난다고 했습니다(단12:3).

그뿐 아니라 믿는 자들은 왕관을 차지합니다.

첫째 경주자의 왕관입니다(고전9:24-25).

둘째 승리자의 왕관입니다(살전2:19).

셋째 기대하는 자의 왕관이 있습니다(딤후4:8).

넷째 충성스러운 자들의 왕관이 있습니다(계2:10).

다섯째 진실한 목자들의 왕관이 있습니다(벧전5:4).

여섯째 속죄자의 황금왕관이 있습니다(계4:4).

우리 성도들에게 주시는 최고의 보상은 천국 자체입니다. 그러면 천국은 어떤 곳입니까?

첫째 높은 곳(사57:15)이라고 했고,

둘째 거룩한 곳(시20:6)이며,

셋째 죽음, 눈물, 슬픔, 울음, 고통이 없는 곳(계21:4)입니다.

4. 불신자들에게 내리는 지옥의 심판

(1) 지옥은 하나님께서 안 계신 곳입니다(살후1:9).

(2) 지옥은 고통과 벌이 있는 곳입니다(눅16:23).

(3) 지옥은 훨훨 타는 불이 있는 곳입니다(마13:42,50).

(4) 놀라운 것은 지옥에는 벌레가 있다고 했습니다(막9:44-48).

(5) 지옥에서는 기도가 이루어지지 않는 곳입니다(눅16:27).

5. 지옥의 근원

지옥은 원래 사악한 천사들을 위한 심판의 장소입니다. 본래 인간을 위해서 만들어진 곳은 아니었으나 주님을 거절하면 사탄을 따라 가야 합니다.

그러므로 우리는 지옥에 가지 말고 모두 천국의 영광을 누릴 수 있기를 축원합니다.

십일조 생활과 하나님의 축복

(말3:7-12)

새해를 맞아서 우리 성도님들의 물질생활에도 참으로 풍성하기를 진심으로 축원합니다. 저는 성격적으로 헌금을 강요하는 것을 싫어합니다. 그래서 헌금에 대해서 별로 말을 하지 않습니다. 그러나 한편 염려가 되는 것은 우리 성도들이 헌금생활, 특히 십일조 생활을 게을리하다가 하나님이 주시는 축복을 받지 못할까 봐 이 새해 벽두에, 적어도 일년에 한 번은 말씀드리는 것이 유익할 것이라고 생각되어서 십일조 생활과 하나님의 축복이란 제목을 잡았습니다.

1. 십일조의 세 가지 부류

첫째는 바로 알고 바로 바치는 신자, 둘째는 알지 못해서 못 바치는 신자, 셋째는 알면서도 인색해서 못 바치는 신자, 이렇게 나눌 수 있습니다. 오늘의 설교는 바로 알고 바로 바치는 신자들에게는 위로와 확신을 주고, 둘째로 알지 못해서 못 바치는 분들에게는 신년부터 바치는 삶을 살게 하기 위해서, 셋째로 알면서도 인색해서 못 바치는 신자들에게는 영의 신령한 복을 볼 수 있는 영안이 생겨지기를 먼저 축원합니다.

2. 하나님의 두 가지 책망

첫째로 하나님의 백성들이 하나님의 규례를 떠나 있습니다. 그 규례를 지키지 않는다는 일반적 책망이 있고, 두 번째는 너희는 나의 것을 도적질하였다는 보다 구체적인 책망입니다. 이 세상에는 두 가지 종류의 도둑질이 있습니다. 하나는 이웃에 속한 것을 차지하는 것이고, 다른 하나는 하나님께 속한 것을 내가 소유권을 주장하는 것입니다. 여기서는 하나님이 소유주이신데 내가 주인이라고 주장하는 것을 말씀하고 있습니다.

해결 방법으로 먼저 하나님께로 돌아오라는 것과 두 번째는 온전한 십일조를 하나님께 바쳐서 하나님의 축복을 받으라는 것입니다. 당시 이스라엘 백성들은 바벨론에서 돌아왔으나 성전 짓는 것을 등한시했습니다. 그래서 학개 선지자의 지도로 성전을 지었습니다. 그러나 문제는 성전에 십일조를 바치지 않고 있기 때문에 제사장들과 레위인들의 생활은 말이 아니었습니다. 성전이 파괴되어도 보수할 수도 없고 하나님의 일을 제대로 할 수도 없었습니다. 그래서 말라기 선지자는 본문에서 이스라엘 백성들을 책망하였던 것입니다.

'먼저 하나님의 규례를 지켜라, 십일조를 바쳐라.'

이렇게 하면 두 가지의 복을 주신다고 했습니다.

첫째는 하나님과의 교제를 회복시켜주시고, 둘째는 정직한 봉사를 하도록 해주신다는 것입니다. 그러므로 우리는 잘못을 깨닫고 하나님께로 돌아와야 합니다. 자신들에 대한 무지를 깨닫고 돌아와야 합니다. 무엇보다도 계속해서 범죄하지 말고 돌아와야 합니다.

물론 구약시대에는 십일조가 전혀 문제되지 않았습니다. 그러나 신약시대에 와서는 십일조가 문제가 되었습니다. 이유는 신약에서 십일조를 강조한 것이 전혀 없기 때문입니다. 사실 신약에서는 십일조에 대한 강조가 없을 뿐 아니라, 심지어 눅 11:42절에 보면 십일조를 바치는 바리새인들을 책망한 기록이 나옵니다. 그러나 그 구절을 좀 더 자세히 읽어보면 형식적인 십일조생활을 비판한 것이지 십일조를 내지 말라는 뜻이 전혀 아닙니다. "화 있을진저, 너희 바리새인이여, 너희가 박하와 운향과 모든 채소의 십일조를 드리되 공의와 하나님께 대한 사랑은 버리는도다."

그러면 왜 신약에는 십일조에 대한 강조가 전혀 없는 것일까요?

이유는 당시 바리새인들의 형식주의를 비판하기 위해서입니다. 또 청지기 정신이란 보다 포괄적인 원리를 말씀했기 때문입니다. 우리가 구체적으로 청지기 생활을 한다면 구태여 십일조를 강조할 필요는 없기 때문입니다. 왜냐하면 청지기 정신 속에 십일조와 그 밖의 헌금생활 전체가 포함되어 있기 때문입니다.

3. 십일조를 바치는 이유

크게 두 가지 이유가 있기 때문입니다.

첫째는 이것이 하나님의 명령이기 때문이고 두 번째는 십일조 생활을 하면 하나님의 축복이 약속되어 있기 때문입니다. 사실 하나님의 명령은 우리가 이해 못할 게 한두 가지가 아닙니다. 그러나 이것은 어린아이가 부모의 높은 뜻을 깨닫지 못하여 때로는 반항을 하고 거역하듯이 하나님의 뜻도 마찬가지입니다. 그러나 순종하면 반드시 축복이 따릅니다. 저도 성경박사요 신학자지만 하나님의 그 깊으신 뜻을 다 아는 것은 아닙니다. 그래서 어떤 때는 그저 맹종이라고 할 만큼 그냥 순종합니다. 그런데 놀라운 것은 세월이 지난 다음에 나중에 보면 아하 이것이 바로 하나님의 은혜구나 하는 것을 깨닫게 됩니다.

더구나 본문에 보면 하나님의 약속이 아주 분명하게 밝혀져 있습니다. 그러므로 우리 성도들 중에는 이 귀한 축복을 받지 못하는 분이 하나도 없기를 주님의 이름으로 축원합니다.

그러면 어떻게 십일조를 바칩니까?

첫째로 수입의 십분지 일을 바치는 것입니다. 어떤 분은 수입의 십분지 일을 떼어서 이것은 주일헌금하고 이것은 구제하고 또 이것은 어디다 쓰고 하면서 자기 마음대로 정합니다만 이것은 온전한 십일조가 아닙니다.

둘째로 십일조는 내가 출석하는 교회에 바쳐야 합니다.

셋째로 십일조는 단순히 목사님의 생활비만을 위해서 바치는 것이 아니고 하나님의 영광을 위해서 기쁨으로 바쳐야 합니다.

여러분들이 십일조생활을 하면 다음 5가지 사실에 놀랄 것입니다.

(1) 수입 액수에 놀람

자기가 일 년 동안 주님께 바친 돈의 액수를 보고 아이구 이렇게도 많은가 하고 놀랄 것입니다.

(2) 영적으로 깊어진 믿음에 놀람

십일조의 액수에 비례해서 자기의 영적 생활이 깊어지는 것을 보고 놀랍니다.

(3) 십일조를 바치고도 넉넉한 생활에 놀람

전에는 번 돈 다 써도 늘 모자랐는데 십일조 생활을 하면서는 나머지 십 분의 구를 가지고도 자기의 필요를 원만히 처리하는 것을 보고 놀랍니다.

(4) 주저 없이 베푸는 마음에 놀람

하나님을 위해, 또는 남을 위해 많은 돈을 바치는 것을 주저하지 않는 자신을 보고 놀랍니다.

(5) 십일조 생활이 늦은 것을 알고 놀람

십일조 생활을 좀 일찍 시행하지 못했던 자신을 보면서 놀랍니다.

그러면 십일조로 하나님을 시험하라는 말씀의 뜻은?

성경에는(마4:7) 주 너의 하나님을 시험치 말라는 말씀이 나옵니다. 그런데 본문에서는 시험하라고 하였습니다. 어떻게 다릅니까? 영어 성경에 보면 마태복음에는 의심하면서 시험하는 것을 말하고, 본문에서는 믿음을 가지고 시험해 보고 증명해 보라는 뜻입니다. 그러면 다음 다섯 가지가 생깁니다.

첫째로 죄를 용서해주시는가 아닌가를 시험해 보라는 것입니다.

둘째는 광야에서 인도해 주시나 안 하나를 시험해 보라는 것입니다.

셋째는 필요를 공급해 주시나 안 하나를 시험해 보라는 것입니다.

넷째로 우리를 행복하게 해주시나 안 하나를 시험해보라는 것입니다.

다섯째로 열매 맺는 생활과 남을 돕고 구제하는 생활을 하는지 안 하는지를 시험해 보라는 것입니다.

4. 어떻게 십일조생활을 할까요?

가장 중요한 것은 형식적인 십일조생활을 해서는 안 된다는 사실입니다. 누가 형식적인 십일조 생활을 하는 자입니까? 첫째로 인색하게 바치는 사람입니다. 둘째는 온전한 십일조를 안 바칠 때입니다. 하나님은 기쁨으로 바치는 것을 가장 기뻐하십니다. 그래서 과부의 엽전 두 잎을 칭찬하셨던 것입니다. 그러면 십일조의 근본정신은 무엇입니까? 그것은 하나님의 것을 하나님께 바친다는 것입니다. 이것은 바로 내가 일하여 벌었지만 내가 소유주가 아니고 하나님이라는 것을 인정하는 것이요 고백하는 것입니다. 왜 그렇습니까? 그것은 하나님이 세상만물을 만들었고, 우리가 일할 건강을 하나님이 주셨고, 힘도 하나님이 주었고, 또 일할 기회도 하나님이 주셨기 때문입니다.

미국은 한때에 세계를 지배하는 부한 나라였고 아직도 세계적으로 부자 나라 가운데 속하는 것은 이들이 청교도의 정신을 이어받아 바치는 생활, 청지기 정신을 가지고 살고 있기 때문입니다.

저는 오늘 고 오광선 장로님의 십일조 생활을 예로 들려고 합니다. 이것은 가족들이 아닌 정말 믿을만한 타 교회 장로님을 통해서 들은 얘기입니다. 고 오광선 장로님은 사업을 하기 위해서 부채를 빌렸을 때도 십일조를 떼었다고 합니다. 그래서 자녀들이 '아니, 수입의 십분의 일을 바치지 않고 부채까지 십일조 하는 법이 어디 있습니까?'하고 다투었다는 일화가 있습니다. 고 오광선 장로님 같은 분이 과거에 우리 교회에 있었기 때문에 오늘의 대전중앙교회가 있는 것을 기억하시기 바랍니다. 저는 그런 장로님 두 분만 하나님이 주시면 한국서 제일가는 교회를 만들 수가 있습니다. 이러 분들, 기도 많이 해주시기를 바랍니다.

이제 설교를 마치려고 합니다. 1989년도에는 우리 성도들 가운데 물질적으로 가난한 사람이 한 사람도 없기를 진심으로 축원합니다. 십일조 생활을 하면 첫째로 하나님께 대한 태도가 변합니다. 물질에 대한 태도가 변합니다. 끝으로 세상을 보는 태도가 변합니다. 얼마 전 일월 첫째 주일 타임 잡지를 보니까 '이해의 행성'(planet of the year)이란 제목으로 이 세상이 지금 인구 폭발과 공해로 인해 멸망 직전에 놓여 있다는 글들이 쓰인 것을 보면서 다시 한 번 놀랐습니다.

우리에게 청지기 정신이 있다면 이 세상이 이렇게 되지는 않았을 것입니다. 이제 바라기는 새해에는 십일조 생활을 통해서 개인적으로도 하나님의 예비하신 복을 받고, 또 교회적으로도 영적인 풍성한 축복이 함께 하시기를 축원합니다.

성만찬의 목적

(고전11:23-29)

왜 우리가 성만찬을 갖는 것일까요? 주님이 성만찬을 행하시면서 주님이 오시는 날까지 행하라고 하였기 때문입니다. 물론 주님이 성찬을 행하신 것은 구약의 유월절을 성취하기 위해서입니다.

우리가 잘 아는 대로 이스라엘 백성들이 애굽에 종되어 살고 있을 때에 하나님은 모세라고 하는 인물을 보내셔서 이들을 해방시켜주셨습니다. 이때에 열 가지의 재앙을 통하여 완악한 바로의 마음을 하나님은 열어주신 것입니다. 이때에 가장 중요한 것은 마지막에 행한 장자의 재앙입니다. 출 12:13절에서 하나님은 말씀하셨습니다. "내가 피를 볼 때에 너희를 넘어가리니 재앙이 너희에게 내려 멸하지 아니하리라." 그래서 문 좌우 설주와 인방에 피를 발라 구원을 받게 되었습니다. 그 밤에 유대인들은 고기를 불에 굽고, 무교병과 쓴 나물을 먹었습니다. 바로 이것을 주님은 그가 잡히기 전날 밤에 행하여 그의 죽음을 기념하셨던 것입니다.

그러면 이 성찬의 목적은 무엇입니까? 크게 두 가지가 있습니다

첫째는 성찬은 예수님의 죽음을 보여줍니다.

떡을 떼고, 포도주를 나누는 것은 바로 그의 죽으심이 얼마나 고통스러웠다는 것을 보여줍니다. 여기서 떡이란 빵인데 빵은 그냥 만들어 지

는 것이 아니고 밀을 빻아서 채로 쳐서 불에 구워 만드는 것입니다. 포도주는 포도를 발로 밟아서 틀에 넣어 만드는 것입니다. 이처럼 주님의 죽으심은 고통스러운 죽음이었습니다.

주님의 죽으심은 특별한 죽으심입니다. 세상의 그 무엇과 비교할 수 없는 그런 특별한 죽으심입니다. 주님은 대제사장이시면서 또 자신이 제물이 되셨으니 세상에 어떻게 이런 것이 있을 수 있습니까? 그는 또한 신성을 가지신 분이었기 때문에 하나님이 받아주셨습니다. 열납하신 겁니다.

주님의 죽으심은 또한 완전한 죽으심입니다. 기절한 것도 아니고, 반만 죽으신 것도 아니고, 완전한 죽음이었습니다. 주님이 사흘 동안 무덤에 계셨다는 것은 그가 완전히 죽으셨다는 것을 말해줍니다. 그런데 우리는 바로 이 죽음에 근거하여 이제 살게 되었습니다. 새 사람이 되었습니다.

주님의 죽으심은 성도의 연합을 가져왔습니다. 우리가 한 빵을 나누어 먹고, 한 포도주를 나누어 마심으로 우리는 한 지체인 것을 증명하게 되었습니다. 한 가족을 우리는 한 식구라고 하는데 식구란 말은 한 집안에서 끼니를 함께 하는 사람을 말합니다. 그러므로 우리는 주님 안에서 한 가족이요 한 지체가 된 것입니다.

둘째는 성찬은 진리를 보여주는 수단입니다.

기독교의 진리는 말씀과 성찬을 통하여 나타냅니다. 말씀이 귀로 듣는 말씀이라면 성찬은 눈을 통하여 보여주는 말씀입니다.

우리 기독교의 기본적인 진리는 십자가와 부활입니다. 그 중에서도 십자가는 아주 중요한 진리입니다. 바로 성찬은 그것을 보여줍니다. 떡은 주님이 우리 위해 살을 찢으신 것을 보여주고, 포도주는 주님이 우리 위해 방울방울 피를 흘려주신 것을 보여줍니다. 이것이 바로 기독교의 핵심입니다.

그런데 안타까운 것은 이 교리에 대한 오해가 많이 있어 왔습니다. 로마시대에는 기독교인들이 사람을 잡아서 먹는다는 식인종의 오해도 받았고, 반정부 단체가 아닌가 하는 오해도 받았습니다. 지금도 기독교에 대한 오해가 없어진 것은 아닙니다. 그러나 성찬은 여전히 기독교의 근본 진리를 가르쳐줍니다.

감사한 것은 이 성찬이 우리 죄인들에게 큰 축복이 된다는 것입니다. 무엇보다도 십자가의 깊은 의미를 깨닫게 해주고, 다음은 우리의 믿음을 깊게 해줍니다. 우리는 수염이 대자라도 먹어야 삽니다. 먹어야 생명을 유지할 수 있고, 먹어야 영양을 공급할 수 있고, 먹어야 살이 찝니다. 마찬가지로 오늘 우리가 성찬식에 참여하는 것은 우리의 영혼의 양식이 되기 때문입니다.

무엇보다도 이 성찬은 하나님을 영화롭게 합니다. 영화롭게 한다는 말은 명예가 된다는 뜻입니다. 존경을 받게 한다는 뜻입니다.

끝으로 이 성찬의 특수성을 말씀드리겠습니다. 주님이 부탁하신 대로 먼저 주님 오실 때까지 효력이 있습니다. 그러나 주님이 오신 뒤에는 더 이상 이 성찬식이 필요가 없습니다. 그때에는 주님으로부터 직접 말씀을 듣고, 직접 천국의 에덴동산에서와 같은 사시사철 열리는 과일을 먹게 될 것입니다. 그래서 역사를 보면 교회는 지금까지 계속해서 지켜왔습니다. 따라서 우리가 살아 있는 동안 언제까지나 필요한 것입니다.

그러면 우리는 이 성찬에 임할 때에 어떤 태도를 가져야 합니까? 무엇보다도 회개하는 마음을 가져야 합니다. 다음은 감사하는 마음을 가져야 합니다. 다음은 결심하는 마음을 가져야 합니다. 마지막으로는 기도하는 마음으로 참여해야 합니다. 오늘 저는 세례를 베풀면서 두 사람의 경우에 성령이 임하는 것을 체험했습니다. 물론 나머지 사람들에게 성령이 임하지 않은 것은 아닙니다. 그러나 두 사람의 경우, 남자 한 분, 여자 한 분, 이들의 경우에는 손에 진동이 오고, 머리에 진동이 오는 것을 느낄 수 있었고, 심지어 눈에 보였습니다. 왜 그럴까요? 받는 분이 기도를 많이 했기 때문입니다. 오늘도 여러분이 정말 깊은 기도를 하면 놀라운 역사가 나타나는 것을 체험하게 될 것입니다. 바로 그런 역사가 오늘 저녁에 나타나기를 축원합니다.

성령 훼방 죄

(마12:31~32)

'훼방'이란 말은 서기관들에 의하면 본래 하나님의 이름을 함부로 부르는 것을 의미하였습니다. 본문에서는 성령 훼방 죄가 무엇인지 분명히 말씀하고 있지 않습니다. 그래서 신학자들은 성령 훼방 죄가 무엇인가에 대하여 여러 가지로 논쟁을 하여 왔습니다. 어떤 사람들은 '자살'이 성령 훼방 죄라 하고 또 어떤 이들은 '고의적으로 회개하지 않는 것'이 성령 훼방 죄라고 주장했습니다. 성령 훼방 죄가 무엇인지 정의를 내리기 전에 먼저 왜 사죄함을 받지 못하는지 살펴보려고 합니다.

사죄란 말은 본래 '아피에미'('아포'와 '히에미': 보내다, 이혼의 뜻)의 두 글자가 합쳐진 것, 즉 죄를 멀리 옮겨 다시 발견할 수 없도록 하고 그 사람을 자유롭게 만든다는 뜻입니다. 그러면 왜 성령을 훼방하는 것이 사하심을 얻지 못할까요? 그것은 회개를 불가능하게 하기 때문입니다.

당시 바리새인들과 서기관들은 예수님의 이적이 '성령으로 말미암은' 것을 사탄의 사역으로 돌리었습니다. 그래서 바알세불을 힘입어 귀신을 쫓아낸다고 주장하였습니다. 회개란 성령의 사역인데 이처럼 성령의 사역을 훼방하면 회개는 불가능한 것입니다.

회개(메타노이아)란 방향을 전환한다는 뜻입니다. 즉 과거를 뉘우치고 주님을 믿은 것을 말합니다. 그런데 성령의 역사를 사탄의 역사로 돌리면 용서받을 수 없는 위치에 처하게 됩니다. 따라서 이 죄는 자살같이 회개할 기회를 주지 않는 것이나 주님의 표적을 보면서도 그를 영접하지 않고 끝까지 거절하는 것을 말합니다.

이 성령 훼방 죄는 이미 주님을 영접한 사람들에게는 해당되지 않는 것이 특징입니다. 그 이유는 성령의 사역을 받아들이지 않고는 예수님을 주라고 고백할 수 없기 때문입니다. 그뿐 아니라 만약 어떤 사람이 이 불가사죄를 범할까봐 두려워하는 이가 있다면 그는 이 죄를 짓지 않았다고 할 수 있습니다. 왜냐하면 이 죄는 무심코, 혹은 무의식적으로 지을 수는 없기 때문입니다. 다시 말해서 성령 훼방 죄는 의도적인 죄요, 고의적인 죄(민 5:30)인 것입니다.

다음은 성령 훼방 죄의 결과에 대해서 살펴보겠습니다.

(1) 버림받다

롬 1:24; 26; 28절에 보면 하나님께서 그대로 내어버려 두셨다고 기록하고 있습니다. 이것이 바로 성령 훼방 죄의 결과입니다. 따라서 하나님 앞에서 매를 맞는 사람은 적어도 완전히 버림받은 것은 아닙니다. 아직도 사랑을 받고 있다는 뜻입니다. 렘 7:15, 29절에 "내 앞에서 너희를 쫓아내리라"는 말이 바로 성령 훼방 죄의 결과입니다.

(2) 완고한 경화증에 걸림

사람의 마음이 완고해집니다. 간경화증에 걸리면 간이 고무처럼 단단해져서 간이 기능을 발휘하지 못하여 죽고 맙니다. 성령 훼방 죄를 범하는 사람은 이렇게 마음이 경화증에 걸립니다.

(3) 타락한 자는 회개 불능

히 6:4-6절에 보면 "타락한 자들은 다시 새롭게 하여 회개할 수 없나니"라고 말씀함으로서 성령 훼방 죄의 결과를 언급하고 있습니다.

(4) 믿음이 불가능해집니다(요12:39~40)

(5) 용서를 받지 못합니다(막3:29)

맺는말

많은 성도들이 혹시 내가 성령을 훼방하고 있지 않은가 하고 염려하는 것을 가끔 보면서 성경학자로서 그런 분들에게 염려 그 자체가 바로 성령을 훼방하고 있지 않다는 것을 말씀드리고 싶습니다. 어떤 면에서 이 죄는 불신자들에게 해당하는 말입니다. 그러나 명목상으로는 신자라고 할지라도 성령의 사역을 액면 그대로 믿지 않는다면 이 경고의 말씀을 자신에게 적용하는 것이 필요합니다. 또 믿는 성도들의 경우에는 주기도문의 말씀대로 "다만 악에서 구원하옵소서"라는 기도를 계속해서 드림으로 이런 죄에 빠지지 않도록 해야 할 것입니다.

성공자

(전3:11-15)

사람들은 누구나 성공하기를 원합니다. 그러나 성공한 사람은 많지 않습니다. 그것은 성공의 비결을 모르거나 알더라도 그것을 실행하지 못하기 때문입니다. 여기서 '성공'이란 목적을 이룬다는 뜻입니다. 그러면 어떻게 하면 성공한 인물이 될 수 있을까요?

1. 적극적 사고방식

성공한 사람들의 공통점은 다 같이 적극적 사고방식을 가진 사람들이란 점입니다. 인생에 중요한 것은 어떻게 하느냐보다는 어떻게 생각하느냐에 있습니다. 왜냐하면 인생은 생각하는 대로 이루어지기 때문입니다. 사실 성공의 가장 무서운 방해자는 역경도 아니고 경쟁자나 원수도 아니고 바로 부정적 사고방식을 가진 자신입니다. '나는 할 수 없다' 또는 '그것은 어려워' 등등의 사고는 일을 하기도 전에 못하게 만듭니다.

우리말에 시작이 반이라는 말이 있습니다. 시작이 얼마나 어려운가를 표현한 말입니다. 사실 우리는 스스로를 불신하거나 과소평가하는 경우가 적지 않습니다. 그래서 맥스웰 말츠 박사는 '세상사람 중에 적어도 95%가 열등감을 느끼고 있다'고 했습니다. 이처럼 많은 사람들이 자신의 용모와 재주, 그리고 능력에 대해서 열등감을 느끼는 것은 텔레비전에 나오는 남녀 주인공들과 자신을 비교하기 때문입니다.

그러나 사람은 누구나 유일한 존재요 또 남이 못하는 일을 적어도 하나는 가지고 있다는 것을 잊지 마십시오.

(예화) 타산지석(他山之石)이란 말이 있습니다. 비록 다른 산에서 나는 거칠고 보잘 것 없는 돌이라도 자기 옥을 가는 데 숫돌로 쓸 수 있다는 뜻입니다. 또 비슷한 말로 반면교사(半面教師)란 말도 있습니다.

(예화) George Westinghouse은 400가지 이상의 특허를 받아 누구와도 비교할 수 없는 어마어마한 산업왕국을 이룩한 사람입니다. 그러나 그도 학창시절에는 우둔하고 학업성취능력이 없는 사람이란 평을 받은 사람이었습니다. 그래서 대학에서 자퇴권고까지 받았으나 남들의 부정적인 말에 귀를 기울이지 않고 적극적 사고를 가지고 계속 추진하여 결국 성공한 인물이 된 것입니다

(예화) 지금 미국에 탐험가를 길러내는 회사의 사장으로 유명한 Larry wells란 분이 있습니다. 그는 본래 무장 강도죄로 아이다호 주립 교도소에서 15년간의 장기형을 받은 사람입니다. 그러나 그의 부모가 그에게(As a man thinks) 즉 「인간은 생각하는 대로」라는 책을 그에게 넣어주었는데 그때 그는 인간은 생각하는 대로 된다는 것을 깨닫고 적극적 사고방식을 통해 삶의 변화를 가져왔고 그 후에 크게 성공한 사람입니다. 그러나 부정적 사고방식을 가지면 모든 일에 큰 손실을 얻게 됩니다. 여기 그릇에 물이 반이 있다고 합시다. 부정적인 사람은 물이 반밖에 없으니 큰일 났다고 합니다. 그러나 긍정적인 사람은 아직 물이 반이나 남아 있으니 감사하다고 말합니다. 이 자세의 차이점은 우리 생활과 사업에 스며들고 마

침내는 성공자와 실패자란 전혀 다른 사람을 만듭니다.

(예화) 1848년까지만 해도 사람들은 시속 30마일의 속도로 여행하게 되면 누구나 질식하고 만다고 생각했습니다. 1901년까지만 해도 인간의 비행을 가능하게 하는 실제적인 기계의 조립은 불가능하다고 생각했습니다. 1925년까지만 해도 달에 가겠다는 생각은 근본적으로 잘못이라고 생각했습니다. 모두들 할 수 없다고 생각하고 있을 때 에디슨과 라이트형제는 거기서 자기는 할 수 있다고 생각했습니다. 결국 그들은 해낸 것입니다. 차이점은 글자 한 자인데(can과 cannot) 그 결과는 성공과 실패라는 엄청난 차이가 생깁니다. 그러므로 적극적 사고방식을 가져야 성공합니다.

2. 그럼에도 불구하고 할 수 있다!

(예화) 멕시코에 가면 '그럼에도 불구하고'란 유명한 비문이 있다고 합니다. 이것은 조각가를 기념하기 위해서 붙여진 이름입니다. 이 조각가는 석상을 만들던 중에 그만 사고를 당해 오른팔을 잃고 말았습니다. 그는 이것을 어떻게든지 끝내려고 결심하고 왼손으로 끌질을 하는 것을 배우기 시작하였습니다. 마침내 그는 이런 신체적인 장애에도 불구하고 그 작품을 완성하였습니다. 그 때문에 '그럼에도 불구하고'란 비문이 새겨지게 된 것이라고 합니다. 우리는 역사에서 이런 신념의 사람들을 흔히 볼 수 있습니다. 실명에도 불구하고 밀톤은 「실낙원」을 썼고, 귀가 먹었는데도 베토벤은 작곡을 했고 눈과 귀가 멀었지만 헬렌켈러는 연설을 했습니다. 또 양손이 류마티스에 걸렸는데도 불구하고 르느와르는 그림을 그렸습니다.

그런데 우리는 건강한 몸을 가지고도 못한다고만 말합니다. 이것은 믿음이 없기 때문입니다. 주님은 '할 수 있거든이 무슨 말이냐 믿는 자에게는 능치 못할 일이 없다'고 했고 겨자씨만한 믿음이 있으면 산도 옮긴다고 하였습니다. 저도 주변의 많은 사람들이 환경이 나빠 학자가 될 수 없다고 했을 때 주님이 함께 하심으로 나는 할 수 있다고 믿었습니다.

3. 인내하는 자만이 성공

헬라의 철학자인 에픽투스는 '참으라, 그러면 얻을 것이라'고 하였고 룻소는 '인내는 쓰나 그 열매는 달다'고 하였습니다. 러스킨도 '모든 것은 인내를 통해서만 얻을 수 있다'고 하였습니다.

(예화) 얼마 전에 생물학자와 심리학자들이 '인간의 사고방식이 일상생활에 미치는 영향'을 알아보기 위하여 존스홉킨스대학에서 실험을 하였습니다. '처음에 쥐를 손에 잡아두면 빠져나오려고 기를 쓴다. 그러다가 결국 포기하고 만다. 이때 물탱크 속에 집어넣으면 쥐는 헤엄조차 치지 않고 죽는다'고 했습니다.

위에서 보듯이 우리의 인내도 학습에 의해 습득된다는 것을 알 수 있습니다. 성경에도 말씀했습니다 "인내를 온전히 이루라 이는 너희로 온전하고 구비하여 조금도 부족함이 없게 하려 함이라"(약1:4). "시험을 참는 자는 복이 있도다. 이것에 옳다 인정받은 후에 주께서 자기를 사랑하는 자들에게 약속하신 생명의 면류관을 얻을 것임이니라"(약1:12). 라고 했습니다. 그러므로 우리는 적극적 사고방식을 생활화해서 승리할 수 있기를 축원합니다.

핵심 스마트 설교(7)

우물가의 여인처럼

2022년 5월 25일 1판 1쇄 인쇄
2022년 5월 30일 1판 1쇄 발행

저 자 신성종
발행자 심혁창
마케팅 정기영
교 열 송재덕
디자인 박성덕
인 쇄 김영배
펴낸곳 도서출판 한글

우편 04116
서울특별시 마포구 신촌로 270(아현동)
수창빌딩 903호

☎ 02-363-0301 / FAX 362-8635
E-mail : simsazang@daum.net
창 업 1980. 2. 20.
이전신고 제2018-000182

* 파본은 교환해 드립니다
* 정가 20,000원
*

ISBN 97889-7073-602-0-93230